Horst Uden · Der König von Taoro

Eugen Kuthe (Pseud. Horst Uden) wurde 1898 in Schlesien geboren, er starb 1973 in Málaga. 23-jährig brach er zu Reisen auf, die ihn zunächst nach Andalusien und von dort aus in zahlreiche Länder Lateinamerikas führten. Er arbeitete als Buchhalter, Hoteldirektor und Übersetzer, schrieb Abenteuerromane, Reiseberichte, Theaterstücke. Der hier vorliegende historische Roman »Der König von Taoro« entstand nach einem Besuch auf den Kanarischen Inseln in den 30er Jahren, zusammen mit »Unter dem Drachenbaum«, einer Sammlung kanarischer Legenden.

*Bis zur Eroberung durch die Spanier im Jahr 1496 war die Insel Teneriffa in neun Fürstentümer (*menceyatos*) aufgeteilt. Die graue Linie beschreibt den Weg der Eroberer von ihrer Landung in Añaza (heute Santa Cruz de Tenerife) über La Matanza, La Victoria bis zu dem Ort, an dem die Guanchen kapitulierten, im heutigen Los Realejos.*

Horst Uden

Der König von Taoro

Historischer Roman der Eroberung Teneriffas

Zech Verlag

Bibliographische Information: Die Deutsche Nationalbibliothek verzeichnet diese Publikation in der Deutschen Nationalbibliographie; detaillierte bibliographische Daten sind im Internet abrufbar über http://dnb.dnb.de.

Titel der Originalausgabe: *Der König von Taoro. Roman vom Kampf um Teneriffa*. Das Bergland Buch, Salzburg 1941
Die spanische Übersetzung: *El rey de Taoro. Novela histórica* erschien im Zech Verlag, Tenerife 2004

Titelbild: Ausschnitt aus »Fundación de Santa Cruz de Tenerife« von Gumersindo Robayna (1854, Öl auf Leinwand 82x124 cm, Museum der Schönen Künste, Santa Cruz de Tenerife)
Druck: Industrias Gráficas Solprint, S.L.
Dep. Legal: MA 892 - 2011
ISBN: 978-84-933108-4-4
Impreso en España · *Printed in Spain*

»Dem deutschen Honorarkonsul auf Teneriffa,
Herrn Jakob Ahlers in Dankbarkeit.«

Inhaltsverzeichnis

III. Der Untergang der Guanchen

Geleitwort von Don Francisco P. Montes de Oca García (†)

Amtlicher Chronist des Kanarischen Archipels und Korrespondierendes Mitglied der Geschichtlichen Fakultät und Schönen Künste von San Fernando

In seinem Werke »Der König von Taoro« gestaltet der Dichter Horst Uden zum ersten Male in der Weltliteratur romanhaft den großen Freiheitskampf der Guanchen gegen die spanischen Eroberer. Steinchen für Steinchen trug er den ungeheuren Stoff zusammen und schrieb ein heldisches Mosaik auf die edle Rasse, die zu ewigem Untergang verdammt war. Die Zähigkeit, mit der er sich in seine Arbeit verbiß, die gründlichen Nachforschungen, die er anstellte, sein schnelles Sichhineinfinden in den Geist und die Materie jener Zeit runden das Ganze zu einem anschaulichen Bild und zwingen den Leser in den Bann seiner Feder.

Kein Fleckchen, das er schildert und nicht selbst besucht hat! Er durchwanderte »Die Schlucht des Todes«, er stand auf dem Magojes und blickte über das tief eingeschnittene Tal von Taganana, er erklomm die Höhen des Tigaiga und ließ sich am Seil in die unzugänglichen Grotten von Güímar hinab.

Auf vielen seiner Ausflüge begleitete ich ihn als Freund und Mentor. Ich führte ihn durch private und kirchliche Archive, wir standen zusammen am Grabe des General-Kapitäns der Katholischen Könige, Don Alonso Fernández de Lugo, und betrachteten schweigend den tausendjährigen Drachenbaum von Icod, der alles miterlebte, was in diesem Buche geschildert wurde.

In seinem Werk zeichnet er mit bewundernswerter Einfühlung die Charaktere Mencey Bencomos und seines großen Gegenspielers. In den »Unzertrennlichen Zwölf« läßt er uns tief in Wesen und Fühlen der Söldner eindringen, in seiner Ur-Sage verquickt er künstlerisch die griechische Mythologie mit dem Ergebnis neuester Forschung.

Düster hallen seine prophetischen Verse aus dem »Tamo gantem Acorán«, und wie eine Siegesfanfare tönt sein »Schwertlied« an unsere Ohren. Wir hören den Schlachtenlärm, der über die Hochebene von La Laguna schallt, das Heulen der Kartaunen und Falkonette, das Bellen der Basilisken, das Aufklingen der Armbrüste und das todkündende Pfeifen der Guanchen.

Seine Kunst löscht die Jahrhunderte aus und läßt uns teilhaben am Geschehen. Wir knien mit dem Grafen Medina Sidonia im Halbdämmer der kleinen Kapelle des Alcazar, wir begleiten weinend den bleichen Schädel Tinguaros zur Grabhöhle der Könige. Durch unsere Hände gleitet die zierliche Muschelkette, die nur den Hals einer Königin von Taoro schmücken durfte, wir laben uns an den süßen Früchten des Erdbeerbaums ...

Es ist ein Werk, das seinen Weg machen wird, ein Werk, an dem niemand achtlos vorbeigeht.

»Más de todos, Bencomo, el de Taoro,
Fué el más temido, amado y estimado
De más vasallos, tierras y distritos ...«
(Poema de Viana)

I.

DIE GLÜCKLICHE INSEL

»Wer überlegt, sieht überall Gefahr,
wer sich blindlings hineinstürzt,
dem winken unsterbliche Lorbeeren ... «
(Der Feind)

Die Guanchen

Strahlend enttauchte die Sonne dem blutroten Weltmeer und zerteilte die flüchtigen Morgennebel, die die schroffen Klippen der Insel umspielten. Sie überstieg die Ostkette und blickte hinein in das weite, blühende Tal von Arautápala, das langsam aus seinem Sommerschlaf erwachte. Sanft zum Meer abfallend dehnten sich die üppigen Felder, an deren Rainen knorrige Drachenbäume starr und unbeweglich ihre Äste spreizten und Schildwacht standen gleich trutzigen, eisenbewehrten Rittern mit gefällten Lanzen.

Die Morgenstrahlen glitten über die schroffen Felswände, die sich an den Höhen des Tigaiga dahinzogen, und tanzten einen Augenblick spielerisch über dem Eingang der geräumigen Königshöhle, der Behausung des greisen Quebehi Bencomo, des obersten Fürsten der Guanchen. Vor ihr breitete sich ein schmaler Altan mit einer mächtigen Steinbank, gleich einem von Zyklopenhand aus dem Fels gehauenen Thron, die eine weite Sicht ins Tal gewährte und von einer riesigen kanarischen Kiefer überschattet wurde.

Ein schmaler Felsweg führte hinunter zum Tagoror, der Rats- und Gerichtsstätte, in deren Mitte ein tausendjähriger Drachenbaum, das Wahrzeichen von Taoro, seine Krone wölbte. Den weiten Platz umsäumten hohe, ausladende Lorbeerbäume, gespreizte Fächerpalmen und schmuckreiche Zedern.

Mehr als hundert Jahre war es her, daß Tehinerfe der Große die Insel unter seine neun Söhne aufgeteilt hatte. Imobach, dem ältesten, gab er das fruchtbare Tal von Arautápala, und stillschweigend erkannten seit dieser Zeit die Fürsten der anderen Stämme die Vorherrschaft des Menceys von Taoro an. Und das hatte auch noch einen anderen Grund: Taoro war nicht nur der reichste, sondern auch der festeste Platz der Insel.

Schlägt man einen Halbkreis an der felsigen Nordküste zwischen der Punta de Anaga und der Punta de Teno, so läuft seine Peripherie über die Ost- und Südkette und stürzt steil über die Höhen des Tigaiga ins Meer zurück. In der Mitte des Halbkreises von der Südkette bis zur Küste zog sich ein breiter Streifen undurchdringlichen Urwalds. Nur ein schmaler, verschlungener Pfad durchkreuzte ihn und stellte die Verbindung her zwischen dem Tal von Arautápala und Taoro, das jäh an den Höhen des Tigaiga hinaufstrebte. Taoro war die unbezwingliche Burg, Arautápala das reiche, zugehörige Lehensland.

In den unzugänglichen Höhlen des Tigaiga lebten die tapfersten Krieger der Guanchen, bereit, auf den Ruf ihres Fürsten auszuziehen und einen unbotmäßigen Stamm zum Gehorsam zurückzuführen. Ihre Hauptwaffe war der mit der Hand geschleuderte, unfehlbare Stein, die Streitaxt und die spitze, eisenharte Lanze aus Tea-Holz. Im Gürtel ihres Tamarco, eines Fellhemdes, steckte die scharf geschliffene Tabona, das Steinmesser aus Obsidian, das sie geschickt zu handhaben wußten. Mit furchtbarem Kriegsgeschrei warfen sie sich aus dem Hinterhalt auf den Gegner, rollten mächtige Felsblöcke auf ihn herab und waren unvergleichlich im Nahkampf. Wer keinen Schild aus der Rinde des Drachenbaums besaß, wikkelte sich den Tamarco fest um den linken Arm und kämpfte nackt, nur mit einem Lendenschurz bekleidet.

So unversöhnlich die Guanchen dem widerstehenden Feinde entgegentraten, so edel waren sie gegen den unterlegenen. Gefangene wurden von ihren Wunden geheilt, ausgetauscht und oft noch mit Geschenken entlassen.

Wilde Tiere gab es auf ihrer glücklichen Insel nicht, nicht einmal die kleinste Giftschlange. Der einzige, den sie fürchteten, war Guayote, der Dämon, der im feuerspeienden Echeyde wohnte (Echeyde, Hölle, oder Teide: der Pico de Tenerife).

Wenn er zürnte, schleuderte er glühende Felsen aus dem Bauche des Riesen, ein breiter Feuerstrom ergoß sich aus seinem weitgeöffneten Maul. Alles riß er nieder, was sich ihm in den Weg stellte. Sengend fuhr er über die fruchtbaren Felder. Aus seinen Nüstern blies er dunkle, giftige Schwaden in den stahlblauen Tigot, den Himmel, die strahlende Magec, die Sonne, verdunkelte sich, das Meer schäumte auf und donnerte über die Klippen bis tief in den Wald hinein, knickte Bäume wie dürre Äste und zerspellte sie, zurückflutend, an den Felsen.

Dann flohen die Guanchen in ihre Höhlen, hockten ängstlich zusammengekauert zwischen den Schafen, Ziegen und Hunden, die sich eng aneinanderdrängten, horchten erschauernd auf das höllische Grauen und flehten zu Acorán, zu Gott, um Hilfe und Rettung.

Ihr Glaube war kindlich und einfach wie sie selbst: Gott

schuf einige Menschen und gab ihnen Herden, Land und Wasser. Dann schuf er mehr, gab ihnen nichts und sagte: »Dient den anderen, und sie werden euch geben!« So gehörte alles Land dem Mencey; er verteilte es auf Lebenszeit, dann fiel es an ihn zurück.

Ihre Hauptnahrung bestand aus Gofio, geröstetem und dann gemahlenem Getreide, das sie mit Milch oder Wasser mischten, aus Pilzen, Feigen, saftigen Früchten des Mocán und des Erdbeerbaums, aus Brombeeren, Datteln, Fichtenzapfen und Palmenbirnen. Allem aber zogen sie Zickelfleisch und Wildkaninchen vor. Als ganz besondere Leckerbissen beim Guatativoa, dem Festmahl, galten junge, feiste, kastrierte Hunde.

Die Guanchen verehrten ihre Frauen und hielten die Ehe rein. Wer auf einsamem Felswege einem jungen Mädchen begegnete, machte ehrerbietig Platz und sprach sie nicht an.

Die Gerichtsbarkeit lag allein in Händen des Mencey. Sein Wort war Gesetz: Prügel waren die Strafe für Diebe; Kinder, die ihre Eltern schmähten, wurden gesteinigt, Mörder von den steilen Klippen des Tigaiga ins Meer gestürzt, Ehebrecher aber lebendig begraben. Alles andere wurde durch Wiedervergeltung gesühnt: Auge um Auge, Zahn um Zahn.

Gold war ihnen unbekannt wie jedes Metall, desgleichen berauschende Getränke. Beim Festmahl mischten sie Wasser mit Fruchtsaft.

Gegen innere Krankheiten nahmen sie den roten Saft des Drachenbaums, den sie »Drachenblut« nannten.

Die Guanchen besaßen große Geschicklichkeit im Flechten von Körben, Matten und Fischnetzen aus Binsen sowie einer Art Rucksäcke aus Palmenblättern. Aus Knochen und Fischgräten stellten sie Angelhaken und Nadeln her, aus Eingeweiden drehten sie Fäden und Seile. Ziegenhörner, an einem Brett befestigt, dienten als Pflug. Ihre Gefäße waren aus Tonerde oder aus hartem Holz.

Auch Künstler gab es viele unter ihnen: sie malten auf geglättete Steine mit Ocker und anderen Erdfarben. Meister aber waren sie in der Behandlung von Tierfellen, die sie für Kleidungsstücke, Decken und Sitze herrichteten. Ihre Art, die Felle zu bereiten, gab den besten marokkanischen Arbeiten von Mogador und Tafilete nichts nach.

Obgleich sie Inselbewohner waren, konnten sie nicht schwimmen. Auch Boote waren ihnen unbekannt. Sie fischten mit der Angel von den Klippen aus oder wateten bis an die Brust ins Meer hinein, die Binsennetze zwischen sich. Nachts entzündeten sie Fackeln und harpunierten die Fische. Auch zapften sie dem Tabaiba-Strauch, der Euphorbia canariensis, einen milchähnlichen Saft ab, den sie in stille Buchten und Lagunen gossen und damit die Fische betäubten. Ihre Frauen schmückten sich mit Muscheln, Blumen und Armbändern. Aus gebrannter Tonerde verfertigten sie zylindrische Stäbchen, die sie rotbraun färbten, auf Fäden zogen und als Ketten um den Hals trugen.

Beñesmen

Der greise Quebehi Bencomo trat aus seiner Höhle und beschattete die Augen mit der Hand gegen das grelle Morgenlicht. Seine hohe, sehnige, noch ungebeugte Gestalt straffte sich, Herrscherstolz sprach aus seinem ruhigen, klaren Blick, Klugheit und Edelsinn. Weißes Haar wallte ihm lang herab bis auf die Schultern.

Steinern, unbeweglich sah er über das Meer, als schaute er in zeitliche Fernen: weit zurück in die Vergangenheit und noch weiter in unbekannte Zukunft. Fleißig, geeint und friedlich lebten die Stämme der Guanchen auf dieser Insel inmitten des ungeheuren Weltmeers. Würde es immer so bleiben? Sorgenfalten zogen über seine hohe Stirn, er seufzte schwer auf. Dann ließ er sich auf der Felsbank unter der hohen kanarischen Kiefer nieder. Kühl wehte es von der Bucht herauf, die Kronen der schlanken Dattelpalmen neigten sich in der Morgenbrise.

Bencomos Blick glitt über das weite Tal von Arautápala und blieb dann auf dem Tagoror zu seinen Füßen haften. Heute war Beñesmen, das große Erntedankfest, das jedes Jahr mit Spielen, Kämpfen und Festmahl gefeiert wurde. Für ihn hatte das heutige eine besondere Bedeutung: es war das letzte, auf dem er als Herrscher von Taoro, als mächtigster Fürst der Insel Tehinerfe, den Vorsitz führte. Langsam strich seine Hand über die Kerben, die er stets am Ende des großen Gastmahls mit der scharf geschliffenen Tabona in den Stamm der stolzen Kiefer geritzt hatte: es waren mehr als viermal so viel, wie er Finger an beiden Händen hatte.

So lange schon war es her, daß er als junger, strahlender Mann zum Herrscher von Taoro gekrönt worden war. Ihm schien es wie gestern, daß die Fürsten und Edlen sich vor ihm niederwarfen, seine Xercos, Sandalen, küßten und ihm mit dem königlichen Gruß huldigten: »Zahaniat Guayohec!« Ich bin dein Vasall!

Sein Entschluß stand fest: heute wollte er seinem Sohn Durimán feierlich das Zepter überreichen und ihn zum Mencey von Taoro ausrufen.

Der Greis fuhr aus seinen Gedanken auf. Vom Tagoror herauf hörte er Lachen und polternde Steine. Den schmalen

Felspfad empor stürmten zwei junge Menschen, voran sein Enkel Ruimán, ein blonder, hochgewachsener Jüngling. Ihm folgte in kurzem Abstand Dácil, die Schwester. Ruimán warf sich zu Boden, während Dácil den Großvater stürmisch umarmte. Liebevoll zog der Alte die beiden neben sich auf die Felsbank.

Dácil war schon festlich gekleidet. Ihre schnell atmende, jungfräuliche Brust hob sich deutlich unter dem seidenweichen Tamarco ab. Ein enger Gürtel umschlang die knabenhafte Hüfte. Ihre Füße staken in zierlichen Guaicas, Fellstiefeln. Um den Hals trug sie Muschelketten und weiße, duftende Guaidil-Blüten im Haar.

Ruimán war ein helläugiger, stolzer, selbstbewußter Jüngling, natürlich, unbefangen und strahlend wie der junge Morgen. So mochte der Bencomo ausgesehen haben damals, als noch sein Großoheim regierte und er als junger Prinz die Kampfspiele beim Beñesmen leitete.

Während Ruimán träumerisch über das Meer blickte, begann Dácil schnell und kindlich zu plaudern: »Ist es wahr, daß Vater heute Mencey wird, wie die Frauen beim Flechten der Matten in den Höhlen flüstern? Darf ich mit Guacimara beim Fest tanzen? Ich habe sie schon seit zwei Wintern nicht mehr gesehen ... « Und ein wenig neugierig fügte sie hinzu: »Hast du auch Añaterve eingeladen, den Fürsten von Güímar?«

Bei diesen Worten runzelte der Alte die Stirn und sah sie von der Seite an. Dann sagte er langsam: »Ja ... alle ... auch ihn. Doch du weißt, er gefällt mir nicht, ich sehe nicht gern, daß du mit ihm sprichst. Er hat etwas Verschlagenes in seinem Blick ... «

Hier unterbrach ihn der Ruf Ruimáns: »Vater kommt von der Jagd zurück, an seinem Gürtel hängen Wildkaninchen!«

Den jenseitigen Hang hinab glitt behende ein sehniger Mann. Nun verdeckten ihn Felsen, nun tauchte er wieder auf und winkte. Hinter ihm wurde ein großer, zottiger Inselhund sichtbar, der freudig bellte. Ruimán legte beide Hände an den Mund und rief: »Chacán, hierher!«

Mit wilden Sätzen über Gestrüpp und Steingeröll stürzte das Tier den Abhang hinunter, verschwand in der Schlucht und sprang kurz darauf an dem Sohn seines Herrn in die Höhe, der ihm liebkosend das weiche Fell klopfte.

Da tauchte der Vater aus der Schlucht auf und schwang sich auf den Altan. Ehrerbietig verneigte er sich vor dem greisen Quebehi. Dann umarmte er seine Kinder. Er war ein großer, stattlicher Mann mit auffallend blondem Haar, griechischer Nase, vorspringendem, tatkräftigem Kinn und kühnen Augen. Seine adlige Haltung verriet den geborenen Fürsten.

Auf dem Tagoror wurde es bald lebendig. Von allen Seiten strömten Männer, Frauen und Kinder herbei. In ihren Händen trugen sie Palmenwedel, Feldblumen, Blüten vom Guaidil und Lorbeerzweige, mit denen sie den Platz schmückten. Unter dem großen Drachenbaum wurden Binsenmatten und Felle ausgebreitet und die Añepa, die Standarte des Fürsten, eingerammt.

Ruimán und Dácil hielt es nicht länger. Sie sprangen auf und eilten lachend hinunter, um mitzuhelfen bei den Vorbereitungen für das große Fest.

Der greise Bencomo blieb allein mit seinem Sohn auf dem Altan zurück. Schweigsam saßen sie nebeneinander, jeder mit seinen Gedanken beschäftigt. So mochte Telemach, der Sohn des Odysseus, mit dem alten, weisen Nestor vom hohen Felsbalkon über das Ägäische Meer geschaut und seinen Lehren gelauscht haben. Schwer legte sich die Hand des Fürsten auf die Schultern des jungen Bencomo. Langsam, getragen begann er zu sprechen:

»Mein Sohn Durimán! Ich weiß, daß du tapfer, edel, gerecht, klug und ein würdiger Nachkomme deiner großen Ahnen bist. Von Jugend an gab ich dir die beste Erziehung, die je einem Prinzen von Taoro zuteil wurde. Dein Oheim Tinguaro, der größte Feldherr seit Tigaigas Zeiten, unterrichtete dich in der Kriegskunst. Unfehlbar ist der von deiner Hand geschleuderte Stein, kein Wild entgeht dem sicheren Wurf deiner Lanze. Einfach ist deine Lebensweise wie die deiner Ahnen, groß dein Ansehen unter den Fürsten der Insel.

Die uneinnehmbaren Höhen von Taoro, das reiche Tal von Arautápala, die Liebe und Achtung, die unsere Untertanen uns, den Enkeln des großen Tehinerfe, entgegenbringen, ihr sprichwörtlicher Mut, ihre zahlenmäßige Überlegenheit, sichern dir für immer die Vorherrschaft über die Insel, wenn es sein muß – mit Gewalt!«

Hier unterbrach sich der Alte, so als schweiften seine Gedanken in ferne Zeiten zurück, und fuhr dann fort:

»Gewalt! Sie ist die sicherste, schnellste, männlichste Waffe gegen den Feind, aber – auch die gefährlichste. Sie schlägt Wunden, die zwar vernarben, aber schwer vergessen werden. Eines Tages brechen sie auf und tränken das Land mit neuem Blut.

Auch ich habe, als du noch ein kleiner Knabe warst, Kriege führen müssen. Nicht Jugend, Herrschsucht oder Machtgelüst bestimmten mich dazu, sondern das heilige Vermächtnis Tehinerfes zwang mich, die Waffen zu ergreifen. So warf ich die Aufstände von Güímar und Abona nieder, so besiegte ich die Stämme von Daute und Adeje. Doch durch weise und gerechte Herrschaft verstand ich, die geschlagenen Wunden zu heilen und mir die ehemaligen Feinde zu bewundernden Freunden zu machen. Denn wisse: das heilige Vermächtnis, das Tehinerfe auf dem Sterbelager seinem Lieblingssohn Imobach mitgab, lautet: ›Meide den Bruderkrieg, wo immer du kannst, und greife nur dann zur Gewalt, wenn die Einigkeit des Guanchenvolkes in Gefahr ist. Eines Tags wird ein großer Feind übers Meer kommen und euch bedrohen. Ihr werdet unbesiegbar sein, solange ihr wie ein Mann zusammensteht.‹«

»Ein großer Feind?«

Der junge Bencomo war aufgesprungen und hatte zur Lanze gegriffen, die an der Kiefer lehnte. Seine Augen sprühten, hochrot schwoll die Zornesader auf seiner Stirn. Auch Chacán war in die Höhe gefahren, sprungbereit, wie um sich auf einen unsichtbaren Gegner zu stürzen.

Beruhigend zog ihn der Alte wieder auf die Bank nieder:

»Seit geraumer Zeit befinden sich Fremde in unserem Lande, die sich in Güímar, im Bereich des Fürsten Añaterve, niedergelassen haben. Eines Tages kamen sie von Morgen auf einem schwarzen Vogel mit weißen Flügeln, den wir Argijon, das Schiff, nennen. Oft habe ich diese Ungetüme beobachtet, wenn sie weit draußen über das Meer nach Benahore liefen. Sie tragen viele Menschen auf ihrem Rücken und in ihrem Bauch und müssen Diener des Guayote sein, der im Echeyde wohnt und unser Volk vernichten will.

Bisher sind es nur wenige, die hier ihr geheimnisvolles Wesen treiben. Vertraute berichteten mir, daß sie lange, schwarze Tamarcos tragen, die bis auf die Erde reichen, und ein Kreuz an einer geflochtenen Schnur auf der Brust. Krieger sind es nicht, auch führen sie keine Waffen. Sie gehören zu dem mächtigen Volk der Spanier und nennen sich Christen. Sie sagen, sie wären von Gott gesandt, doch nicht von Acorán, an den wir glauben, sondern von einem mächtigeren, unbekannten, der über dem Tigot wohnt und sie beschützt. Ihren

Sigoñe, den Anführer, nennen sie Pater. Es ist ein alter Mann mit verzückt leuchtenden Augen, vor dem sie sich auf die Knie werfen und Stirn, Mund und Brust dreimal mit dem Finger berühren.

Zuerst lachten alle über das seltsame Gehabe dieser Fremden, doch dann geschah etwas Wunderbares. Als eines Tages ein Hirt Añaterves, der in der Grotte von Atbínico übernachtete, am Morgen aus seinem Schlummer erwachte, sah er neben sich im Halbdunkel eine hohe Frauengestalt in langem, faltenreichem Gewand, eine leuchtende Krone auf dem Haupt, in der Hand eine weiße Taube.

Zuerst glaubte er, es wäre ein lebendes Wesen, doch bald überzeugte er sich, daß es eine kunstvolle Figur aus Holz war. So etwas hatte er noch nie gesehen! Wie kam sie hierher? Sollten sie die Fremden während seines Schlafes hier aufgestellt haben? Er eilte hinaus, um Nachricht nach Güímar zu bringen.

Wie angewurzelt blieb er vor der Grotte stehen, er glaubte seinen Augen nicht zu trauen: den steilen Felspfad hinauf bewegte sich ein langer Zug dichtgedrängter Menschen. Voran schritt der Pater, die Hände gefaltet, den Kopf demütig zur Erde geneigt. Seine Diener in ihren langen, schwarzen Tamarcos folgten ihm. Ihnen schlossen sich Männer, Frauen und Kinder an, in deren Gesichtern Neugierde und Furcht geschrieben stand. Was bedeutete das? Was war geschehen? Hatte es etwas mit der Figur zu tun, die steif und unheimlich hinter ihm in der Grotte stand?

Näher und näher kam der lange Zug, jetzt hielt er vor dem Eingang der Höhle. Die Fremden warfen sich auf die Knie und murmelten unverständliche Worte vor sich hin. Dann erhob sich der Pater und trat, gefolgt von seinen Dienern, ein, während das Volk draußen wartend zurückblieb.

Bald hörte man aus dem Innern tiefen, langgezogenen Gesang. Vorsichtig lugte der Hirt hinein, neugierig drängten andere nach.

Was sie sahen, schien ihnen unheimlich und geheimnisvoll. Die Fremden hatten Fackeln entzündet und sie in die Felsspalten gesteckt. Aus einem blinkenden Gefäß, das einer der Diener schwenkte, drang süßlich betäubender Duft wie der Saft der Tabaiba, in rauchigem Nebel schwebte die Jungfrau über der Erde. Der Schmuck auf ihrem Haupte glänzte wie die Strahlen der Morgensonne, während die weiße Taube in dem flackernden Licht mit den Flügeln zu schlagen schien.

Jetzt wandte sich der Pater um, erhob beide Arme zum Himmel, breitete sie aus, als ob er alle umfassen wollte, und begann zu dem Volk zu sprechen:

›Leute von Güímar! Großes Heil ist euch widerfahren! Ausgezeichnet seid ihr unter allen Stämmen des Guanchenvolkes. Christus, unser mächtiger Gott, hat euch ein sichtbares Zeichen seiner Gnade gesandt. Seht her! Diese heilige Jungfrau ist seine wundertätige Mutter, die von jetzt ab in dieser Grotte wohnen wird, die ihr Atbínico nennt. Sie wird die Gläubigen beschützen und die Frevler strafen, sie wird Wunden heilen und Kranke genesen machen, sie wird ewig sein und die Hand schützend über euch, eure Kinder und Kindeskinder halten, wenn ihr dem falschen Acorán abschwört und euch dem einzigen Gotte, Christus, zuwendet. Lasset uns beten!‹ Dabei fiel er auf die Knie und mit ihm die Diener, während das Volk scheu zurückwich.

In diesem Augenblick drängte sich Zerdeto, einer der tapfersten Krieger von Güímar, durch die Menge. In seiner Hand hielt er einen schweren Feldstein. ›Guanchen!‹ rief er, ›diese Fremden sind Lügner und im Bunde mit Guayote, dem Dämon! Glaubt nicht ihren großsprecherischen Worten! Das dort drüben soll die Mutter eines mächtigen Gottes sein? Dieser mit den Farben des Teufels bemalte Holzklotz? Vor ihm sollt ihr euch auf die Erde werfen und ihm huldigen mit dem Gruß »Zahaniat Guayohec«, der nur dem Könige gebührt? So wahr ich der Krieger Zerdeto bin, der in der Schlacht in der ersten Reihe steht, ich werde dieser lächerlichen Gottesmutter das Haupt zerschmettern!‹ Dabei holte er weit aus und schleuderte den schweren Feldstein gegen das Standbild.

Doch was war das? Der Stein verfehlte sein Ziel! Hatte das flackernde Licht den Meister des Wurfs getäuscht, der Zorn ihm sein Auge getrübt, der Räuchernebel ihn betäubt? Polternd schlug der Stein gegen die Felswand.

Im selben Augenblick fiel Zerdeto mit einem Aufschrei zu Boden. Als sie ihn emporhoben, hing der rechte Arm, mit dem er den Stein geschleudert hatte, leblos herunter. Er war wie abgestorben, wie der kahle Zweig einer Pinie. Das Volk aber floh entsetzt aus der Grotte, den steilen Felspfad hinunter, verbarg sich in den Höhlen, flehte zu Acorán und bat ihn, die fremden Zauberer zu vernichten.

Als Añaterve von diesem Vorfall erfuhr, ließ er Zerdeto zu sich kommen. Der junge, tapfere Krieger schien in wenigen Stunden um Jahre gealtert. Er zitterte, sprach stammelnd, verwirrt, unzusammenhängend. Schweigend hörte Añaterve den merkwürdigen Bericht und blieb in Gedanken versunken in seiner Höhle.

Kurz darauf trat der Pater ein. Was die beiden bis tief in die Nacht hinein miteinander verhandelten, habe ich nie erfahren können.

Drei Tage und drei Nächte ließ Añaterve niemanden zu sich, dann rief er seine Sigoñes und Krieger zusammen und verkündete, daß die Christen unter seinem Schutze stünden und er ihnen die Grotte von Atbínico zu eigen gäbe.

Zerdeto aber siechte dahin: er magerte ab, sein Haar wurde weiß, eines Morgens fand man ihn tot auf seinem Lager.

Geraume Zeit verging, da erkrankte Ico, die Lieblingsschwester Añaterves. Zuerst klagte sie über Schmerzen in allen Gliedern, dann verschmähte sie Speise und Trank, Fieber stellte sich ein, in ihren Träumen rief sie immer wieder nach dem neuen Gott. Man packte sie in feuchte Lorbeerblätter, flößte ihr Drachenblut ein, nichts half. Ihr Zustand verschlimmerte sich immer mehr.

Da befahl Añaterve, die Todkranke hinaufzutragen zur Grotte von Atbínico, wo jetzt die wundertätige Mutter des neuen Gottes wohnte, die sie Maria nennen.

Als die Bahre mit der Prinzessin sich dem Eingang näherte, trat der Pater heraus und schlug über Ico das Zeichen des Kreuzes. Dann trugen seine Diener die Kranke in die Grotte. Añaterve folgte ihnen auf dem Fuße.

Es war das erstemal, daß er der Heiligen Jungfrau gegenüberstand. Gebannt blieb sein Blick auf dem strahlenden Schmuck ihres Hauptes hängen, der im Schein der Fackeln wie Meeresleuchten flimmerte.

Alle warfen sich zu Boden, von unbekanntem Schauer erfaßt – auch Añaterve. Ico aber stand auf, fiel der Jungfrau zu Füßen und küßte den Saum ihres faltigen Tamarco.

Als das der Pater und seine Diener sahen, stimmten sie einen Lobgesang an und priesen die Allmacht ihres mächtigen Gottes, der solches Wunder vollbracht und Ico geheilt hatte. Das Volk aber, das draußen harrte, brach in lauten Jubel aus und rief: ›Heil dir, Maria des Lichts! Du sollst von nun ab die Schutzgöttin unseres Stammes sein!‹

Am Abend folgte ein großes Fest auf dem Tagoror von

Güímar. Anderntags aber wurde Añaterve ein Christ und mit ihm viel Volks. Seit dieser Zeit brennen ewige Fackeln in der Grotte von Atbínico und jeden siebenten Tag bewegt sich ein langer Zug den steilen Felspfad hinauf, um der ›Heiligen Jungfrau des Lichts‹ zu huldigen. Voran schreitet Añaterve und hinter ihm die einst so stolzen Krieger von Güímar, gebückt, Asche auf dem Haupt, Gebete murmelnd. Ihnen folgen Frauen, Kinder und Greise ...«

Bis hierher hatte der junge Bencomo seinen Vater schweigend angehört, nun unterbrach er ihn:

»Und warum riefst du nicht deine Krieger, tötetest die Fremden oder jagtest sie aus dem Lande? Gefährden sie nicht die Einigkeit unter den Stämmen der Guanchen? Sind sie nicht der Feind, den der große Tehinerfe ankündigte?«

»Höre weiter, mein Sohn Durimán! Auch ich trug mich zuerst mit diesem Gedanken. Doch dann sandte ich heimlich den jungen Prinzen Badenol, den Bruder Acaimos, des Fürsten von Tacoronte, als Hirt verkleidet über das Gebirge. Was er mir bei seiner Rückkehr berichtete, war seltsam genug. Doch es beruhigte mich und ließ mich von Gewalt absehen.

›Diese Christen sind friedliche Leute,‹ so sagte er, ›die nichts als Gutes tun. Sie bebauen das Land um die Grotte von Atbínico, besuchen Kranke und Sterbende in ihren Höhlen und sprechen ihnen Trost zu. Sie tragen niemals Waffen und scheinen auch keine zu besitzen. Dabei leben sie abgesondert, und auch Frauen berühren sie nicht.

Manchmal kommt ein großer, schwarzer Vogel mit weißen Flügeln über das Meer und bringt ihnen Geschenke, die sie unter das Volk verteilen: Halsketten mit kleinen Kreuzen, auf denen ihr Gott abgebildet ist, gelbe Fackeln aus einer weichen Masse, die sie Velas, Kerzen, nennen, buntfarbene Tamarcos für Frauen und Mädchen ...

Princesa Dácil, Symbolfigur der sich verschmelzenden Kulturen. Zu ihren Füßen Tara-Figuren, die die Guanchen als Fruchtbarkeitsgöttin verehrten. Bronze-Denkmal an der Auffahrt El Ramal nach Villa de La Orotava, von Ezequiel de León Cruz und Cristo Quintero, anlässlich der 500-Jahr-Feier der Stadt.

Die sogenannten »Bencomo-Höhlen« in La Orotava oberhalb des Aussichtspunktes Mirador Humboldt sind heute in Privatbesitz und werden als Ziegenpferch benutzt. Oben: Blick von innen ins Orotava-Tal, unten: tote Ziegen (Sommer 2003)

(Fotos: G. Scharrer)

Moderne Inszenierungen: Guanchen-Familie (oben), »La batalla de Acentejo« *(Foto oben: El Alfar S.L., unten: Ayto. La Matanza)*

Es ist wahr, viele Guanchen von Güímar huldigen dem neuen Gott. Doch mehr als ihn verehren sie dich, o Mencey von Taoro, und deine Ahnen. Wenn du sie rufst, werden alle Krieger wie ein Mann an deiner Seite stehen.‹

Ich ging lange mit mir zu Rate, Prinz Badenol hatte recht. Die Fremden waren friedlich und ungefährlich. Wenn ich sie tötete oder aus dem Lande jagte, kamen vielleicht Krieger ihres Volkes, um sie zu rächen. Ich fühlte, daß es das beste war, sie einfach zu übersehen. Welche Gefahr konnte denn dem mächtigen Volke der Guanchen von einer Handvoll unbewaffneter Männer drohen, die einsam blieben und nicht einmal Kinder zeugten? Es wurde mir klar, daß, wenn ich Gewalt gegen die Fremden gebrauchte, ein Bruderkrieg unvermeidlich war. Ließ ich sie jedoch ruhig gewähren, so ging ich jedem Haß und Zwist aus dem Wege und erfüllte so das Vermächtnis unseres großen Ahnen.«

Er unterbrach sich einen Augenblick, sah seinen Sohn liebevoll an und umarmte ihn:

»Heute, Durimán, lege ich feierlich die Herrschaft über das geeinte, starke und mächtige Volk der Guanchen in deine Hand. Vergiß nie die letzten Worte des edlen Tehinerfe! Suche stets den Frieden unter den Stämmen zu erhalten und verabscheue den Bruderkrieg, denn: Gewalt gebiert Gewalt! Doch sollte eines Tages der große Feind übers Meer kommen, so tritt ihm an der Spitze deiner Krieger entgegen, denn dann geht es um die Freiheit der Guanchen!«

Helle Nachmittagssonne lag über dem festlich geschmückten Tagoror. Unter den riesigen Lorbeerbäumen, die den weiten Platz umstanden, herrschte reges Leben. Von allen Seiten strömte das Volk herbei, um Beñesmen, das große Erntedankfest, zu feiern. Männer, Frauen und Kinder aus allen Teilen der Insel waren herbeigeeilt, um ihren geliebten Fürsten, den greisen Quebehi Bencomo, und damit Acorán selbst zu ehren.

Da sah man stolze Krieger aus den Bergen von Tegueste, hochgewachsene, schöne Frauen aus Anaga, blonde, sehnige Jünglinge aus Tacoronte, die den Beginn der Kampfspiele kaum erwarten konnten, dunkeläugige, braungebrannte Fischer aus Adeje, Abona und Güímar und schweigsame Bewohner aus den Bergen von Icod.

Alle trugen Festgewänder: lose fallende, fußfreie Tamarcos, eng anliegende Huirmas, Ledergamaschen, und feste, hohe Guaicas. Die Schilde der Krieger und die Lanzen waren mit Blumen umwunden.

Frauen und Mädchen hatten ihren schönsten Schmuck angelegt: Halsketten aus weißen, gleichmäßigen Muscheln, auf Fäden gereihte, zierliche Schnecken, nach Rosenholz duftende Guaidil-Blüten im Haar. Ihre schmiegsamen Tamarcos, über der Hüfte mit einem breiten Gürtel zusammengehalten, reichten bis auf die Erde. Nur beim Schreiten erhaschte das suchende Auge den schlanken Fuß in der leichten, breitriemigen Sandale.

Langsam füllten sich die steinbehauenen Sitze, die den weiten Platz umstanden, vor denen sich Knaben und Mädchen im Sand niederließen. Winkend begrüßten sich Freunde, die sich seit dem letzten Beñesmen nicht mehr gesehen hatten, Rufe flogen herüber und hinüber, Verwandte umarmten sich.

Da klang der langgezogene Ton eines Fatuto, Muschelhorns, über den Tagoror und brach sich an den schroffen Felsen des Tigaiga. Lautlose Stille trat ein. Aller Augen starrten gebannt hinauf zur Königshöhle, in deren Eingang jetzt hocherhobenen Hauptes der greise Quebehi erschien.

Unter der großen Kiefer blieb er stehen und ließ seinen

Blick über das Volk schweifen, das sich von den Sitzen erhoben hatte. Dann streckte er den Arm weit zum Gruß vor, die Hand nach unten, als wollte er mit dieser Bewegung andeuten, daß sie alle unter seinem Schutze stünden. Ein tausendstimmiger Jubelschrei antwortete ihm.

Langsam stieg er den steilen Felspfad zum Tagoror hinunter, hinter ihm sein Sohn, gefolgt von Ruimán und Dácil. An die Füße seines Herrn geschmiegt, den Kopf erhoben, mit offenem Maul, aus dem das kräftige Gebiß leuchtete, drängte sich Chacán, majestätisch, stolz, als wäre er sich der Feierlichkeit der Stunde bewußt.

Der Kreis teilte sich, und ehrerbietig verneigte sich das Volk, als die vier hindurch und auf den Drachenbaum zuschritten. Unter der Añepa, der Standarte, blieb der greise Bencomo einen Augenblick stehen, dann ließ er sich auf dem mit Fellen bedeckten Felsblock nieder.

Wieder öffnete sich der Kreis, und herein traten die Fürsten und Edlen der Inselstämme. Voran schritt der noch rüstige, ungebeugte Tinguaro, der Bruder Quebehi Bencomos, der große Feldherr, der mit lautem Zuruf begrüßt wurde. Ihm folgten Beneharo, Mencey von Anaga, der seine Tochter Guacimara am Arm führte, Fürst Pelicar von Icod, Zebensui von Tegueste und Acaimo von Tacoronte, neben ihm sein junger Bruder Prinz Badenol.

Dann kamen die Menceys Perinor, Rosmen und Ajoña, von Adeje, Daute und Abona. Den Schluß machte stolz und ein wenig verächtlich über das Volk hinlächelnd Fürst Añaterve, Mencey von Güímar.

Langsam näherten sie sich dem Sitz Bencomos, ließen sich einzeln vor ihm auf die Knie nieder und küßten den Saum seines Tamarcos. Dann nahmen sie um ihn herum unter dem Drachenbaum Platz.

Nun schwankten auf großen Tragbahren die Gastgeschenke heran, die zu Füßen der Fürsten niedergesetzt wurden: saftige Brombeeren aus dem Tal von Taganana, Feigen und Datteln aus Adeje, goldgelbes Getreide aus Güímar, Palmenbirnen und Fichtenzapfen aus Abona. Tegueste und Tacoronte sandten junge Lämmer, Icod zarte, wohlschmeckende Bergzicklein, Daute frisch erlegte Wildkaninchen, Pilze und Früchte vom Erdbeerbaum.

Jetzt gab Quebehi Bencomo seinem Bruder Tinguaro ein Zeichen. Dieser hob die Hand, ein Muschelhorn ertönte, die Kampfspiele begannen.

Zuerst traten die besten Läufer an. Schnell hatten sie sich ihres Tamarcos entledigt, die Huirmas abgestreift und die Fellstiefel mit leichten Sandalen vertauscht. Auf ein Zeichen Tinguaros stürmten sie los, von den Umsitzenden durch laute Zurufe angefeuert.

Dreimal um den Tagoror ging das Rennen. Der Sieger, ein junger Krieger aus Tacoronte, kniete vor Tinguaro nieder, der ihn unter dem Beifall der Zuschauer mit frischem Lorbeer schmückte und ihm einen feinen Hammel überreichen ließ.

Springen, Lanzenwerfen, Steinstoßen und Ringkampf folgten. Im letzteren blieben wie stets die zähen Bergbewohner von Icod Sieger.

Dann trat eine Pause ein, während der Knaben und Mädchen erfrischende Fruchtgetränke herumreichten, die Zuschauer miteinander plauderten und die Kämpfer ihre Festgewänder wieder anlegten.

Prinzessin Dácil und Guacimara gingen unter dem Drachenbaum auf und ab und sprachen lebhaft miteinander. Jetzt gesellte sich Ruimán zu ihnen und drückte fest die Hand des schlanken, hochgewachsenen Mädchens, neben dem seine Schwester wie eine zierliche Tanagra-Figur wirkte.

»Blume von Anaga«, sagte er und sah sie mit seinen großen, träumerischen Augen an, »es ist lange her, daß wir uns gesehen haben, und die Knospe von damals ist aufgeblüht.«

Einen Augenblick schlug das Mädchen errötend den Blick nieder, dann sah sie ihn frei an: »Auch du, Ruimán, bist ein stattlicher Jüngling geworden, dem die adlige Geburt auf die Stirn geschrieben steht.« Und leise fügte sie hinzu: »Ich würde mich freuen, dich einmal in Anaga zu sehen.« Sie wollte fortfahren, da unterbrach sie der langgezogene, dumpfe Ton des Fatuto.

»Bis nachher!« rief Ruimán, drückte ihr schnell die Hand, winkte seiner Schwester zu und eilte auf den Kampfplatz, auf den man in einer Entfernung von zehn Lanzenlängen zwei große Felsblöcke gerollt hatte.

Gleichzeitig mit Ruimán war Prinz Badenol in den Kreis getreten. Jetzt gingen beide aufeinander zu und grüßten sich mit hocherhobenem Arm. Dann bestieg jeder einen der beiden Felsblöcke. Ein Krieger reichte ihnen kleine Schilde und flache Steine hinauf.

Alle folgten mit Spannung den Vorbereitungen zum Zweikampf der beiden Prinzen. Es galt, jedem Wurf des Gegners auszuweichen, ohne die Fußstellung zu verändern. Ein Treffer gegen Mann oder Schild entschied den Sieg.

Prinz Badenol eröffnete den Angriff. Scharf hintereinander sausten drei Steine durch die Luft, dicht über Ruimán hinweg, der sich rasch gebückt hatte. Einen vierten, der der Hand des Prinzen Badenol zu früh entschlüpft schien, fing er geschickt auf und schleuderte ihn so blitzschnell zurück, daß seinem Gegner gerade noch Zeit blieb, den Kopf hinter dem schützenden Schild zu bergen. Ein Jubelschrei kündete den Sieg des Prinzen von Taoro. Beide sprangen vom Felsen herab, schüttelten sich die Hände und gingen dann Arm in Arm aus dem Tagoror.

Zweikampf auf Zweikampf folgte. Jedesmal, wenn einer getroffen wurde, trat ein anderer an seine Stelle, die Begeisterung der Zuschauer stieg, Mädchen warfen den Siegern Blumen zu . . .

Die Sonne war schon halb hinter der Insel Benahore, deren zackige Umrisse sich scharf gegen den blutroten Himmel abhoben, versunken, als auf ein Zeichen Tinguaros die Spiele abgebrochen wurden.

Inzwischen hatte man rings um den Tagoror große Holzstöße errichtet, die jetzt entzündet wurden. Gleichzeitig flammten auf den Bergen von der Ostkette bis zum Tigaiga riesige Freudenfeuer auf, deren Rauch senkrecht in den sich verdunkelnden Abendhimmel stieg.

Atemlose Stille entstand, als sich der greise Bencomo erhob. Sein Blick glitt schweigend über die Fürsten, die erwartungsvoll zu ihm aufschauten. Nur Añaterve sah zur Erde und malte mit seiner Tabona Figuren in den Sand. Als er den Kopf hob, lag um seinen Mund ein lauernder Zug.

Bencomo, das Zepter gegen den Drachenbaum gestützt, reckte sich hoch auf und hob die Hand:

»Fürsten der Guanchen, Edle von Tehinerfe, Krieger und Volk, hört mich an!

Heute ist es das letztemal, daß ich als Fürst von Taoro und König der Insel zu euch spreche. Viele Jahre sind vergangen, seit ich das erste Beñesmen mit euch feierte. Die Reihen meiner Altersgenossen haben sich gelichtet, nur wenige sind es noch, die ich um mich sehe. In meiner langen Regierungszeit habe ich mich bemüht, euch ein gerechter und kluger Herrscher zu sein. Ich sorgte dafür, daß Streitigkeiten unter den Stämmen friedlich beigelegt wurden, daß die Vorratskammern gefüllt waren, wenn der Guayote unsere Felder verwüstete oder Mißernten unser Land heimsuchten.

Und nicht nur das! Das Wohlergehen jedes einzelnen von euch lag mir am Herzen. Nie war mein Ohr einer gerechten Bitte verschlossen, unverschuldete Notlagen milderte ich, wo ich konnte, wohlverdiente Hilfe wurde jedem zuteil, der sie benötigte.«

Beifälliges Gemurmel unterbrach ihn, dann fuhr er fort:

»Mein Haupt ist weiß geworden wie der Scheitel des Echeyde im Winter, mein Auge trübe von dem vielen, was es in langen Jahren sah, mein Arm, mit dem ich euch in Einigkeit zusammenhielt, ermüdet. Deshalb habe ich mich entschlossen, heute meinem Sohn Durimán das Zepter zu übergeben. Von dieser Stunde ab soll er als Mencey Bencomo euer Herrscher sein! Gehorcht ihm, wie ihr mir gehorcht habt, und steht einig zu ihm, wann immer er euch ruft!«

Damit trat der alte Quebehi auf seinen Sohn zu und überreichte ihm das Zepter, den heiligen, vom Fleisch entblößten Oberarmknochen des großen Tehinerfe, das Zeichen der Macht über die Inselstämme.

Durimán nahm es aus der ruhigen Hand des Alten, küßte es ehrfurchtsvoll, schwang es über dem Haupte und sprach dabei die Krönungsformel: »Acorán, nun habec, sahagua reste guagnat, sahur banot gerage sote.« Ich schwöre bei Gott und den Gebeinen meines Ahnen, seinem Beispiel zu folgen und meine Untertanen glücklich zu machen!

Dann ging das Zepter unter den Fürsten von Hand zu Hand. Jeder küßte es, hielt es auf den Rücken und sprach den Eid: »Wir schwören bei dem Tag deiner Krönung, immer deine und deiner Sippschaft Verteidiger zu sein! Agonec Acorán in at Zahana namet! Ich schwöre, o Gott, den Vasallen auf den Knochen!«

Während Tinguaro dem neuen Herrscher die Stirn mit Lorbeer schmückte, beugte sich der greise Quebehi als erster vor seinem Sohn nieder, um den Saum seines Tamarco zu küssen. Doch schnell hob Durimán ihn auf und umarmte ihn. Als er in sein Antlitz sah, hatten sich die Augen des Vaters für immer geschlossen.

Das Volk aber warf die Arme in die Luft und rief:

»Es lebe Fürst Durimán! Es lebe Mencey Bencomo!«

Das Heiligtum von Taganana

Grollend schlugen dunkle Wogen gegen die steilen Basaltklippen von Anaga, sprangen an ihnen empor, zerstäubten und rieselten in hellem Mondlicht wie flüssiges Silber in die dunkle See zurück. Schwarz, drohend, unheimlich türmten sich die zerklüfteten Bergketten der Cumbre gegen den nächtlichen Himmel, der im lautlosen, urgewaltigen Feuerwerk südlicher Sterne strahlte.

Prinzessin Guacimara lag schlaflos in der geräumigen Höhle auf weichem Lager und träumte vor sich hin. Ein Kienspan warf sein flackerndes Licht auf die zackigen Wölbungen der Decke, und im Halbdunkel tanzten zitternde Schatten über die felsigen Wände. Leise tönten vom Eingang her die flüsternden Stimmen der Dienerinnen …

Kurz vor Dämmerung waren Boten aus Taoro gekommen, die ihrem Vater Beneharo das Eintreffen des Prinzen Ruimán und seiner Schwester Dácil meldeten. Er hatte also Wort gehalten, damals beim letzten Beñesmen, als er ihr versprach, nach Anaga zu kornmen. Morgen gegen Mittag würde er hier sein.

Jähes Glücksgefühl machte sie wonnig erschauern. »Blume von Anaga« hatte er sie genannt mit seiner schönen, weichen und doch so männlichen Stimme, »Blume von Anaga ...«

Sie liebte ihn, diesen jungen, ritterlichen Prinzen mit den träumerischen Augen und der adligen Gesinnung. Schon als Kinder hatten sie zusammen am Strande von Taoro gespielt, waren von Klippe zu Klippe gesprungen, hatten kleine, weiße Muscheln gesucht und flache Steine übers Meer tanzen lassen. Wenn sie müde war, trug er sie auf seinen Armen hinauf zum Tagoror, legte sie behutsam unter den schattigen Lorbeerbäumen nieder und bewachte ihren Schlummer.

Ja, sie liebte ihn! Wenn einer ebenbürtig war an Sinn und Geschlecht, dann er, NUR er. Und sie? Sie würde einst Königin von Taoro, Königin von Tehinerfe sein, sie, die sie Guacimara, die Mannhafte, nannten.

Strahlend lag der Lebensweg vor ihr. War nicht ihr Vater Beneharo der Vertrauteste des großen Durimán Bencomo unter den Fürsten der Insel? Hatte er nicht immer getreu zu den Enkeln Tehinerfes gehalten, damals im Streit um Güímar und Abona, als er die unüberwindliche Cumbre besetzte und den Verrätern in den Rücken fiel? Sie, Guacimara, haßte nur eins: Verrat! Und sie liebte nur eins: Seelenadel! Wäre Ruimán nichts als ein Hirt gewesen, sie wäre mit ihm gegangen, irgendwohin, wo es Futter gab für ein paar Schafe und Ziegen, Getreide, Wurzeln und für die Festtage Früchte vom Erdbeerbaum.

Sie spann sich in diesen Gedanken ein: Ja, mit ihm allein ... irgendwohin ... wo es nichts gab als Sonne, Meer und Einsamkeit, keine Menschen, keinen Streit, keinen Freund, keinen Feind.

Gedankenvoll sah sie einer Fledermaus nach, die ängstlich um den Kienspan flatterte und dann ins Freie flog ... Wie hatte doch das dunkle, düstere, unverständliche Orakel gelautet, das dumpf aus dem Heiligtum von Taganana an ihr

Ohr gedrungen war, ehe sie hinüberwanderte nach Taoro zum letzten Beñesmen? Leise wiederholte sie es:

»Du liebst einen Prinzen
Von edlem Geschlecht,
Von adligem Wesen
Voll Tugend und Recht.

Und eh ihr euch beide
Für immer vereint,
Steht an diesem Gestade
Der mächtige Feind.

Doch der Prinz wird dich holen
Und mit dir entfliehn,
Und fern von hier
Wird die Liebe euch blühn.

Einen armen Hirten nur
Wirst du frei'n,
Ohne Krone, Zepter und Macht,
Und kurz wird euer Glück nur sein,

Denn schnell kommt die ewige Nacht.
Kein Irdischer kann
Seinem Schicksal entfliehn,
Du liebst einen Prinzen
Und stirbst mit ihm ...«

Ja, wenn die Magades, die heiligen Priesterinnen, die den Schleier der Zukunft lüften konnten, recht behielten, dann wollte sie nach dem Willen Acoráns gern mit ihm zusammen sterben. Denn was war das Leben ohne ihn? Selig lächelnd schlummerte sie ein ...

Eine Dienerin, die lautlos herangehuscht war, machte den anderen ein Zeichen. Das Gespräch verstummte. Prinzessin Guacimara schlief.

Schweigen im Walde von Tacoronte. Ein erster Sonnenstrahl huscht zitternd durch dichtes Laubwerk und spielt über das Antlitz des jungen Prinzen. Ruimán fährt aus dem Schlaf auf und erhebt sich. Neben ihm auf sorgsam geschichtetem Lager ruht Dácil und träumt. Um ihren schön geschwungenen Mund spielt ein glückliches Lächeln.

Schweigend betrachtet er sie: ihre zierliche Figur, ihre langen, seidenen Wimpern, ihre schmalen, feingliedrigen Hände ... Manchmal scheint es ihm, als ob sie aus einer anderen Welt wäre. Seit dem frühen Tod der Mutter ist er ihr steter Begleiter, Vertrauter, Freund, Spielgefährte. Die kleine Dácil! Für sie gab es nur Sonne, Lächeln und Träume ...

Jetzt beugt er sich über sie und weckt sie mit einem Kuß. »Dácil!« Voll schlägt sie die Augen zu ihm auf und schlingt die Arme um seinen Hals. Er hebt sie empor und klopft das Laub von ihrem Tamarco.

Ehrerbietig nähern sich die Krieger, die am Waldrand den Schlaf der Königskinder bewachten. Schnell ist das Frühstück eingenommen: eine Hand voll Gofio aus dem ziegenledernen Beutel, ein paar süße Früchte vom Mocán. Dann gibt Prinz Ruimán das Zeichen zum Aufbruch.

Es geht steil bergan. Nach ein paar Stunden rasten sie auf der Cumbre, dem Grat. Zu ihren Füßen dehnt sich das unendliche Meer wie eine blaue Kristallschale, gefüllt mit flimmernden Silberstücken. Steil und zerrissen stürzen die Schluchten nach Anaga ab.

Auf einem Ziegenpfad, der sich in unzähligen Windungen hinunterschlängelt, geht es in die Tiefe. Bald wieder nimmt sie schattiger Laubwald auf.

Als sie sich mitten auf einer Lichtung befinden, wird es um sie her plötzlich lebendig: Muschelhörner ertönen, festlich geschmückte Krieger treten aus dem Wald und schließen sich ihrem Zug an. Es ist das Ehrengeleit, das ihnen Mencey Beneharo bis an die Grenze seines Reiches entgegengesandt hat.

Sie durchschreiten einen hohen Pinienwald, überqueren eine blumige, sanft geneigte Wiese, durch die sich ein munterer Bach schlängelt. Ragende Kiefern ... ein lichter Palmenhain ... ein weiter, von leuchtenden Büschen umstandener Platz: vor ihnen rundet sich der Tagoror von Anaga.

In der Mitte unter einer hohen, schlanken Dattelpalme steht Beneharo mit seinen Sigoñes und Edlen; neben ihm Guacimara, bunte Frühlingsblumen im Haar. Krieger und Volk umlagern das weite Rund.

Als sich Ruimán mit seinem Gefolge nähert, öffnet sich ihnen eine breite Gasse. Freundlich grüßend schreitet er hindurch auf Beneharo zu, der ihm entgegentritt und ihn willkommen heißt.

Jetzt schwanken die Gastgeschenke heran und werden vor dem Fürsten niedergesetzt: große Körbe mit saftigen Vicácaros, in feuchte Palmenblätter gewickelte Yoya-Kuchen, das waren mit Gofio eingekochte Früchte, faustgroße, entstachelte Kakteenfeigen, auf zierliche Stäbchen gespießte Brombeeren, goldgelbe Pilze aus den Wäldern von Arautápala.

Ruimán winkt einen Krieger heran. Seiner Hand entnimmt er eine lange, mit kunstvoll geflochtener Lederschlinge versehene Eschenlanze, die er dem Fürsten als Ehrengabe seines Vaters überreicht.

Während Beneharo sie in der Hand wiegt und mit Kennermiene die scharfe, im Feuer gehärtete Spitze betrachtet, ist der Prinz auf Guacimara zugetreten, die mit Dácil plaudert. Feierlich öffnet er ein kleines, bastverschnürtes Päckchen und entnimmt ihm eine Kette seltsam geformter Muscheln, die wie kleine Sternchen aussehen.

Ein Ruf des Erstaunens geht durch die Reihen der Edlen. Guacimara scheint wie mit Purpur übergossen. Alle haben die Kette sogleich erkannt, die Kette, die einst die Gemahlin des großen Tehinerfe trug, die sich von Geschlecht zu Geschlecht vererbte und die nur den Hals einer Königin von Taoro zieren darf.

Neugierig drängen sich Krieger und Volk heran, als er ihr jetzt den Schmuck umlegt. Jeder weiß, was das bedeutet.

Unter dem Jubel der Umstehenden tritt Fürst Beneharo auf den jungen Prinzen zu und umarmt ihn:

»Willkommen, mein Sohn Ruimán! Willkommen im Reich von Anaga!«

Am Abend fand zu Ehren des prinzlichen Besuchs ein großes Guatativoa statt. Es gab Muschelsuppe mit Gofio, zarte Wildkaninchen, gebackene Schnecken, am Spieße geröstete, wohlschmeckende Igel, Palmenbirnen, Feigen und Datteln.

Kampf- und Liebeslieder wurden gesungen, begleitet von melodischen Hirtenflöten. Reigen- und Paartänze folgten, zu denen die Zuschauer mit den Füßen stampften, während Mädchen mit Tajerastes, kleinen Handtrommeln, und Lapas, den Kastagnetten, den Takt schlugen.

Ruimán und Guacimara schlenderten auf monderhelltem Waldpfade der nahen Küste zu. Er hatte seinen Arm um ihre Schultern gelegt und flüsterte ihr Liebesworte ins Ohr.

Auf einer Klippe, die steil in die See sank, ließen sie sich nieder und träumten von ihrem Glück. So glatt und ruhig wie das Meer lag ihr Leben vor ihnen, keine Nebelwolke störte die Sicht in die Zukunft. Vergessen waren die unheilvollen Worte der Magades. Wie die funkelnden Sterne am silberglänzenden Nachthimmel blickten sie freudig und unbeschwert in den kommenden, strahlenden Tag.

Auf dem Rückweg sagte Ruimán: »Ehe der Mond voll ist, muß ich wieder in Taoro sein. Zum nächsten Beñesmen hole ich dich als meine Frau heim. Dácil bleibt bei dir, damit dir die Zeit nicht zu lang wird. Auch will sie mit euch im Frühjahr nach Taganana, um die heiligen Priesterinnen zu befragen.«

Als sie am Tagoror vorüber kamen, waren die Feuer bereits erloschen, nur hier und da glimmten noch ein paar Scheite. Vor der Höhle der Prinzessin trennten sie sich.

Dicht an der Küste, die in hohen Steilklippen zur brandenden, blauen See abstürzt, stehen gleich riesigen Wächtern vor dem tiefeingeschnittenen, dunklen Tal drei groteske, gewaltige Felszacken, deren bedeutendster der Magojes ist. Auf ihm liegt das Heiligtum von Taganana, das Tamo gantem Acorán, das Haus des allmächtigen Gottes.

Viele Legenden spielen um dieses Tal und seine riesigen Hüter, die Acorán selbst dorthin gesetzt hat, damit sie als ewiges Denkmal Zeugnis ablegen von seiner schützenden Hand, die er seit Anbeginn der Welt über diese Insel hält. Von Geschlecht zu Geschlecht ist es weitererzählt worden, wie er damals die Guanchen vor sicherem Untergang bewahrte, damals, als sie noch keine Waffen trugen und in friedlicher Eintracht ihre Ziegen und Lämmer auf den Berghängen der Cumbre hüteten. Und so berichteten die Alten ihren staunenden Enkeln:

»In grauer Vorzeit war das Tal von Taganana eine tief ins Land einschneidende Bucht, in deren kristallklarem Wasser sich goldgelbe Sonnenfische und bunte Salme zwischen bläulich schimmernden Medusen tummelten.

In einer dunklen, mondlosen Nacht näherten sich große, gespenstische Schatten der Insel: böse Geister auf schwarzen, riesigen Vögeln, deren Beine bis auf den Meeresgrund reichten. Lautlos kamen sie dahergewatet und drangen bei Morgengrauen in die Bucht ein.

Als die Guanchen sie erblickten, verkrochen sie sich in ihre Höhlen, schoben schwere Felsblöcke davor und flehten zu Acorán um Schutz und Rettung.

Von ihrem Klagen und Jammern erwachte Gott und schaute vom hohen Tigot herab auf seine Lieblingsinsel. Was er da sah, erfüllte ihn mit maßlosem Zorn. Während seines Schlafes hatte Guayote, der Dämon, die Truppe der Hölle ausgesandt, die friedlichen Guanchen zu überfallen und zu vernichten.

Da reckte Acorán sich auf, griff nach seiner mächtigen Lanze, die länger war als der Strahl des Mondes, und tauchte sie in die rotglühende Morgensonne. Dann stieß er sie dreimal tief in den Meeresgrund.

Aufschäumend donnerte die See bis an den Himmel und begrub niederklatschend die bösen Geister unter sich. Der Guayote im Echeyde aber blies giftige Schwaden aus seinem breiten Maul, schleuderte feurige Felsblöcke gegen seine Feindin, die Sonne, und brüllte vor Wut, daß die Insel bebte. Drei Tage und drei Nächte dauerte der furchtbare Kampf.

Als die Guanchen am vierten Morgen die Steine beiseiteschoben und vorsichtig aus ihren Höhlen lugten, war die Meeresbucht verschwunden. Zu ihren Füßen dehnte sich ein blühendes, fruchtbares Tal, das eine schmale Schlucht teilte.

Durch sie waren die bösen Geister in die Hölle entflohen, und daher nennt man sie bis auf den heutigen Tag die Teufelsschlucht.

Dort aber, wo früher der Eingang zur Bucht gewesen und Acorán seine Lanze ins Meer gestoßen hatte, standen drei riesige Felszacken: ewige Mahner allen Feinden, ewige Hüter dem Tal von Taganana.«

Die große Basalthöhle, die sich auf dem Magojes, dem höchsten dieser Felszacken, befindet, birgt als Haus des allmächtigen Gottes und gilt als das größte Heiligtum der Insel. In jedem Frühjahr pilgern die Bewohner von Anaga hin, um Acorán zu opfern und reichen Erntesegen zu erbitten. Dabei bedienen sie sich als Vermittlerinnen der Magades, der heiligen Priesterinnen. Feierlich schreiten sie dem Zug der Gläubigen voran und verschwinden im dünnen Rauch des ewigen Feuers. Bald hört man ihren frommen Bittgesang aus dem Innern, dem das Volk andächtig lauscht.

Große Wunder vollbringt das Heiligtum von Taganana seit grauer Vorzeit: bleibt der Regen im Tal aus, ziehen die Guanchen mit ihren Herden zum Magojes, an dessen Fuß sie eine Lanze in die Erde stoßen, wie damals Acorán die seine in den Meeresgrund bohrte. Dann trennen sie das Jungvieh von den Muttertieren, erfüllen die Luft mit klagendem Geschrei, das durch das Blöken und Meckern der Schafe und Ziegen verstärkt zu den Priesterinnen empordringt. Dies wiederholt sich oft viele Tage, bis Acorán ihr Jammern hört und fruchtbringenden Regen spendet.

Ist ein Kind krank, kommen Seuchen über die Herde, bebt die Erde unter den Sprüngen des Guayote, der im Bauche der Insel wohnt, bringen sie den Magades Milch und süße Säfte als Bitt- und Trankopfer …

Auf dem schmalen Pfad, der sich auf halber Höhe an der steinigen Felsküste von Anaga nach Taganana hinzieht, bewegte sich wie eine feierliche Prozession ein langer Festzug. Voran schritten gleich Herolden drei Krieger, die die Añepa des Fürsten trugen, dann Beneharo selbst inmitten seiner Hauptleute und Edlen. Guacimara und Dácil folgten, im gebührenden Abstand schlossen sich die Vasallen an.

Von den Hängen duftete es frisch nach Thymian, Lavendel und Rosmarin. Junge Palmenwedel zeigten ihre ersten Ansätze, saftige Gräser stießen aus der rotbraunen Erde, buntfarbige Glockenblumen wiegten ihre Häupter in der leichten Seebrise, wie mächtige, stachlige Leuchter starrten die grünen, viereckigen Arme der Tabaiba in den tiefblauen Himmel. Der Frühling hielt auf der Insel seinen Einzug.

Je mehr sich der Zug Taganana näherte, desto breiter wurde der Pfad. Guacimara und Dácil gingen jetzt Arm in Arm nebeneinander. In den wenigen Monden, die Dácil in Anaga weilte, hatte sie sich der Braut ihres Bruders erschlossen und ihr von den Zukunftsträumen gesprochen, die sie Tag und Nacht bewegten. Wenn sie allein am Strande saßen oder von der hohen Cumbre aus über Insel und Meer blickten, kam sie immer wieder auf ihre Hoffnungen und Wünsche zurück, deren Erfüllung irgendwo in einer unbekannten, fernen Welt lag, die es vielleicht gar nicht gab.

Und doch! Hatte ihr nicht Fürst Añaterve von Güímar, den sie beim letzten Beñesmen unbemerkt sprach, von einem fernen Lande erzählt? Hatte er nicht gesagt, daß über dem Meer, weiter als der Blick jedes Menschen reichte, ein mächtiges Volk lebte, das die ganze Welt beherrschte? Hatte er sie nicht beschworen, seine Frau zu werden und mit ihm zu kommen nach Güímar, wo sie sicher war vor den fremden, unbezwinglichen Kriegern, die eines Tags über das Meer kommen würden und mit denen ihn enge Freundschaft verband?

Añaterve … Sie hatte oft über ihn nachgedacht. Was war es denn, was sie an ihm anzog? Eigentlich gefiel ihr Prinz Badenol in seiner jugendlichen Unbekümmertheit viel besser. Añaterve war bereits im reifen Mannesalter, ernst und – ja, wie sagte doch der Großvater damals zu ihr? – er hatte etwas Verschlagenes in seinem Blick, etwas Unaufrichtiges … Geheimnisvolles. Aber das Geheimnisvolle war es ja gerade, was sie in schlaflosen Nächten beschäftigte. Alles Geheimnisvolle grenzte für sie ans Wunderbare, und eins hatte sie klar erkannt: zwischen Añaterve und ihrer sagenhaften Traumwelt bestand irgendeine unerklärliche Verbindung. Als sie ihn geradeheraus fragte, lächelte er, wie man zu einem Kinde lächelt, das einen nicht versteht.

Und was besagten die dunklen Andeutungen, in denen er zu ihr gesprochen hatte? Acorán war hinweggefegt von einem neuen, mächtigeren Gott, der die Fremden schützte und sie von Sieg zu Sieg führte?

Nur wer ihm und der heiligen Gottesmutter anhing, konnte sich vor sicherem Verderben retten … ? Ein geheimnisvolles Zeichen gab es, das die wahren Gläubigen verborgen auf der Brust trugen, und das jede Gefahr bannte, wenn man es küßte.

Dabei hatte er unter seinem Tamarco ein kleines, glänzendes Kreuz hervorgeholt. Sie sollte es niemandem zeigen, doch stets bei sich tragen. Es würde sie immer beschützen vor Menschen und bösen Geistern.

Heimlich hatte sie oft das seltsame Kreuz betrachtet. Es war nicht aus Holz noch Stein, doch hart und fest und fühlte sich glatt an wie ein geschuppter Fisch. Wenn man es auf dem Ziegenfell rieb, glänzte es wie weißes Mondlicht.

Wo mochte er es herhaben? Welche Menschenhand konnte so etwas fertigen? War es nicht ein Beweis, daß der neue Gott mächtiger war als Acorán, der seinen Schützlingen solche Geheimnisse einer unbekannten Kunst preisgab?

Añaterve ... Nein, seine Frau wollte sie nicht werden, wie er sie auch umwarb. Da war ihr Prinz Badenol doch lieber. Heimlich aber wünschte sie, das Kreuz, das sie auf der Brust trug, möchte einen jungen Fürsten anziehen aus dem fremden Lande, der sie mit sich nahm.

Oft versuchte sie sich vorzustellen, wie er wohl aussähe. Vielleicht trug er einen Tamarco aus demselben geheimnisvollen Stoff wie das merkwürdige Kreuz, oder einen blitzenden Schild und eine funkelnde Lanze? Er würde plötzlich im Walde hinter einem Baum hervortreten und vor ihr, der Prinzessin von Taoro, auf die Knie fallen, ihre Guaicas küssen, sie emporheben und mit sich über das weite Meer tragen.

Viele Male hatte sie mit Guacimara von ihren Träumen und dem fremden Fürsten gesprochen. Doch eine geheime Scheu und das Verbot Añaterves hielten sie immer wieder davon ab, ihr das Kreuz zu zeigen und von dem neuen Gott zu erzählen. Nach wie vor glaubte sie an Acorán. Doch sollte Añaterve wirklich recht haben und der neue Gott mächtiger sein, dann war es immerhin gut, sein Kreuz auf der Brust zu tragen, wo es niemand sah.

Heute wollte sie die Magades, die heiligen Priesterinnen, befragen. Dann würde sie wissen, ob sie auf den Unbekannten warten oder Prinz Badenol die Hand reichen sollte.

Der Zug bog um die letzte Höhe, die den Augen der Pilger die blühende Ebene von Taganana verbarg. Vom Tal her näherten sich in feierlichem Schritt die Priesterinnen, die sich an die Spitze des Zuges setzten. Vor ihnen türmte sich der Mogajes, aus dem Tamo gantem Acorán schwelte der dünne Rauch des ewigen Feuers.

Am Fuße des Berges machten die Gläubigen halt. Die Priesterinnen stiegen hinauf zum Heiligtum und verschwanden im Eingang der Höhle. Bald tönte ihr langgezogener Bittgesang aus dem Innern des mächtigen Felsens. Andächtig lauschte das Volk. Als er verstummt war, flehten die Wallfahrer zu Acorán um reichen Erntesegen und das Gedeihen ihrer Herden. Mehr und mehr schwoll das Gemurmel an und endete in lauten Schreien. Dann wieder tönten die Stimmen der Magades aus dem Heiligtum.

Die Sonne war schon hinter der Cumbre verschwunden, als der letzte Bittgesang der Priesterinnen verklang. Im Tal flammten Holzstöße auf, die Bewohner von Taganana bereiteten das Nachtmahl für ihre Gäste, dem Spiele und Tänze folgten.

Unbemerkt trennte sich Dácil in der Dämmerung von Guacimara, stieg den steilen Pfad hinauf und stand jetzt klopfenden Herzens vor dem Heiligtum. Auf dem Weg hatte sie schnell das Kreuz hervorgeholt und es geküßt. Nun würde sie auch der neue Gott beschützen.

Plötzlich drang durch den Rauch eine dunkle, getragene Stimme an ihr Ohr:

»O hättest lieber du den Weg gemieden,
Der aus der Tiefe dich heraufgeführt
Und dir bewahrt den innerlichen Frieden
Und nie an dunkler Zukunft du gerührt.
Doch nicht umsonst sollst du die Priesterin befragen,
Da es dein Wunsch, will ich den Schleier heben
Und dir die unverhüllte Wahrheit sagen,
Die dicht verhängt dem staubgebornen Leben:

Bald wird der Feind an dieser Küste stehn,
Im Bruderzwist zerfleischt sich dieses Land,
Die tapfren Guanchen werden untergehn
Und du reichst einem Fremdling deine Hand.
An vielen Gräbern wirst du klagend weinen
Ob mancher ränkevoller Missetat,
Dein Glück bezahlst du mit dem Tod der Deinen,
Mit Knechtschaft, Mord, Vernichtung und Verrat.
Dein Vater ...«

Die letzten Worte hörte Dácil nicht mehr. Entsetzt floh sie den steilen Pfad hinunter, den sie so erwartungsvoll emporgestiegen war.

Der Feind

Gründonnerstag des Jahres 1493. Ein wolkenloser Himmel wölbt sich über El Real de las Palmas, der Hauptstadt von Gran Canaria. Vor der mit Girlanden geschmückten Kapelle drängt sich das Volk seit dem frühen Morgen in Erwartung der größten aller Prozessionen der Semana Santa, der heiligen Osterwoche.

Ein Glockenschlag ertönt, ein zweiter, ein dritter ... Die breiten Torflügel springen auf und getragen von zwanzig Männern schwankt der »Paso«, die große Lade, auf der der Erlöser unter der Last des Kreuzes zusammengebrochen ist, die wenigen Stufen herab. Ehrerbietig sinken die Gläubigen auf die Knie und beten, während dumpfer Trommelwirbel ertönt.

Dicht hinter der Lade schreitet der Kanonikus Samarinas unter prunkvoll gesticktem Baldachin, das Haupt tief über das Brevier geneigt. Ihm folgt der Alcaide, der Burgvogt von Agaete, Don Alonso Fernández de Lugo. Stolz blickt er über die Menge, die ihn ehrerbietig grüßt, ihn, den Eroberer von La Palma und Günstling der Katholischen Könige. An seiner linken Seite gehen die unzertrennlichen Freunde Gonzalo García de Castillo und Fernando de Trujillo, seine Hauptleute, rechts der ehemalige Fürst der Insel, Guanarteme Tenesor Semidan, der sich der spanischen Krone unterwarf, das Christentum annahm und in der Taufe von seinem königlichen Paten den Namen Fernando de Guanarteme erhielt.

Ihnen schließt sich ein langer Zug in purpurrote Gewänder gehüllter, vermummter Gestalten an. Es sind die Mitglieder der Santa Hermandad, der heiligen Bruderschaft. Ihre spitze, meterhohe, steife Kapuze starrt senkrecht in die Luft.

Wieder erhallt dumpfer Trommelwirbel. Aus dem dunstigen Hintergrund der Kapelle treten jetzt Soldaten, gekleidet wie römische Zenturionen, kommen wappengeschmückt der Großbruder mit dem Vorstand, die Vertreter der Stadt und der Pfarre, Priester mit goldgestickten Ornaten, Kirchendiener mit Weihrauchgefäßen.

Dann folgt eine zweite Lade, auf der »La Virgen de las Angustias«, die heilige Gottesmutter, thront. Reich mit Gold verbrämt, hängt die Schleppe ihres weiten Mantels herab, ihre Augen glänzen, als ob Tränen darin stünden, und ihr schwarzes Sammetkleid ist mit funkelnden Edelsteinen übersät.

Langsam und feierlich schwankt die Prozession durch die engen, mit Blumen geschmückten Gassen. Die erste »Saeta«, ein Stoßgesang zu Ehren der heiligen Jungfrau, erschallt. Ein zweiter ... ein dritter, vierter ... gleichzeitig, ekstatisch, schmerzlich, ergreifend.

An vielen Stellen sind Altäre aufgebaut, vor denen haltgemacht wird. Ein Glöckchen ertönt, andächtig sinkt das Volk auf die Knie, während der Kanonikus mit lauter Stimme ein lateinisches Gebet spricht. Dann wieder dumpfer Trommelschlag, im Gleichschritt geht es weiter.

Stunden um Stunden dauert der feierliche Zug, windet sich am Meer entlang durch die Fischergassen und das Viertel der Armen. Als er in der Oberstadt anlangt, dunkelt es bereits.

Schnell kommt die Nacht. Im Mondlicht erscheinen alle Farben leichenhaft. Hunderte von Kerzen und Fackeln, die die Gläubigen in Händen tragen, flammen auf und machen alles noch feierlicher und geheimnisvoller. Immer und immer wieder ertönen Saetas ...

Auf dem breiten Wall der Festung von Agaete stand Don Alonso Fernández de Lugo und blickte übers Meer. Drüben lag Tenerife, dessen schneeiger Pik hoch über die Insel emporragte. Eine leichte Rauchwolke entstieg dem Krater, die der sanfte Passat nach Südwesten entführte.

Tenerife ... Seit man ihn zum Alcaiden von Agaete gemacht hatte, ließ ihn diese Insel, die er täglich vor Augen sah, nicht mehr schlafen. In seinen Adern rollte das kriegerische, abenteuersuchende Blut der Konquistadoren. Schon hatte er La Palma unterworfen, doch Tenerife trotzte noch den kastilischen Waffen. Seinem Vaterland, dessen Macht von Jahr zu Jahr wuchs, wollte er ein neues Ruhmesblatt in der Geschichte der Völker hinzufügen. Spanien hatte mit der Eroberung von Granada den siebenhundertjährigen Krieg gegen die Sarazenen beendet und die Ungläubigen von der Halbinsel vertrieben. Schon standen seine siegreichen Heere in Nordafrika. Bald würden ihm Frankreich, Belgien, die Niederlande,

Italien untertan sein. Streckte es nicht bereits seinen mächtigen Arm über das Weltmeer aus?

Hatte er nicht selbst vor wenigen Monaten dem kleinen, dicken, lebendigen Genuesen mit den fanatischen Augen, den sie Kolumbus nannten, die Hand geschüttelt, als seine Galeonen den Hafen von Las Palmas anliefen, wo er Proviant und Wasser nahm, das zerbrochene Ruder der »Pinta« auswechselte und das lateinische Segel der »Niña« durch ein rundes ersetzte? So wie heute der Name dieses Mannes in aller Mund war, so würde man bald von ihm, Alonso de Lugo, sprechen. Der erste Schritt dazu war bereits getan.

Aus der Tasche seines Lederwamses zog er ein sorgsam gefaltetes Pergament, das er immer bei sich trug, küßte das königliche Siegel und las es zum hundertsten Male. Da stand klar und deutlich mit verschnörkelten Buchstaben:

»Wir, Don Fernando und Doña Isabel, von Gottes Gnaden König und Königin von Kastilien und Leon, Toledo, Cecilla, Portugal, Galizien, Sevilla, Cordoba, Murcia, Jaen, Algeciras, Gibraltar, Fürsten von Aragon, Vizcaya und Molina

befehlen Euch

Alonso Fernández de Lugo, die Inseln La Palma und Teneriffe, die sich in Händen kanarischer Heiden befinden, zu erobern und Uns zu Gottes und Unserer Ehre zu unterwerfen.

Deshalb ist es Unser Wunsch und Wille, Euch zu unterstützen, weshalb wir Euch aus der Königlichen Schatulle siebenhunderttausend Maravedis zubilligen. Gleichzeitig ernennen wir Euch zu

Unserem General-Kapitän

und geben Euch zu eigen alles Vieh, Land und Wasser, das Ihr nach Gutdünken verteilen könnt, sowie alle Steuereinnahmen, die Ihr daraus erzielt.

Gegeben zu Valladolid am dreizehnten Tage des Julimonds im Jahre eintausendvierhundertzweiundneunzig unseres Herrn Jesu Christi.

Ich, Fernando, der König. Ich, Isabel, die Königin.
Ich, Ferrand Aluares, Rodericus doctor secretarius.«

Siebenhunderttausend Maravedis! Ein verächtliches Lächeln spielte um den Mund des General-Kapitäns. Freigebig waren die Katholischen Könige nie gewesen. Dem Genovesen hatten sie auch nichts mitgegeben als die drei Galeonen, ein paar Abenteurer und Sträflinge, die so dem Galgen entgingen. Darauf kam es ihm aber nicht an. Er selbst hatte Geld und außerdem war er dabei, alles zu veräußern, was ihm gehörte: seine Ländereien in Agaete, seine Besitzungen auf der Halbinsel, sein väterliches Haus in Carmona. Nein, an Geld würde es ihm nicht fehlen.

Er mußte an die seltsame Begegnung denken, die er in der Kathedrale von Sevilla gehabt hatte. Betend kniete er vor dem Altar der Virgen de la Esperanza, der Hoffnungsreichen, als sich ihm ein alter, ehrwürdiger Mann in langem, wallendem Mantel näherte, der ihn also anredete:

»Mein Sohn, zweifle nicht, wie ich einst gezweifelt habe. Der Herr ist mit dir und deinem Unternehmen. Du wirst es glücklich zu Ende führen.« Dabei griff er unter die Altardecke, zog einige Golddoublonen hervor, steckte sie ihm in die Tasche und sprach: »Wenn diese zu Ende sind, werden dir immer neue zuströmen.«

Lugo wollte ihm danken, da war der Alte verschwunden. Vergebens suchten seine Augen das Halbdunkel des gewaltigen Kirchenschiffs ab: nirgendwo erblickten sie den langen, wallenden Mantel. Er griff in die Tasche. Er hatte nicht geträumt, Golddoublonen blitzten in seiner Hand. Da glaubte er, ein Wunder zu erleben: Sankt Petrus selbst war ihm erschienen, hatte ihm das glückliche Ende seines Unternehmens vorhergesagt und als Zeichen göttlicher Gnade das Gold unter der Altardecke hervorgezogen.

Ja, Gott stand mit ihm gegen die Ungläubigen jenseits des Meeres. Er war ein frommer Christ und vertraute auf seine Hilfe, mehr noch aber auf seine Leute und seine Waffen. Man durfte sich da keinen falschen Vorstellungen hingeben und den Feind unterschätzen! Die Guanchen schienen mutig, gewandt und bärenstark. Dazu kam, daß Tenerife, reich an unwegsamen Schluchten, dichten Wäldern und schroffen Felswänden, die größte und bevölkertste Insel des Archipels war. Mönche, die vor kurzem aus Güímar zurückkehrten, hatten ihm da wichtige Aufschlüsse geben können.

Da war zunächst der Plan dieser dreieckigen Insel, die aussah wie ein Schinkenbein. Sehr genau würde er wohl nicht sein. Immerhin, einiges konnte man daraus ersehen. Als Landeplatz kam eigentlich nur die Bucht von Añaza in Frage, die schmalste Stelle der Insel und der kürzeste Weg ins Herz des Feindes, in das fruchtbare Tal von Arautápala. Die Bewohner von Añaza waren friedliche Fischer und würden ihm bei der Landung kaum Widerstand entgegensetzen. Trat er dann seinen Vormarsch ins Innere an, so war sein linker Flügel gedeckt, denn Añaterve, der Fürst von Güímar, würde mit ihm gemeinsame Sache machen und ihn unterstützen. Die Menceys von Abona, Adeje und Daute zählten nicht, sie waren alt und daher unentschlossen.

Der gefährlichste Gegner blieb sicher dieser Durimán Bencomo, der Herrscher von Taoro, von dessen Mut und Unerschrockenheit die Mönche Wunderdinge zu berichten wußten. Sein Ansehen unter den Fürsten war groß, und feste Freundschaft verband ihn mit den Menceys von Anaga,

Tegueste und Tacoronte. Wenn es ihm dann noch gelang, Pelicar mit den zähen Kriegern von Icod auf seine Seite zu bringen, so konnte ihn, Lugo, nur die heilige Mutter Gottes oder seine überlegene Kriegskunst retten.

Er ging die Liste seiner Offiziere durch. Da war der junge Gonzalo de Castillo, der unvergleichliche Reiterführer, der die Sprache der Ungläubigen beherrschte, hatte er sie doch bei einem der frommen Franziskanermönche studiert, die in Güímar das Christentum predigten.

Da waren die mutigen Hauptleute Diego Muñoz und Fernando de Trujillo, Pedro Vergara mit seinen Armbrustschützen und Lope Hernández de Guerra, sein treuester Freund, der die Feldschlangen und Kartaunen befehligte.

Da war nicht zuletzt Fernando de Guanarteme, der ehemalige König der Insel, mit seinen Kanariern, die die Kampfesweise der Heiden am besten kannten, mutige, unerschrokkene Krieger, deren Treue er in vielen Schlachten erprobt hatte.

Und auf seine Soldaten – in unzähligen Kämpfen auf der Halbinsel gestählte Leute, todesmutige Abenteurer, die sich vor dem Leibhaftigen nicht fürchteten, verwegene Krieger, mit denen er Schulter an Schulter bei der Eroberung von Gran Canaria gekämpft und in knapp sechs Monaten die Insel La Palma unterworfen hatte –, ja, auf seine Soldaten, die ihn vergötterten und ihm blind in die Hölle gefolgt wären, konnte er sich verlassen.

Aber war das da drüben nicht vielleicht die Hölle, die ihrer aller wartete, um sie zu verschlingen? Wenn nun Añaterve nicht zu ihm hielt, wenn sich die Guanchen einmütig unter der Führung Bencomos zusammenschlossen? Dann saß er in der von Bergen umgebenen Bucht von Añaza in einer Mausefalle, aus der es so leicht kein Entschlüpfen mehr gab.

Doch schnell verwarf er diese Gedanken, zog seine Toledaner Klinge aus der Lederscheide und vollführte einen Lufthieb nach der im Mittagsglast verschwindenden Insel. Wer überlegte, sah überall Gefahr, wer sich blindlings hineinstürzte, dem winkten unsterbliche Lorbeeren!

Gott, die Heilige Jungfrau und die gerechte Sache würden ihm den Sieg verleihen.

In der Kantine »Al Soldado Invicto«, Zum Unbesiegten Soldaten, ging es an diesem Abend hoch her. Heute war Zahltag gewesen und außerdem hatte jeder ein tüchtiges Handgeld bekommen. Denn morgen ging es los gegen die Barbaren da drüben auf der Isla de Infierno, der Hölleninsel, wie sie im Volksmunde immer noch hieß.

An einem langen Tisch in der Ecke saßen die »Unzertrennlichen Zwölf« und würfelten, während der Wirt immer wieder herbeieilte und die Becher von neuem füllte.

Die Unzertrennlichen Zwölf! Niemand konnte bezweifeln, daß sie diesen Beinamen mit Recht verdienten: sie marschierten zusammen, sie kämpften zusammen, sie plünderten zusammen, sie teilten, was sie raubten.

Rodrigo de Barrios, der Verwegenste unter ihnen, ein Hüne von Gestalt, hieb jetzt den Würfelbecher auf den Tisch und schrie: »Schluß! Zwei neue Schläuche Wein her auf meine Rechnung!« Dabei schob er dem Wirt den Haufen Maravedis hin, der vor ihm lag:

»Für den Rest kannst du uns eine Messe lesen lassen, wenn uns der Teufel holt, damit wir nicht zu lange im Fegefeuer schmoren!«

Diego Fernández, ein kleiner, kugelrunder Geselle mit listigen Augen und abstehenden Ohren, den sie »Manzanilla«, das Äpfelchen, nannten, lachte schallend auf: »Da hast du recht! Man muß auch etwas für sein Seelenheil tun und den Pfaffen geben, was der Pfaffen ist. Me cacho en la Virgen! Wir zwölf würden dem Teufel in seiner eigenen Hölle heiß machen.«

Juan Méndez, von dem man sich erzählte, daß er bei der Erstürmung der Alhambra allein ein Dutzend Moros vom Turm des Generalife gestürzt hatte, stand schwankend auf, hielt sich am Tisch fest und stammelte lallend: »Ich pfeife darauf, im Himmel mit Gänseflügeln einherzuwandeln und fromme Litaneien zu singen. Laßt uns ein anständiges Lied anstimmen, daß dem Teufel vor Freude die Tränen am Hintern runterlaufen!« Er wollte nach seinem Becher greifen, verlor das Gleichgewicht und fiel wie ein Sack auf seinen Stuhl zurück.

»Gut, daß uns die Pfaffen nicht hören«, meinte jetzt Alonso Gallego, den sie »Pius« nannten, weil er am wenigsten von ihnen fluchte. »Die Pfaffen ... «

»Quatsch! Pfaffen ... «, unterbrach ihn Barrios, »die wissen besser als du, wie ehrsame Jungfrauen unter dem Hemd aussehen.«

»Ehrsame Jungfrauen?« Prustend schlug sich das Äpfelchen mit flachen Händen auf die dicken Oberschenkel. »Von diesen dürften auf dieser gottverdammten Insel nicht mehr allzu viele herumlaufen. Es ist Zeit, daß wir hier wegkommen. Drüben soll es Mädchen geben, wie ihr sie noch nie gesehen habt. Ein frommer Franziskaner erzählte mir davon und fügte mit unschuldsvoll zum Himmel erhobenem Blick hinzu:

›Es ist Gott wohlgefällig, viele Christen zu machen!‹ Von der Kirche haben wir also die Erlaubnis, da kann selbst der Pius nichts dagegen sagen.«

In diesem Augenblick traten drei Männer ein, denen man schon von weitem die Kanarier ansah. Der Älteste, braungebrannt, hatte einen mächtigen Negerschädel mit krausem Wollhaar. Über sein Gesicht lief eine breite Narbe, ein Andenken an den Sturm auf die Caldera, sein linkes Ohr fehlte. Der mittlere war einäugig, hatte aufgeworfene Lippen, einen breiten Mund und spuckte durch eine Zahnlücke in hohem Bogen gegen die Theke. Der dritte, schlank und gut gewachsen, sah eher wie ein Offizier aus. Jugendlicher Übermut sprühte aus seinen Augen.

»Hallo! Die drei Pedros von der Leibwache des General-Kapitäns! Heran an unseren Tisch!« schrie der Pius. »Ihr wolltet bei eurer Taufe wohl den heiligen Petrus bestechen, damit er euch als seine Namensvettern leichter in den Himmel reinläßt? Heran mit euch! Wein gibt es noch genug, und morgen auf der Fahrt könnt ihr euren Rausch ausschlafen.«

Pedro Maninidra, der mit dem Negerschädel, ging, ohne ein Wort zu sagen, an den Stuhl, auf dem Juan Méndez schnarchte, hob ihn wie eine Puppe empor und ließ ihn unter den Tisch gleiten. »Im Liegen schlafen besser«, meinte er in seinem schlechten Kastilianisch, setzte sich und stürzte auf einen Zug den Becher des Bezechten hinunter.

Inzwischen hatte der Wirt zwei leere Rumfässer herangerollt, auf denen sich der Einäugige, Pedro Martín Buen-Día, und der schlanke Pedro Mayor niederließen.

»Was macht der General-Kapitän?« meinte Barrios. »Er geht auf dem Wall spazieren, blickt in die Sterne und hält Selbstgespräche«, entgegnete Maninidra. »Wenn er so söffe wie wir, würden wir morgen sicher an dieser verdammten Hölleninsel vorbeisegeln.«

»Einer muß nüchtern bleiben, dafür ist er ja auch General-Kapitän«, gab das Äpfelchen zu. »Bis jetzt hat er alles richtig gemacht. Ich lasse mich hängen, wenn wir nächstes Jahr nicht drüben auf unserem eigenen Grund und Boden sitzen, selbstgebrannten Rum trinken und die schönen Guanchen-Mädchen uns die Moskitos mit Palmenwedeln vom Leibe halten.«

Dabei griff er mit dem Finger in seinen Becher, fischte eine dicke Fliege heraus, warf sie auf den Tisch und schlug sie mit der Faust breit. »Eine weniger«, meinte er und schnippte sie gelassen auf den Bauch des Wirts, der gerade wieder einschenkte.

Der Einäugige war inzwischen auf das Faß gestiegen und gröhlte das Lieblingslied der Leibwache:

»Somos los guerreros del bravo General ... «

Dröhnend fielen die anderen ein und trampelten mit den schweren, eisenbeschlagenen Lederstiefeln den Takt auf die ächzende Holzdiele. Von diesem Höllenlärm erwachte Juan Méndez aus seinem Rausch, kroch schwerfällig unter dem Tisch hervor und kam gerade noch zurecht, um den Kehrreim mitzubrüllen:

»Viva el General ... Viva el General ... !«

Stolz schaukeln auf der Reede der weit sich dehnenden Bucht fünfzehn Brigantinen in der leichten Morgenbrise. Am Hafen drängt sich das Volk und sieht dem letzten Boot nach, das von kräftigen Armen zum Flaggschiff gerudert wird.

Als erster steigt der General-Kapitän die schwankende Strickleiter empor. Ihm folgen seine Hauptleute Castillo und Trujillo und der Kanonikus Samarinas, sein Beichtvater, der von Bischof Muro den heiligen Auftrag erhalten hat, den Guanchen die Segnungen des Christentums zu bringen. Fromme Mönche vom Orden der Franziskaner und Augustiner begleiten ihn.

Don Alonso Fernández de Lugo steht bereits auf der Kommandobrücke. Ein Schuß aus dem zehnpfündigen Mörser des Flaggschiffes hallt über die Bucht. Gleichzeitig rasseln auf allen Brigantinen die Ankerketten in die Höhe, die Segel werden gehißt, schwerfällig drehen sich die breiten Schiffe in den Wind. In langer Reihe, gleich plumpen, schwarzen Vögeln mit weißen Flügeln, nehmen sie unter den donnernden Vivatrufen der Zurückbleibenden ihren Kurs nach Westen.

Der Blick des General-Kapitäns hat sich vom Land abgewandt und sucht die ferne Insel, um deren Fuß die Morgennebel zerflattern. Hoch über ihnen stößt der mächtige Pik sein weißes Haupt in den türkisfarbenen Himmel. Aus seinem Krater steigt schwarzer Rauch, der sich wie eine riesige Pinie über dem zackigen Küstengebirge breitet.

Eine feine, weiche Hand legt sich auf Don Alonsos Schulter, salbungsvoll sagt die Stimme des Kanonikus, während er hinüberdeutet: »Ararat, der Berg Ararat, auf dem der Herr die Arche Noahs stranden ließ. Nach seinen Kindern Crano, dem Sohn, und Crana, der Tochter, haben diese Inseln ihren Namen erhalten: Cranaria, aus dem später Canaria wurde.«

»Oder nach den vielen Canes, den zottigen Hunden, die hier überall umherlaufen«, entgegnete Lugo lachend.

Samarinas bekreuzigte sich: »Mein Sohn, mögen es die Nachkommen Noahs oder die Hunde sein, die Hauptsache ist, daß unser Herr Jesus Christus die armen Heiden in sein Reich aufnimmt. Amen!«

»Außer denen, die durch das Schwert umkommen und als Ungläubige geradeswegs zur Hölle fahren«, meinte der General-Kapitän. »Den Verstockten werdet Ihr auf dem Scheiterhaufen das ›Kyrie eleison‹ schon beibringen.«

»Ganz recht, mein Sohn! Auch der Herr hat Pech und Schwefel auf Sodom und Gomorrha regnen lassen.«

Der junge Hauptmann Castillo, der eben auf die Brücke getreten ist, hat die letzten Worte gehört und verzieht spöttisch den Mund. Diese Pfaffen, denkt er, sind unersättlich. Alles wollen sie haben und tun nachher so, als ob sie sich mit dem Zehnten begnügten. Wenn Christus heute wieder auf die Erde käme, er jagte sie aus den Kirchen, wie damals die Schriftgelehrten aus dem Tempel. – Doch was geht das ihn an. Sein Leben ist sein Schwert. Er kommt, um Bericht zu erstatten.

»Mein General!«

Lugo wendet sich um und überfliegt das Papier, das er ihm hinhält: neunhundert Musketiere und Arkebusiere, hundertzwanzig Pferde, sechs schwere Kartaunen, zehn Feldschlangen, ein Basilisk, hundert Armbrustschützen, Guanarteme mit siebzig Kanariern und seine Leibwache ...

Am Abend hat der General-Kapitän seine Offiziere zum Kriegsrat befohlen. Da sitzen sie nun in der Kommandantenkajüte um den großen Tisch, auf dem der Plan von Tenerife liegt, während Lugo erläutert:

»Wenn der Wind so anhält, werden wir bei Morgengrauen in die Bucht von Añaza einlaufen. Als erster gehe ich mit Guanarteme und seinen Leuten an Land, dann folgen die Armbrustschützen und Fußtruppen, zum Schluß Pferde und Artillerie. An einem Punkt, den ich sofort bei der Landung näher bezeichne, wird unverzüglich mit Schanzarbeiten begonnen, während Reiterei und Armbrustschützen nach den Bergen hin sichern. Wir benötigen ein festes, unerstürmbares Lager, von dem aus wir den Marsch ins Innere vorbereiten. Guanarteme mit seinen siebzig Leuten setzt sich sofort nach Anaga zum Fürsten Beneharo in Bewegung, um ihn für uns zu gewinnen. Die Bucht von Añaza liegt in seinem Bezirk. Haben wir ihn auf unserer Seite, dann ist auch unser rechter Flügel gedeckt und unserem Einfall ins Tal von Arautápala steht nichts mehr im Wege. Sollten wir bei der Landung auf Widerstand stoßen, ist dieser sofort zu brechen ...«

Unheimlich, gespenstisch gleiten die schwarzen Schatten der Brigantinen durch dunkle Nacht in fahles Morgengrauen. Vor ihnen türmen sich zackig die zerrissenen Felsen der Anagaberge, die die breite Bucht von Añaza wie ein von Titanenhänden errichteter Wall umschließen. Die Segel werden gerefft, langsam gleiten die Schiffe in ruhiges Wasser aus.

An Deck der Brigantinen wird es lebendig. Boote werden ausgeschwungen, schnell sind sie bemannt und streben mit kräftigen Ruderschlägen der nahen Küste zu.

Am Bug des vordersten steht hochaufgerichtet der General-Kapitän. Mit beiden Armen hält er ein großes, hölzernes Kreuz umfaßt. Wer ihn so sieht, wie er jetzt an Land springt, es schnellen Schrittes ein Stück den Strand hinaufträgt, in den Sand stößt und ehrfürchtig davor niederkniet, könnte glauben, der Friedensengel selbst habe mit den ersten Sonnenstrahlen seinen Fuß auf diese Insel gesetzt, um das Evangelium zu predigen und christliche Sanftmut zu lehren. Doch er täuscht sich: Don Alonso Fernández de Lugo ist Konquistador.

Mehr und mehr Boote stoßen an Land. Während der General-Kapitän den Platz für das Lager abstecken läßt, sammelt Guanarteme seine Leute und setzt sich nach Norden in Marsch. Unverzüglich beginnt man, einen breiten Wall aufzuwerfen. Von einem Feind ist nichts zu sehen.

»Castillo!« Hell klingt die Kommandostimme Lugos über den Strand.

»Mein General!«

»Sie nehmen drei Mann und erkunden nach Aguere hin. Ich möchte wissen, wie es jenseits der Berge aussieht und ob der Gegner dort Truppen zusammenzieht.«

Bis zum Abend ist schon ein großer Teil der äußeren Lagerschanzen fertiggestellt. Als die Dunkelheit kommt, werden Holzstöße in Brand gesteckt, die den Strand hell erleuchten. Arkebusiere, die Feuerbüchsen geschultert, patrouillieren auf dem Wall und bewachen den ersten Schlaf ihres General-Kapitäns auf der fremden Insel.

Am Morgen bricht Hauptmann Alarcon mit siebzig Mann zu einem Streifzug ins Tal von Tegueste auf. Ungehindert erreicht er den Paß und wendet sich nach Osten.

Auf felsigen, unerklimmbaren Höhen stehen vereinzelt Guanchen, Ziegenfelle über der Schulter. Drohend schwingen sie ihre Lanzen und schmähen den unter ihnen vorbeiziehenden Feind. Zornig schallen die Rufe der Spanier zurück, aber kein Eingeborener läßt sich erreichen.

Doch da! Was bewegt sich da hinter den Büschen? Zwei Leute springen vor, erschreckt flüchtet eine kleine Ziegenherde. Eine Frau, ein Kind im Arm, schreit auf. Da haben sie sie schon gebunden. Im Triumph wird sie am Abend ins Lager gebracht. Morgen soll sie als erste Gefangene mit ihrem Kind getauft werden.

Und der Morgen des 3. Mai 1493, des dritten Tages seit ihrer Landung, bricht an. Dort, wo der General-Kapitän das große hölzerne Kreuz in die Erde stieß, ist unter einem weißen Zelt ein mit Blumen und duftenden Kräutern geschmückter Altar errichtet. Heute feiert man zum erstenmal auf dieser Insel das Fest des heiligen Kreuzes. Mehr als elfhundert Jahre ist es her, daß Sancta Elena, die Mutter Konstantins des Großen, das Kreuz Christi in Jerusalem auffand und damit der Welt die göttlichste aller Reliquien schenkte.

Im Halbkreis um den Altar stehen der General-Kapitän und seine Offiziere, hinter ihnen die Abordnungen der Truppen. Von seinem Zelt her nähert sich in vollem Ornat der Kanonikus, begleitet von Fray Pedro de Cea und Fray Andres de Goles, Priester vom Orden der Augustiner. Ihnen folgen die Franziskanermönche.

Die Gefangene, ihr Kind auf dem Arm, wird vorgeführt. Gerade schlägt Samarinas das Kreuz über ihr, da springt sie auf, erklettert, ehe sie die verblüfften Soldaten daran hindern können, einen ins Meer vorspringenden Felsen und stürzt sich mit ihrem Kind in die schäumende See. Noch einmal taucht sie auf und hebt drohend die Faust. Dann verschwindet sie, wie von unsichtbaren Händen gezogen, für immer in der Tiefe.

Wortlos hat sich der Kanonikus umgewandt und beginnt die heilige Messe zu lesen, während der General-Kapitän nachdenklich vor sich hinstarrt. Wenn schon die Frauen dieser Heiden so zu sterben wissen ...? denkt er. Sorgenvoll gleitet sein Blick hinauf nach den drohenden Felsen der Anagaberge.

Der Gesang der frommen Mönche reißt ihn aus seinen Gedanken:

»In Peregrinis, Domine,
Adjuve nostras animas
Et salva nos, ne temere
Hostiles in insidias.
Dum fidem tuam propagamus
Ruamur atque incidamus.«

Der Gottesdienst ist zu Ende. Don Alonso de Lugo tritt vor und verkündet mit lauter Stimme:

»Zur ewigen Erinnerung an die erste heilige Messe auf Tenerife am Gedenktage der Auffindung des Kreuzes unseres Herrn Jesu Christi, zur Ehre Gottes und der heiligen Jungfrau soll dieser Ort fortan Santa Cruz heißen ... «

Tehinerfes Vermächtnis

Seit der furchtbaren Weissagung, die damals aus dem Heiligtum von Taganana an ihr Ohr gedrungen, war Dácil eine andere geworden. Sie sprach nicht mehr von ihren Hoffnungen und Wünschen, sie schien die Gedanken an die Zukunft ausgeschaltet zu haben und nur noch dem stillen Frieden der Gegenwart zu leben. Scheu zog sie sich von Guacimara zurück, saß stundenlang versonnen auf den Klippen und sah dem Spiel der Wellen zu, die sich schäumend an der Punta de Anaga brachen. Oft machte sie weite, einsame Spaziergänge über die Cumbre bis hinein in die Wälder von Aguere zu ihrem Lieblingsplatz, einem kleinen, stillen Bergsee, der verträumt inmitten grünender Laubbäume zum leuchtenden Frühlingshimmel aufschaute.

Auch heute war sie wieder hinaufgestiegen, saß halbverborgen unter einem Oleanderbusch, lauschte dem Tirilieren der grünen Vögel im Dickicht, dem Rauschen der nahen Quelle, die den Weiher speiste, und sah den bunten Schmetterlingen nach, die von Blume zu Blume gaukelten.

Jetzt stand sie auf, trat dicht an das Wasser und betrachtete nachdenklich ihr Bild. Ein trauriger Zug um Mund und Augen vertiefte noch die Schönheit ihres zierlichen Gesichts. Ihre langen, schwarzen Haare, das Erbteil ihrer Mutter, umrahmten es wie ernste Trauerweiden.

Plötzlich schrak sie aus ihrem Sinnen auf. Ihr feines Ohr hatte ein Rascheln in den jenseitigen Uferbüschen vernommen. Deutlich hörte sie Männerstimmen.

Was war das? Der Pfad, der hinüber nach Tacoronte führte, lief weitab über die Höhen hinter ihr. Wer sollte sich hierher verirrt haben an diese einsame Stelle, die sie einmal zufällig beim Durchstreifen des Waldes gefunden hatte?

Da ... ihr Herz schien auszusetzen ... das Orakel fiel ihr ein. Sollte ...? Angst erfaßte sie, Urangst vor etwas Unabwendbarem, Schicksalhaftem, dem man nicht entfliehen konnte. Wie angewurzelt blieb sie stehen.

Drüben teilten sich die Büsche und heraus trat ein junger, schlanker Krieger, wie sie noch keinen zuvor gesehen hatte. Gebannt starrte sie auf den länglichen Schild, den er nun an einen Baum lehnte. Ein schneeweißes Kreuz auf blauem Grunde zog magisch ihren Blick an. Drei andere folgten ihm. Nun beugten sie sich nieder, nahmen ihre Kopfbedeckung ab, schöpften Wasser und tranken gierig.

Der erste richtete sich auf und sah sich suchend um. Erstaunt blieben seine Augen auf Dácil haften. Ihrem Munde entfloh ein kleiner Schrei, als sie jetzt in das Antlitz des Fremden blickte. So hatte sie ihn in ihren Träumen vor sich gesehen, den jungen Fürsten aus dem fernen Reich, und nun war er gekommen, sie zu holen. Glücksgefühl und Angst durchschauerten sie. Sollte sie fliehen? Konnte sie ihm entfliehen, der den Weg über das weite Meer gefunden hatte, ihm, dem der mächtige Acorán der Fremden zur Seite stand? War er überhaupt ein Mensch oder nur ein Trugbild, das ihr die Phantasie vorgaukelte?

Nun öffnete er den Mund. Laute drangen an ihr Ohr. Jetzt verstand sie ihren Sinn. Deutlich hörte sie die Frage: »Wer bist du?«

Da fiel die Angst von ihr ab. Wer auf der Welt würde es wagen, der Tochter des mächtigsten Inselfürsten etwas zuleide zu tun? Und stolz antwortete sie:

»Prinzessin Dácil von Taoro, des großen Mencey Bencomo Tochter.«

Ungläubiges Erstaunen malte sich auf den Zügen des Kriegers. Dann gab er seinen Begleitern einen Befehl in einer Sprache, die sie nicht verstand. Im selben Augenblick warfen die drei ihre Waffen weg, sprangen ins Wasser und strebten auf sie zu. Da wußte sie, daß sie verloren war, daß es um ihre Freiheit ging. Angst lähmte ihre Füße, sie stieß einen gellenden Hilfeschrei aus.

Auf einmal wurde es um sie her lebendig. Steine prasselten auf die Angreifer im Wasser nieder, wildes Kriegsgeschrei erscholl, sie fühlte sich von einem kräftigen Arm emporgehoben und ins schützende Dickicht getragen. Ehe sie die Besinnung verlor, erkannte sie über sich die freudig blitzenden Augen ihres Retters: es war Prinz Badenol.

Vor seiner Höhle, auf der mächtigen Steinbank unter der hohen kanarischen Kiefer saß Mencey Bencomo und hörte den Bericht der Boten an, die eben aus Anaga eingetroffen waren. Seit dem Tode seines Vaters, des greisen Quebehi, lag das Schicksal der Insel in seiner Hand. Wohl hatten die Fürsten auf den Knochen geschworen und ihm ewige Treue gelobt. Würden sie jedoch jetzt zu ihm halten, sich bedingungslos seiner Führung unterordnen, um dem gemeinsamen Feind entgegenzutreten? Er mußte an die letzten Worte seines großen Ahnen denken: »Ihr werdet unbesiegbar sein, solange ihr wie ein Mann zusammensteht!« Wenn es ihm in dieser Stunde der Not nicht gelang, alle Stämme zu vereinen, dann war das Erbe Tehinerfes verloren, dann würde er allein gegen den übermächtigen Gegner fechten, bis zum Untergang.

Auf Zebensui, Beneharo und Acaimo, die Menceys von Tegueste, Anaga und Tacoronte, konnte er sich verlassen.

Enge Freundschaft verband sie seit frühester Jugend. Dagegen zweifelte er, ob sich ihm der alte Pelicar unterordnen würde, der ihm unter Hinweis auf seinen weißen Bart schon beim letzten Tagoror widersprochen hatte. Damals hatte er nachgegeben, heute mußte er ihn gewinnen. Er brauchte die zähen Krieger aus den Bergen von Icod, deren Kraft und Mut sprichwörtlich waren. Mit ihnen hatte er den ganzen Norden der Insel in der Hand, und wenn es ihm dann gelang, den Feind ins schluchtenreiche Gebirge zu locken, dann würde er ihn vernichtend schlagen.

Die Leute von Adeje, Daute und Abona? Auf diese armseligen Hirten und Fischer verzichtete er gern, eher konnten sie ihm schaden als nützen.

Anders stand es mit Güímar. Doch seit er wußte, daß Añaterve den neuen Gott anbetete, traute er ihm nicht mehr. Dieser verschlagene, spöttische Geselle würde zwar nicht zum Feinde übergehen, aber abwarten, wie sich das Kriegsglück entschied. Auf ihn konnte er nicht zählen.

Merkwürdig genug war, was die Boten berichteten. Ein Unterfeldherr des Feindes, der sich Guanarteme nannte, war nach Anaga gekommen und hatte Beneharo Bündnis und Freundschaft angetragen. Klug vermied der Fürst einen Zusammenstoß und gab ihm ausweichende Antwort. Er wollte Zeit gewinnen, bis er sich mit ihm, Bencomo, verständigt hatte. Diese Treue würde er ihm nie vergessen. Heute mehr denn je erfüllte es ihn mit stolzer Freude, daß sich bald enge Familienbande zwischen ihnen schlingen würden.

Geheimnisvolle Waffen sollte der Feind besitzen, die Feuer spien und auf große Entfernungen töteten. Aber konnte er die Berge damit wegblasen, die Acorán selbst hierher gesetzt hatte? Lächerlich! Es gab keine Waffe von Menschenhand, die herabgerollte Felsblöcke nicht zertrümmerten.

Riesige vierbeinige Tiere waren diesen Fremden untertan, die sie auf ihrem Rücken wie der Wind herantrugen. Aber wie wollten sie mit diesen Ungetümen durch die undurchdringlichen Wälder, wie die senkrecht abstürzenden Schluchten überqueren, wie die schmalen Ziegenpfade beschreiten, die an schwindelnden Abgründen entlang führten?

Mencey Bencomo sprang auf, sein Entschluß war gefaßt: er selbst wollte sich von dem Gehörten überzeugen. Stahlhart blitzten seine Augen, als er jetzt zur Lanze griff, die an der Kiefer lehnte. Hier gab es nur eins: handeln. Er war der Enkel des großen Tehinerfe, ihn hatte Acorán ausersehen, der unsterbliche Freiheitsheld seines Volkes zu werden. Was war das Leben ohne Kampf und Sieg? Er fürchtete keine geheimnisvollen Waffen. Hatte nicht Mut so oft schon einen überlegenen Gegner vernichtet? Und war der Gegner überhaupt überlegen? Stand ihm nicht sein Oheim Tinguaro zur Seite, der beste Feldherr seit Tigaigas Zeiten? Welcher Feind konnte das unbezwingliche Taoro erstürmen? Nein, solange er lebte, bestand keine Gefahr für die Freiheit der Guanchen.

Kurz, klar hallten seine Befehle. In wenigen Augenblicken waren die Sigoñes und Edlen zur Stelle. Stehend hielten sie Kriegsrat. Mencey Bencomo erklärte, erläuterte. Er sprach feurig, schnell überzeugend.

Stolz blickten die Augen des alten Tinguaro auf seinen Neffen. Dieser da war das lebende Vermächtnis Tehinerfes, und sein geistiges würde er erfüllen. Schon stand der Plan fest. Noch ehe die Sonne sank, würden sie beide an der Spitze von vierhundert Kriegern aufbrechen und im Eilmarsch übers Gebirge ziehen, um zu erkunden, was der Feind vorhatte. Zu gleicher Zeit sollten Boten an die Fürsten abgehen, um sie zum Tagoror zu laden.

Lautlos bewegt sich der lange Zug der Krieger auf dem verschlungenen Pfade durch den dunklen Urwald, der Taoro vom Tal von Arautápala trennt. Wenige Schritte voran, den Kopf erhoben, mit offenem Maul, aus dem die lange, schmale Zunge hängt, trabt Chacán, der große, zottige Inselhund, aufmerksam, die Ohren gespitzt, als wüßte er, daß es diesmal nicht zur Jagd auf Wildkaninchen geht.

Bencomo und Tinguaro, die an der Spitze marschieren, sprechen flüsternd miteinander, während sie schnell ausschreiten. Als sie aus dem Wald treten, ist die Sonne bereits hinter den Höhen des Tigaiga versunken. Der Marsch durch das wellige Flachland beginnt. Tiefe Finsternis umgibt sie, nur ab und zu kommt der Mond hinter einer Wolkenwand hervor. Als sie auf halber Höhe der Ostkette sind, beginnt es leise zu rieseln ...

Um Mitternacht liegt das Tal von Arautápala bereits hinter ihnen, sie nähern sich der Schlucht von Acentejo. Nachdenklich starrt Bencomo die steilen, noch feuchten Felswände hinauf, über die jetzt weißes Mondlicht flimmert. Tinguaro nickt stumm, sie haben sich verstanden.

Bei Morgengrauen rasten sie im Wald von Aguere, unweit des kleinen Bergsees, ohne zu wissen, in welcher Gefahr Dácil tags zuvor hier schwebte.

Drei Stunden Rast. Dann geht es weiter, dem Feind entgegen.

Wieder führt Chacán ...

Am Abend der Gründung von Santa Cruz kehrte Guanarteme mit seinen siebzig Kriegern aus Anaga zurück und erstattete dem General-Kapitän Bericht. Schweigend hörte ihn Lugo an.

Er hatte sich also nicht getäuscht: der Einfluß dieses Bencomo auf die Inselfürsten schien größer zu sein, als es nach den Erzählungen der Mönche den Anschein hatte. Zweifellos waren die Guanchen mutiger als die Eingeborenen der übrigen Inseln, denn weder der Hinweis auf seine Feuerwaffen noch auf die Pferde, die ihnen als gefährliche Ungeheuer erscheinen mußten, vermochten Beneharo einzuschüchtern. Auch mußten diese Menschen über riesige Körperkräfte verfügen. Einer der Krieger von Anaga hatte mit Erlaubnis Guanartemes ihn mitsamt seinem Pferde in die Luft gehoben, um zu sehen, wie schwer so ein Tier wohl sei. Um so besser, das würde gute Sklaven abgeben, die auf dem Markt von Sevilla sicher ihre vierzig Golddoublonen das Stück brachten. Immerhin, erst mußte man sie fangen.

Seine Gedanken kehrten zu Bencomo zurück. Um diese Zeit waren sicher bereits Boten von Beneharo bei ihm, und wie er ihn einschätzte, würde der Mencey von Taoro sofort an der Spitze einiger hundert Krieger aufbrechen und am Morgen bereits auf den Höhen des Küstengebirges erscheinen. Das bedeutete keine Gefahr für das kastilische Heer, denn die hoch aufgeworfenen Wälle und Brustwehren boten ausreichenden Schutz gegen Lanzen und Steine.

Er überlegte. Vielleicht ließ sich doch ein Kampf vermeiden. Wenn er hier unten blieb, keinesfalls. Hier konnte er dem Gegner die Schlagkraft seines Heeres nicht genügend vor Augen führen. Vom Randgebirge aus würde die »Torre de Santa Cruz«, wie seine Soldaten bereits diesen Platz nannten, keinen anderen Eindruck auf den Inselfürsten machen als ein unbedeutender Ameisenhaufen.

Deshalb beschloß er, ihm bei Morgengrauen mit der gesamten Wehrmacht entgegenzuziehen. Nach seiner Berechnung mußten sie auf der Hochebene zusammenstoßen, wo er seine Reiterei entfalten konnte, falls Bencomo ihn angriff.

Jetzt fiel ihm das Abenteuer ein, das Gonzalo de Castillo im Wald von Aguere mit der Prinzessin Dácil gehabt hatte. Er konnte es nur begrüßen, daß dem jungen Hauptmann der Fang nicht geglückt war. Das hätte eine Verhandlung mit Bencomo unmöglich gemacht und die Stämme mehr als alles andere geeint. Sogar Añaterve, der nicht mehr der Jüngste war, sollte nach der Erzählung eines Mönches hinter der Fürstentochter her sein. Und das war vielleicht der einzige, auf den er überhaupt zählen konnte. Boten an ihn waren bereits unterwegs.

Verdammt hübsch mußte diese wilde Prinzessin sein, denn Castillo, der mehr Liebschaften hatte als Finger an beiden Händen, lief herum wie ein Träumer, und im Lager machte man bereits Witze über ihn. Als ihn sein Freund Trujillo den Schwiegersohn Bencomos nannte, fehlte nicht viel, daß er zum Degen griff.

Der General-Kapitän erhob sich, um einen Rundgang durchs Lager zu machen. Er konnte mit seinen Offizieren und Mannschaften zufrieden sein. Seine Befehle waren pünktlich ausgeführt worden. Die Lebensmittel, Kisten mit Salzfleisch, Säcke mit geröstetem Mais, Essig- und Ölfässer und nicht zuletzt der rotgoldene Xeres-Wein lagen wohlverstaut unter einem großen Zelt in der Nähe des Strandes, unweit der Brigantinen.

Auf dem hohen Wall, der das längliche Viereck umzog, schritten Arkebusiere auf und ab. An den drei Öffnungen nach den Landseiten hin, die als Ausfallstore dienten, standen Armbrustschützen Wache.

Die Kartaunen und Feldschlangen waren an den vier Ekken aufgestellt. Nach den Bergen hin dräute die größte und schwerste, die die Söldner die »Keusche Elvira« nannten.

In der Mitte des Lagers befand sich das Zelt des General-Kapitäns, auf dem tagsüber die brombeerfarbene Fahne Kastiliens flatterte, in die in Gold das Wappen der Katholischen Könige mit Krone, Kastell und Löwen gestickt war. Im Halbkreis reihten sich die der Offiziere, das des Kanonikus Samarinas, der Priester Fray Pedro de Cea und Fray Andres de Goles sowie die der Franziskanermönche an. Auf dem freien Platz davor erhob sich ein schmuckloser, einfacher Altar aus behauenen Lavablöcken, wie sie zu hunderten am Strande umherlagen.

Die Wachtfeuer waren noch nicht verloschen, die Sonne noch nicht dem Meer enttaucht, da bliesen die Hornisten bereits zum Wecken. Bei Fackelschein sammelten sich die Truppen vor dem Lager um ihre Offiziere, in deren Mitte der General-Kapitän von seinem andalusischen Hengste Triton die Aufstellung leitete.

Noch einmal blickte er prüfend über die langen Reihen, dann schweifte sein Auge hinauf zu dem drohenden Felsmassiv, das sich blutrot zu färben begann, als er den Befehl zum Abmarsch gab.

An der Spitze ritt Castillo, der den Weg zum Paß bereits erkundet hatte, ihm schlossen sich die Armbrustschützen unter Pedro Vergara und die Musketiere unter Pedro Muñoz an. Die Feldschlangen und Kartaunen führte Lope Hernández de Guerra, der General-Kapitän folgte mit den Reitern und seiner Leibwache in der Nachhut. Guanarteme mit seinen Kanariern und die Keusche Elvira hatte man zum Schutz des Lagers zurückgelassen.

Es ging steil bergan und kostete viel Schweiß und noch mehr Flüche, die schweren Kartaunen heraufzubringen. Doch es war nicht das erste Gebirge, das Lope Hernández überwand. Er verstand es, seine Leute anzufeuern: auf der anderen Seite ging es bergab, mitten hinein in das blühende Tal von Arautápala, wo saftige Erdbeeren auf den Bäumen wuchsen und die schönen Guanchen-Mädchen ihrer harrten.

Endlich lag die breite Hochebene vor ihnen. Dicht hinter den Armbrustschützen marschierten die Unzertrennlichen Zwölf. Die Sonne stach schon heiß, Rodrigo de Barrios hatte seine Sturmhaube abgenommen, das Äpfelchen, dem der Schweiß in Strömen herunterrann, war dabei, sein Lederwams aufzuschnüren. Nur den hageren Pius focht die Sonne nicht an. Was er vermißte, war weiter nichts als ein tüchtiger Schluck aus einem vollen Weinschlauch.

»Wenn man die Kartaunen hier heraufgebracht hat«, fiel das Äpfelchen in seine Gedanken ein, »dann hätte man auch ein paar Fässer Xeres mitnehmen können!« Was gingen ihn die Erdbeeren auf den Bäumen an! Früchte waren höchstens dazu da, sie zum Gären zu bringen. Ob es auf dieser Hölleninsel überhaupt etwas zu trinken gab, was einem richtigen Andalusier wie ihm mundete, war mehr als zweifelhaft. Und was ist das schönste Guanchen-Mädchen ohne Wein? Dann lieber noch Wein ohne Guanchen-Mädchen ...

Lautes Johlen, Pfeifen, Zischen und Schreien riß ihn aus seinen Betrachtungen. Ein wenig mehr als Büchsenschußweite vor dem kastilischen Heer tauchten lanzenschwingend die halbnackten Gestalten der Krieger von Taoro hinter den Steinen der Halde auf. Der Zug hielt. Im gleichen Augenblick ertönte ein Muschelhorn.

Lautlose Stille trat ein.

Als Bencomo am Morgen mit seinen Kriegern aus dem Wald von Aguere trat, gab er den Befehl, auszuschwärmen und hinter den Steinen Deckung nehmend langsam auf der sanft ansteigenden Halde gegen den Engpaß hin vorzugehen. Sobald der Feind sich zeigte, sollten sie liegenbleiben und erst auf ein verabredetes Zeichen aufspringen und das Kriegsgeschrei erheben. Er wollte sehen, welchen Eindruck das überraschende Auftauchen seiner Krieger auf den Gegner machen würde.

Sie hatten noch nicht ein Viertel der Hochebene überquert, als die lange Schlange des kastilischen Heeres in Sicht kam. Sofort warfen sich die Guanchen zu Boden und beobachteten regungslos das Heranrücken des Feindes.

Mencey Bencomo stieß seinen Oheim an. Das da vorn war also eins jener unbekannten Tiere, die den Fremden dienten und sie schnell wie der Wind von einem Ort zum andern trugen! Auf seinem Rücken saß ein Krieger, in der Hand eine lange Lanze. Sein Tamarco flimmerte in der Sonne wie das Meer am Mittag. Ein länglicher Schild, auf dessen blauem Grund sich ein weißes Kreuz abhob, blitzte an seiner linken Seite: das Zeichen des neuen Gottes.

Jetzt hielt Tinguaro den Augenblick für gekommen. Ein Pfiff zerriß die Stille, das Schreien, Kreischen, Brüllen und Zischen der Guanchen machte die Luft erzittern.

Schon wollte Bencomo das Zeichen zum Angriff geben, da sah er, daß der Zug der Feinde hielt. Das vierbeinige Tier an der Spitze versuchte erschreckt zu fliehen und konnte nur mühsam von dem Krieger gebändigt werden.

Sofort ließ er zum Sammeln blasen, schwang sich auf einen Felsblock und rief seinen Leuten zu, indem er auf die Spanier deutete (diese wie die folgenden Ansprachen von Bencomo sind uns wörtlich vom Chronisten erhalten):

»Hört her, tapfere Krieger von Taoro, und kündet es allen freien Guanchen! Diese Feiglinge dort wollen sich anmaßen, unsere Heimat zu rauben? Seht ihr nicht, wie bestürzt und unbeweglich sie stehen bleiben bei eurem bloßen Anblick? Ich schwöre euch beim Echeyde und den Gebeinen des großen Tehinerfe: wenn sie versuchen sollten, unser Vaterland zu bekriegen und mir das Erbe meiner Ahnen zu stehlen, dann werde ich sie so gräßlich züchtigen, daß ihre Kindeskinder noch mit Schaudern davon erzählen!« Dann sprang er vom Felsen herab und schritt, gefolgt von Tinguaro, stolz und furchtlos auf den Feind zu.

Als das kastilische Heer hielt und der General-Kapitän bemerkte, daß ein unmittelbarer Angriff der Guanchen nicht bevorstand, schickte er den Dolmetscher Guillen Castellano, den die Söldner »das Sprachrohr« nannten, nach vorn, um zu erkunden, was Bencomo vorhatte. Kein Zweifel, der Fürst von Taoro selbst mußte es sein, der da mit seinem Feldherrn majestätisch und sicher auf die Vorhut zuschritt. Lugo fühlte, daß dort ein ebenbürtiger Gegner ging, der weniger mit Gewalt als mit List und Glück zu besiegen war.

Auf seine Lanze gestützt, erwartete Bencomo den Unterhändler. Als er vor ihm stand, herrschte er ihn an: »Sage deinem Feldherrn, wenn er übers Meer kam, um Friede und Freundschaft mit mir zu halten, dann soll er willkommen sein. Will er aber den Krieg in meine Heimat tragen, dann rate ich ihm, schleunigst die Insel zu verlassen!«

Guillen Castellano, der vom General-Kapitän seine Weisungen hatte, verbeugte sich höflich und entgegnete:

»Großer Quebehi, Fürst von Taoro! Wir sind Gesandte der mächtigen Katholischen Könige, die die Welt beherrschen von Sonnenauf- bis Sonnenuntergang. Nicht nur alles Land ist ihnen untertan, sondern auch das weite Meer, über das ihre Heere auf schwarzen Vögeln mit weißen Flügeln ziehen. Mit ihnen kamen wir hierher, dir Kunde von ihrer Herrlichkeit zu bringen. Denn wisse: frei und glücklich leben die Menschen unter dem starken Schutz der mächtigsten Herrscher der Erde.«

Hier schwieg Guillen, um zu sehen, welchen Eindruck seine Worte hervorriefen. Doch Bencomo blickte nur hoheitsvoll auf den kleinen Kastilier herab, der ihm kaum bis an die Schulter reichte, und sagte barsch. »Weiter!«

Wieder verbeugte sich der Dolmetscher: »Frieden und Freundschaft forderst du, o mächtiger Fürst. Das gerade ist es, was dir die Könige der Welt durch meinen Mund antragen. Doch zwei Punkte gibt es, die sie zur Bedingung machen: Treue und Gehorsam, wofür sie dir und deinen Untertanen Schirm und Schutz gegen alle Feinde gewähren, und Anerkennung des alleinigen, allmächtigen Gottes, den wir Jesus Christus nennen.«

Das war es also! Blitzschnell fuhr es Bencomo durch den Kopf. Diese Fremden, die schwarzen Priester von Güímar, die keine Waffen besaßen und keine Kinder zeugten, die Sanftmut und Nächstenliebe predigten, hatten ihre Krieger gerufen, um sich zu Herren der Insel zu machen. Wäre doch sein Vater damals seinem ersten Gedanken gefolgt und hätte sie ausgerottet, ehe noch Kunde von ihnen übers Meer drang. Nun war es zu spät! Doch die da sollten sich täuschen. Er würde sie schlagen, daß keiner entkam und allen anderen die Lust verging, jemals wieder den Fuß auf Tehinerfes Eiland zu setzen. Doch vielleicht konnte er sie ohne Kampf zur Umkehr bewegen. Er mußte an die Worte seines Vaters denken: »Gewalt gebiert Gewalt!« Deshalb entgegnete er:

»Kein Mensch, der nicht von einem anderen beleidigt ist, wird ihm die Wohltaten der Freundschaft verweigern. Ich bin einverstanden, mit euren Königen in Frieden zu leben und Früchte und Landeserzeugnisse mit ihnen auszutauschen. Was aber ihre Bedingungen anbetrifft; so sind wir freien Guanchen nie jemandem untertan gewesen als uns selbst, und nicht feige genug, uns zu unterwerfen. Euren Gott aber kenne ich nicht. Acorán, der im hohen Tigot wohnt, hat uns seit Anbeginn der Welt beschützt und wird uns weiter beschützen.«

Stolz wandte er sich um und schritt hocherhobenen Hauptes zu seinen Kriegern zurück. Der Dolmetscher aber verbeugte sich tief. Wahrlich, dieser da war ein freier König.

Als Guillen dem General-Kapitän Bericht erstattet hatte, waren die Guanchen bereits im Wald von Aguere verschwunden.

Wenn auch Bencomo in der flammenden Ansprache auf der Hochebene von Aguere die Spanier Feiglinge genannt hatte, so unterschätzte er selbst den Feind nicht. Er wußte, daß, wenn der Gegner nicht aus freien Stücken abzog, ihn nur ein gemeinsames Vorgehen vernichtend schlagen konnte. Von Fischern aus Añaza hatte er ein genaues Bild des feindlichen Lagers, das zu erstürmen wohl kaum möglich war.

Er dachte auch gar nicht daran, einen Sturm auf das Lager zu unternehmen, was im günstigsten Falle ungeheure Blutopfer kosten würde. Er konnte abwarten, bis der Feind ins Innere kam, so daß er Gelegenheit hatte, den ihm günstigsten Ort zur Schlacht zu bestimmen. Wichtig bei allem war nur eins: er als Herrscher von Taoro mußte einstimmig zum Oberbefehlshaber ernannt werden.

Dies waren seine Gedanken, als er jetzt zum Tagoror schritt, wo die Fürsten der Inselstämme bereits seiner harrten. Als er auf dem erhöhten Sitz unter dem Drachenbaum Platz nahm, überflog er schnell die Versammelten. Er hatte recht behalten: Añaterve war nicht erschienen. Drüben saß Pelicar und strich seinen langen, weißen Bart, während er sinnend in die Luft starrte. Die Menceys von Adeje, Daute und Abona flüsterten leise miteinander, Zebensui, Beneharo und Acaimo sahen erwartungsvoll zu ihm auf.

Bencomo erhob sich. Lautlose Stille trat ein. Nur das Rauschen des Meeres drang herauf. Der Reihe nach sah er den Fürsten ins Auge, dann begann er:

»Enkel des großen Tehinerfe, edle Erben seines unsterblichen Vermächtnisses, das uns befiehlt, in der Stunde der Not wie ein Mann zusammenzustehen, hört meine Worte! Der mächtige Feind, dessen Kommen er einst vorhersagte, ist an unserer Küste gelandet. Ich selbst habe seine Absichten erforscht und sage euch, daß wir lieber sterben wollen, als die Freiheit unseres Vaterlandes hinzugeben und Knechte dieser anmaßenden Spanier zu werden. Jeder von euch soll dabei seine Krieger anführen, während ich das schwere Amt des Oberbefehls auf mich nehmen will.«

Bei diesen Worten sprangen Zebensui, Beneharo und Acaimo auf und riefen: »Führe uns, großer Durimán, wir folgen dir in Sieg oder Tod!«

Da trat Pelicar, immer noch seinen Bart streichend, auf Bencomo zu. Ihre Blicke kreuzten sich, jeder suchte in den Gedanken des anderen zu lesen. Feindschaft blitzte in den Augen des Menceys von Icod, als er jetzt zu sprechen begann. Aus seinen gewundenen, langsam vorgetragenen Worten klang deutlich die Ablehnung, sich dem Jüngeren unterzuordnen. Er schien ihn mehr zu fürchten, als den Feind drüben an der Bucht von Añaza. Was gingen ihn die anderen Fürstentümer an! Jeder sollte sich verteidigen, wie er am besten konnte. Wenn der Feind es wagen sollte, in die Berge von Icod einzufallen, er würde ihm an der Spitze seiner unüberwindlichen Krieger entgegentreten und ihn in die schwindelnden Schluchten des Tigaiga stürzen. Außerdem: nach Icod war es weit, vorläufig fühlte er sich nicht bedroht. Er blieb dabei: jeder sollte sein Land verteidigen.

Bencomos Augen flammten, die Zornesader auf seiner Stirn schwoll an: im Stich lassen wollte ihn dieser elende, nur auf sich bedachte, alte, hochmütige Feigling, der sich in seinen Bergen sicher fühlte! Am liebsten wäre er ihm an die Gurgel gesprungen, doch heilig war das Leben im Tagoror. Er konnte nicht mehr an sich halten und unterbrach ihn mit einer herrischen Handbewegung.

»Wer von euch kann sagen«, schrie er, »daß ich jemals meine Macht mißbraucht hätte! Meine Krieger sind zahlreicher als die euren! Ein leichtes wäre es mir, euch zu unterwerfen, zu knechten und das große Reich Tehinerfes wieder aufzurichten. Nein, nie habe ich diesen Gedanken überhaupt erwogen! Immer war ich bestrebt, der Einigkeit unserer Stämme alles zu opfern, für den Tag, an dem der mächtige Feind übers Meer käme, der heute unser aller Freiheit bedroht. Wer von euch sich erniedrigen, wer seine Krone mit Sklaverei eintauschen, wer Acorán verleugnen will, der unterwerfe sich diesen fremden Barbaren! Ich für meinen Teil kenne meine Pflicht, die mir mein Gelöbnis vorschreibt. Ich schwor beim Echeyde und dem Knochen meines Ahnen, mit der Liebe meines Volkes im Herzen zu sterben. Ich werde meinen Schwur halten, ich werde mein Volk nicht verraten und gegen jeden kämpfen, der es unterjochen will!«

Beneharo, Zebensui und Acaimo umarmten den Fürsten von Taoro und schworen ihm erneut ewige Treue und Gefolgschaft, wohin und gegen wen es sei. Pelicar aber hatte sich umgewandt und hocherhobenen Hauptes den Tagoror verlassen. Ihm folgten schweigend die greisen Menceys von Adeje, Daute und Abona.

Katze und Maus

Lugo hatte nach dem Zusammentreffen mit Bencomo auf der Hochebene von Aguere den Befehl zum Rückmarsch gegeben. Er sah ein, daß eine Verfolgung der Guanchen in die undurchdringlichen Wälder und schluchtenreichen Gebirge nicht so ohne weiteres möglich war. Auch stand er hier einem gefährlicheren Feinde gegenüber als auf seinen bisherigen Feldzügen.

Er saß allein in seinem weißen Zelt, auf dem im leichten Morgenwind die brombeerfarbene Fahne Kastiliens flatterte, und überlegte. Wenn es ihm gelang, die Stämme der Guanchen zu spalten! Omne regnum in seipsum desolabitur! Es war doch gut, daß er die Lateinschule besucht hatte ...

Einige Wochen wartete er nun schon an diesem ungastlichen Strande, und noch immer ließ sich der Fürst von Güímar nicht blicken. Die Boten waren mit dem Bescheid zurückgekommen, daß Añaterve krank darniederliege. Das mochte stimmen und auch nicht. Auf jeden Fall konnte er im Augenblick nichts anderes tun, als sich zu gedulden. Ehe er ins Innere vorrückte, mußte er wissen, was der Fürst von Güímar im Schilde führte.

Das Lager war inzwischen weiter ausgebaut worden und selbst mit einer geringen Besatzung leicht zu verteidigen. Täglich streiften seine Reiter über die Hochebene von Aguere, und auf dem Randgebirge standen Wachen, die vergeblich nach einem Feind Ausschau hielten. Die Umgegend von Santa Cruz schien ausgestorben.

Am schlimmsten machte sich der Mangel an frischem Fleisch bemerkbar. Ab und zu brachten die Reiter ein paar verstreute Ziegen mit, doch was war das für sein Heer? Ein Trompetensignal ließ ihn aufhorchen. Schnell trat er aus dem Zelt und bestieg den Wall. Dort stand der Hauptmann Diego Muñoz und deutete mit der Hand nach Südwesten. Die Küste entlang bewegte sich ein Zug von mehreren hundert Kriegern, die geradeswegs auf das Lager zuhielten.

Schon schoben die Kartaunen und Feldschlangen ihre hungrigen Mäuler in die Richtung, aus der sich die Guanchen näherten. Die Reiterei saß auf, bereit, beim ersten Zeichen durch die Nordtore zu sprengen, den Feind von der Flanke zu fassen und ihn ins Meer zu treiben.

Der Zug war auf Schußweite herangekommen, da winkte der General-Kapitän zu Lope Hernández hinüber. Im selben Augenblick heulte die Keusche Elvira auf: hoch über die Köpfe der Guanchen hinweg sauste die schwere Steinkugel und fiel klatschend in die See.

Als sich der Pulverdampf verzogen hatte, war niemand mehr zu sehen. Angstvoll, zu Tode erschreckt, hatten sich die Guanchen hinter den Lavablöcken in den Sand geworfen. Nur ein Mann schritt stolz und unbekümmert auf das Lager zu. Jetzt wußte Lugo, daß er keinen anderen als Añaterve selbst vor sich hatte, der gekommen war, ein Bündnis mit ihm zu schließen. Sein Warten hatte sich also gelohnt.

Umgeben von sämtlichen Offizieren, empfing er ihn stehenden Fußes auf dem freien Platz inmitten des Lagers. Gerade als Añaterve sich vor ihm verneigen wollte, trat er auf ihn zu und umarmte ihn freundschaftlich. Die Offiziere folgten seinem Beispiel. Dann begaben sie sich in das Zelt des General-Kapitäns.

Zunächst schob Lugo die Besprechungen hinaus und befahl, ein Frühstück aufzutragen. Es gab in Öl gebratene Fische, schneeiges Weizenbrot, gebackenes Huhn und rotgoldenen Xeres-Wein, der dem Fürsten von Güímar besonders zu munden schien.

Durch Guillen Castellano, das Sprachrohr, ließ ihn Lugo nach der Grotte von Atbínico fragen, nach der Heiligen Jungfrau des Lichts, nach den Wundern, die sie vollbracht hatte. Er gab sich von seiner liebenswürdigsten Seite, er mußte diesen Mann ganz für sich gewinnen. Wenn er ins Innere zog, durfte er keinen Feind im Rücken lassen.

Langsam, fast unmerklich, kam er dann auf die Politik zu sprechen. Die Spanier waren Freunde der Guanchen, ihre Herrscher verabscheuten den Krieg, sie wollten mit allen Völkern in Frieden leben. Sie verlangten nichts, als daß ihre Freunde den wahren Glauben annähmen, das Kreuz anbeteten und den Katholischen Königen treu und gehorsam seien. Dafür gewährten sie ihnen Schutz gegen alle Feinde und garantierten die Freiheit der Inselbewohner.

Añaterve hatte schweigend zugehört, ohne etwas zu erwidern. Seine Miene blieb unbeweglich, und auch einem größeren Menschenkenner als dem General-Kapitän wären seine Gedanken verborgen geblieben.

Da spielte Lugo seinen großen Trumpf aus. Ja, wenn alle Inselfürsten so verständig und den Spaniern so freundschaftlich gesinnt waren wie er, würden bald Glück und Wohlleben auf diesem schönen Eiland einziehen. Doch da sei der Mencey von Taoro, ein hochmütiger, ränkevoller Tyrann, der die anderen unterjochen wollte. Er hatte da ein lächerliches Bündnis mit den Fürsten von Tegueste, Anaga und Tacoronte geschlossen und glaubte, den mächtigen Waffen der Spanier widerstehen zu können. Er, Lugo, durchschaute die wahren Absichten dieses Bencomo: er wollte die Spanier nur deshalb von der

Insel vertreiben, um sich dann an denen zu rächen, die ihm die Gefolgschaft weigerten. Ihn, Añaterve, hatte er geschworen, gefangenzunehmen und eigenhändig wie einen gemeinen Mörder von den Höhen des Tigaiga ins Meer zu stürzen.

Als der General-Kapitän den Namen Bencomos nannte, hatte es zum ersten Male in den Augen Añaterves aufgeblitzt. Unversöhnlicher Haß lag in seinem Blick. Lugo wußte genug: auf diesen Mann konnte er sich verlassen. Jetzt noch ein paar Versprechungen, dann war es so weit, den Vertrag mit ihm abzuschließen.

Er winkte seinem Schreiber Juan Rodríguez, einem kleinen, verhutzelten Männchen, das jetzt ein großes Pergament auf den Tisch breitete, die gebogene Hahnenfeder hinter dem Ohr hervorzog und umständlich in die Tinte tauchte.

Folgende Punkte wurden festgelegt und feierlich bei dem Kreuz beschworen, das Añaterve auf der Brust trug:

1. Anerkennung der Oberherrschaft der Katholischen Könige.
2. Baldige Taufe aller Guanchen von Güímar.
3. Stellung von Hilfstruppen, Vieh, Käse und anderen Lebensmitteln.
4. Abbruch sämtlicher Beziehungen zu Bencomo und seinen Verbündeten …

Inzwischen hatten sich die Guanchen von ihrem Schreck erholt und dem Lager genähert. Es mochten wohl sechshundert Krieger sein, die da auf den Lavablöcken saßen und neugierig herüberstarrten. Als jetzt Añaterve mit dem General-Kapitän und den Hauptleuten aus dem Westtor trat, empfingen sie ihn mit lauten Jubelrufen. Unversehrt stand ihr Fürst vor ihnen, und der fremde Feldherr hatte freundschaftlich den Arm um seine Schulter gelegt.

Um die Guanchen von der Schlagkraft seines Heeres zu überzeugen und den Ruf seiner unbezwinglichen Waffen über die ganze Insel zu verbreiten, beschloß Lugo, ihnen seine Truppen vorzuführen. Er lud sie ins Lager ein und hieß sie, sich auf den großen Wall aufzustellen. Dann befahl er, alle Kanonen auf einmal abzuschießen.

Die Wirkung auf die Eingeborenen war furchtbar. Vom Pulverdampf brannten ihre Augen, sie niesten und husteten, einige hatten sich flach zu Boden geworfen, tausendfach zitterte das Echo aus dem felsigen Randgebirge nach.

Auch Añaterve hatte einen Augenblick seinen Gleichmut verloren und sich eisern an den Arm des General-Kapitäns geklammert. Doch dann strahlten seine Augen: gegen diese feuerspeienden Waffen, die kopfgroße Steine bis an die Felsen jenseits des Strandes schleuderten und sie zerschmetterten, würde der verhaßte Bencomo unterliegen. Es war klug von ihm gewesen, sich mit diesen mächtigen Fremden zu verbinden.

Ein Trommelwirbel erscholl. Rottenweise trabten die Reiter aus den Toren und nahmen draußen in langer Doppelreihe Aufstellung.

Jetzt blies der Hornist Antonio Pilas aus Salamanca das Signal zur Attacke. Mit eingelegten Lanzen jagten die Reiter über den Strand, daß der Sand aufwirbelte und sie in eine undurchdringliche Wolke hüllte, die wie ein Sturmwind an der Küste entlang fegte. Laute Beifallsrufe umbrausten die Kavalleristen, als sie nun geschlossen im Trabe zurückkehrten und ihr Hauptmann Gonzalo de Castillo vor Lugo und dem Fürsten von Güímar grüßend seine Toledaner Klinge senkte. Scheingefechte der Armbrustschützen, Musketiere und Arkebusiere beendigten die Truppenschau.

Während der General-Kapitän Añaterve das Lager zeigte, hatten die Soldaten mit den Guanchen bereits Freundschaft geschlossen. Wenn sie auch nicht miteinander sprechen konnten, so verständigten sie sich recht und schlecht mit Zeichen. Besonders im Marketenderzelt ging es lustig her. Den strategischen Punkt an der Theke hielten die Unzertrennlichen Zwölf besetzt und reichten über die Köpfe der anderen hinweg immer neue Gläser mit Rum. Schallendes Gelächter ertönte jedesmal, wenn sich die Guanchen von dem scharfen Getränk, das ihnen die Kehle zerbiß und die Augen tränen machte, schüttelten.

Bald war ein schwunghafter Tauschhandel im Gange. Der Pius hatte für einen kleinen, runden Spiegel ein Paar Fellstiefel ergattert, das Äpfelchen war gerade dabei, sich einen Tamarco über den Kopf zu ziehen, der ihn sein Taschenmesser kostete. Jetzt sah der kleine, dicke Kerl wie ein kugeliger Igel aus, vollführte komische Sprünge und schwor bei des Teufels Großmutter, daß er der Heiligen Jungfrau des Lichts zehn armdicke Kerzen stiften würde, wenn dieser Tag nie zu Ende ginge.

Maninidra nahm inzwischen Sprachstunden auf seine Art. Er hatte eine weibliche Figur in den Sand gezeichnet und ließ sich die einzelnen Körperteile erklären. Dazu machte er obszöne Verrenkungen, die nicht mißverstanden werden konnten. Jetzt war er im Bilde: dem ersten Guanchen-Mädchen, dem er begegnete, würde er sich besser verständlich machen können als die anderen. Ja, Maninidra war ein heller Kopf, er wußte, worauf es ankam.

Die Trunkenheit wurde immer größer.

Auch die Guanchen hatten dem Rum allmählich Geschmack abgewonnen und gaben für ein Glas ihre Schilde, Lanzen und sogar die kostbaren Obsidianmesser her.

Am Spätnachmittag machten die Offiziere diesem Treiben ein Ende. Das Äpfelchen mußte den Tamarco wieder ausziehen, die Sachen wurden auf Befehl des General-Kapitäns den Guanchen zurückerstattet. Grölend und johlend zogen sie ab, während ihnen die Spanier von den Wällen nachwinkten. Auch Añaterve schwankte leicht und mußte sich auf die Schulter eines Kriegers stützen. Der feurige Xeres hatte ihm zu gut gemundet.

Den ganzen Sommer über ließ Lugo das Lager weiter ausbauen. In die Öffnungen zwischen den Wällen wurden schwere Tore aus eisenhartem Tea-Holz eingefügt, zwei tiefe Brunnen gegraben und an der Seite nach den Bergen hin ein großer, steinerner Turm errichtet, auf den man mit vieler Mühe die Keusche Elvira hinaufzog.

Añaterve hatte vierhundert Guanchen geschickt, die unter Anleitung der Kastilier arbeiteten. Auch fehlte es nicht an Käse, Gofio und Mais sowie Hämmeln und Ziegen, die regelmäßig von Güímar geliefert wurden.

Mit diesen Maßnahmen verfolgte der General-Kapitän verschiedene Zwecke: das Lager mußte nicht nur stark genug sein, um einen Sturm auszuhalten, sondern auch einer langen Belagerung widerstehen können. Dazu waren reichliche Lebensmittel und Süßwasser unerläßlich. Ferner hoffte er, Bencomo durch das lange Hinauszögern seines Angriffs zu zermürben, ihn zu einer Unvorsichtigkeit zu verleiten und sein Bündnis mit den anderen Fürsten zu schwächen.

Die Reiter unternahmen jetzt täglich Streifen bis in die Gebiete von Tegueste und Anaga. Es kam öfters zu Plänkeleien, doch wurden weder Gefangene gemacht, noch gab es hüben oder drüben Tote. Nach wie vor standen Wachtposten auf dem Randgebirge und hielten weiter vergeblich nach dem Feinde Ausschau.

Der Weg zum Paß wurde ausgebessert und verbreitert, so daß man die Kanonen im Notfall schnell heraufschaffen konnte.

Der Winter kam in diesem Jahre früher und strenger als gewöhnlich. Der Echeyde, die Gebirgsketten, die das Tal von Arautápala umschlossen, und die Höhen des Tigaiga waren mit Schnee bedeckt.

Auch Mencey Bencomo hatte den Sommer über Vorbereitungen getroffen. Seine Späherkette, die sich bis zur Bucht von Añaza erstreckte und am Tage durch Rauch-, in der Nacht durch Feuerzeichen mit ihm in Verbindung stand, gab ihm immer wieder Kunde von dem ganz unbegreiflichen Zaudern des Feindes.

Dem Verrat Añaterves und seinem Bündnis mit den Spaniern maß er keine Bedeutung bei. Genau so gut wie der Mencey von Güímar heute mit den Kastiliern Freundschaft machte, würde er ihnen morgen in den Rücken fallen, wenn sich das Kriegsglück für die Guanchen entschied.

Bencomo hatte Getreide, Feldfrüchte und jegliche Art von Lebensmitteln nach Taoro schaffen und in den Höhlen des Tigaiga aufstapeln lassen. Am Rande des schmalen Pfades, der durch den undurchdringlichen Urwald nach Arautápala führte, wurden an vielen Stellen Bäume angeschnitten, die im Augenblick über den Weg gestürzt werden konnten und so Taoro zur uneinnehmbaren Burg machten. Tag und Nacht hörte man das Schleifen der Obsidian-Messer, Lanzen wurden im Feuer gehärtet, Schilde in großer Anzahl gefertigt. Täglich fanden Waffenübungen statt: Zielwerfen mit Speeren und Steinen, Wettrennen, Dauerlauf, Klettern an den schroffen Felswänden des Tigaiga. Zwischen den Verbündeten wurde ein regelmäßiger Stafettendienst eingerichtet. Ausgesuchte Läufer brachten in kürzester Zeit Nachrichten nach Tacoronte, Tegueste und Anaga.

Lugo hatte sich getäuscht. Weder Bencomo noch seine Freunde ließen sich durch sein Zaudern zu einer Unvorsichtigkeit verleiten, noch durch das Warten zermürben. Nerven hatten diese Naturmenschen nicht, und Zeit war ihnen ein unbekannter Begriff. Im Gegenteil: die Guanchen fühlten sich täglich stärker, die strenge Manneszucht stählte ihre Körper, die feurigen Ansprachen ihrer Führer flößten ihnen Mut ein, und in ihrem Oberbefehlshaber Durimán Bencomo sahen sie den Freiheitshelden, der sie zum Sieg führen würde.

Der Mencey von Taoro wußte, daß der Feind im Frühjahr versuchen würde, ins Herz der Insel vorzustoßen. Dann mußte zu dem großen Schlage ausgeholt werden, der ihn so vernichtete, daß er für alle Zeiten das Wiederkommen vergaß.

Tagelang saß er mit seinem Oheim Tinguaro auf der Steinbank unter der hohen kanarischen Kiefer und schmiedete Pläne. Das Heer des Feindes mochte ein wenig mehr als tausend Mann zählen, die er ins Treffen führen konnte, denn ein Teil mußte als Besatzung im Lager zurückbleiben. Sie dagegen verfügten mit ihren Bundesgenossen über mehr als dreimal so viel Krieger. Es stimmte zwar, daß die Waffen der Gegner den ihren überlegen waren, aber nur in offener Feldschlacht. In den schluchtenreichen Gebirgen würden sie ihnen wenig genug nützen. Im Nahkampf Mann gegen Mann waren die kleinen Kastilier den bärenstarken Guanchen nicht gewachsen. Dazu kam, daß sie jeden Fußbreit ihres Landes kannten, während die Kastilier durch ihre Späher nur mangelhaft unterrichtet sein konnten.

Immer wieder tauchte in ihren Gesprächen die Schlucht von Acentejo auf. Wenn es gelang, den Gegner dort hineinzulocken, dann war er verloren. Aber welcher Feldherr, der auch nur das geringste von Kriegskunst verstand, würde eine solche Torheit begehen? Nur List konnte da zum Ziele führen. Ja, so ging es vielleicht: man mußte einen Köder auslegen.

Als Tinguaro dem Mencey seinen Plan auseinandersetzte, konnte er sich eines leichten Lächelns nicht erwehren.

Und der Schnee auf den Bergen schwand und mit ihm die Unschlüssigkeit des General-Kapitäns. Wenn sich der feindliche Löwe nicht hervorlocken ließ, dann mußte er ihn eben in seiner Höhle aufsuchen. Ein Kriegsrat wurde abgehalten und beschlossen, unmittelbar ins Tal von Arautápala vorzustoßen und Bencomo selbst, als das Haupt der Liga, anzugreifen. War dieser erst einmal besiegt, würde es leicht sein, mit den anderen fertig zu werden.

Unverzüglich begann man mit den Vorbereitungen zum Feldzug: die kupfernen Kartaunen und Falkonette wurden mit Essigwasser blank gescheuert, Armbrustbolzen in großer Anzahl geschnitzt, Musketen und Arkebusen vom Waffenmeister überholt.

Am Vorabend des Abmarsches von Santa Cruz sang der Kanonikus Samarinas mit tiefer Stimme eine Lagermesse und erflehte von Gott und der Heiligen Jungfrau den Sieg für die Kreuzfahrer über die ungläubigen Heiden, die es galt, der ewigen Verdammnis zu entreißen.

In fahler Morgendämmerung, noch ehe die Sonne dem Meer entstiegen war, wälzte sich die lange Schlange des kastilischen Heeres den Weg zum Paß hinauf. Wieder ritt Lugo mit seiner Leibwache in der Nachhut. Außer Guanarteme, einigen Kanariern und hundert Guanchen blieben zum Schutze des Lagers nur die Keusche Elvira und der Basilisk zurück.

Die Stimmung der Truppe war ausgezeichnet. Fast ein Jahr saßen sie nun schon auf dieser Hölleninsel und hatten den Feind kaum zu Gesicht bekommen. Doch sie murrten nicht über das lange Zögern ihres General-Kapitäns, zu dem sie blindes Vertrauen hatten. Was er tat, war richtig: er würde schon wissen, wann der Zeitpunkt gekommen war, um den vernichtenden Schlag zu führen. Stolz blickten sie vom Paß aus auf die Torre de Santa Cruz hinab, von der die Keusche Elvira in der Morgensonne blitzend heraufgrüßte.

Der junge Hauptmann Gonzalo de Castillo ritt diesmal hinter den Armbrustschützen. Auch ihm war heute frei und wohlgemut ums Herz. Endlich ging es ins Innere. Er war ein mutiger, unvergleichlicher Reiteroffizier. Doch heute stand ihm der Sinn nicht nach Kampf und Schlachtgetümmel. Mehr denn je weilten seine Gedanken bei Dácil, der liebreizenden Prinzessin von Taoro, der er damals im Wald von Aguere begegnet war, und die er nicht mehr vergessen konnte. Immer sah er sie vor sich, wie sie ihn unbeweglich angestarrt und nachher auf seine Frage so sicher und stolz geantwortet hatte. Und dann ihr Schreckensschrei, als sie sich verloren glaubte! Er klang wie der Hilferuf einer weidwunden Gazelle, die von Jägern umstellt ist. Doch wie im Märchen belebte sich der Wald, von allen Seiten prasselten Steine. Ein blonder, keulenschwingender Riese stürzte aus dem Gehölz hervor, hob die Prinzessin auf den Arm und verschwand mit ihr im Dickicht. Seine Leute hatten im Wasser eiligst kehrt gemacht und waren mit dem Schrecken und ein paar Schrammen davongekommen. Ein Kampf gegen den unsichtbaren Feind, dessen Stärke er nicht kannte, wäre zwecklos gewesen. Gut, daß ihre Pferde in der nahen Lichtung grasten ...

Auf der Hochebene angekommen, befahl Lugo der Reiterei, auszuschwärmen und nach der Front und den Seiten hin sichernd vorzugehen. Den Wald von Aguere ließ er rechts liegen und wandte sich nach Westen, dem Tal von Arautápala, zu. Vom Feinde war weit und breit nichts zu sehen. Die ackerbauenden Guanchen schienen beim Herannahen des Heeres geflüchtet. Ab und zu stieß man auf frische Fußspuren. Von den Bergen stiegen hier und dort Rauchsäulen in die Höhe, als ob Felder abgebrannt würden.

Am Spätnachmittag gelangten sie an einen großen See, der sich nach drei Seiten hin zu einer blühenden Vega öffnete. Auf der vierten befand sich ein lichter Pinienhain, der von Mocán und Erdbeerbäumen durchzogen war. Hier befahl nun Lugo, das Lager aufzuschlagen.

Der Platz war gut gewählt. Nach Norden bot der See Dekkung, nach den anderen Himmelsrichtungen gab es freies Schußfeld, und im Schutze des Waldes konnte die Reiterei im Falle eines feindlichen Angriffs jederzeit an dem Punkt eingesetzt werden, wo sie, wie ein Sturmwind hervorbrechend, den überraschten Gegner in der Flanke fassen und niederreiten konnte.

Die Wachen wurden eingeteilt und am Waldrand postiert. Als Losung hatte der General-Kapitän das Wort La Laguna ausgegeben. Diesen Namen erhielt später der Ort, der hier gegründet wurde. Die Soldaten erhielten Befehl, in dieser Nacht die Waffen nicht aus der Hand zu legen. Doch nichts ereignete sich.

Langsam verblichen am opalfarbenen Himmel die Sterne. Erste Sonnenstrahlen spielten durch die langnadeligen Zweige der Pinien, buntfarbige Vögel zwitscherten ihr Morgenlied, die Seerosen entfalteten majestätisch ihre weißen Blüten.

Die halbe Nacht lang war der General-Kapitän in seinem Zelt ruhelos auf und ab gegangen: je weiter er vordrang, desto weiter zog sich der Gegner zurück. Es war klar, was das bedeutete: Bencomo wollte den Ort zur Schlacht bestimmen und ihn, wenn möglich, in einen Hinterhalt locken. Immer wieder betrachtete Lugo den Plan der Insel, der von einer Wachskerze matt erleuchtet wurde. Damit war wirklich nicht viel anzufangen. Die Guanchen von Güímar, die er stets von neuem ausgefragt hatte, schienen hier auch nicht so recht Bescheid zu wissen. Vor allem konnten sie ihm nie auch nur annähernd genaue Entfernungen angeben. Sie rechneten nach Wegzeit, und da diese wiederum von der Beschaffenheit des Geländes abhing, so tappte er stets im Dunkel. Für ihn gab es nur eins: er mußte sich ganz auf seine kastilischen Kundschafter verlassen und durfte nur langsam vorrücken. Hier hatte er einen günstigen Stand und würde nicht eher weiterziehen, bis er den sichersten Weg ins Tal von Arautápala ausfindig gemacht hatte.

Am Morgen teilte er den Offizieren seinen Entschluß mit, und sofort wurden Reiterpatrouillen nach Westen entsandt, die genaue Geländeskizzen anfertigen und gleichzeitig nach dem Feinde Ausschau halten sollten.

Die Rauchsäulen von den Bergen zeigten Bencomo an, daß die Spanier die Bucht von Añaza verlassen hatten und bereits oben am See lagerten. Aus der Richtung, die das kastilische Heer einschlug, wußte er, daß der Angriff gegen Taoro selbst ging. Lugo hatte also erkannt, daß er der gefährlichste Gegner war. Wahrlich, er sollte sich darin nicht täuschen, er wollte ihm zeigen, wie der Enkel Tehinerfes zu kämpfen verstand.

Sofort rief er seine Edlen und Sigoñes im Tagoror zusammen. Unter dem großen Drachenbaum setzte er ihnen den Plan auseinander, den er zusammen mit Tinguaro ausgearbeitet hatte. Dem Gegner blieben nur zwei Möglichkeiten: den langen, beschwerlichen, für die großen Tiere und schweren Feuerwaffen fast unmöglichen Weg über den Grat der Südkette zu wählen, oder den kürzeren, aber gefährlicheren durch die tief eingeschnittene Schlucht von Acentejo, deren steile Felswände unerklimmbar waren. Schlug er den ersteren ein, dann hatten sie Zeit genug, ihm über die Höhen des Tigaiga entgegenzuziehen und ihn auf dem Grat anzugreifen, wo er sich nicht entwickeln konnte. Gleichzeitig sollten ihm Zebensui, Beneharo und Acaimo mit ihren Truppen den Rückweg auf der Halde und am Paß verlegen.

Die Wahrscheinlichkeit lag nahe, daß die Spanier den kürzeren Weg durch die Schlucht von Acentejo wählen würden, der sie am schnellsten ins Tal von Arautápala führte. Dann waren sie verloren, wenn seine Befehle genau befolgt wurden.

Tinguaro sollte mit dreihundert ausgesuchten Kriegern die dichtbewaldeten Höhen auf beiden Seiten der Schlucht besetzen und den Feind ruhig hineinziehen lassen, während er selbst mit dem Hauptheer der Verbündeten von mehr als dreitausend Mann auf der Ebene jenseits des Tals von Arautápala Aufstellung nehmen würde. Am Ausgang der Schlucht sollte als Köder eine Herde von sechshundert Schafen und Ziegen weiden. Ein paar Hirten, die beim Herannahen des Feindes leicht fliehen konnten, mußten den Eindruck verstärken, daß keine Krieger in der Nähe seien. Die Kundschafter der Kastilier würden ihrem Feldherrn die große, kaum bewachte Herde melden und ihn dadurch in seinem Entschluß bestärken, den Weg durch die Schlucht zu nehmen.

Wenige Minuten später waren Schnelläufer nach Tacoronte, Tegueste und Anaga unterwegs, um die Bundesgenossen von dem einstimmig angenommenen Plan in Kenntnis zu setzen.

Zwei Wochen lagerten die Kastilier nun schon am See von La Laguna. Der Feind zeigte sich nicht, obwohl er zweifellos durch Späher von ihrem Standort unterrichtet sein mußte. Es war wie ein Spiel zwischen Katze und Maus: keiner wollte sich von dem anderen hervorlocken lassen.

Die Soldaten fühlten sich hier oben auf sechshundert Meter Höhe bei dem herrlichen Frühlingswetter wie im Paradiese und dachten nur ungern an den heißen Sommer in Santa Cruz zurück. Täglich badeten sie in dem kühlen See, schossen mit der Armbrust nach den buntfarbenen Vögeln und träumten von zukünftigem Wohlstand und Besitz. Frisches Fleisch gab es mehr als genug: Wildkaninchen wurden in Schlingen gefangen, die Reiter brachten Ziegen und Lämmer von ihren Streifen mit. Fische lieferte der See. Die köstlichen Früchte vom Mocán und vom Erdbeerbaum mundeten selbst dem Äpfelchen, der beim ersten Ausmarsch geschworen hatte, daß sie für ihn nur in gegorenem Zustande in Betracht kämen. Das einzige, was ihm fehlte, waren die hübschen Guanchen-Mädchen, deren Schönheit in seiner Einbildungskraft immer mehr wuchs.

Nur einer schritt wortkarg und düster umher: das war der junge, verliebte Hauptmann Gonzalo de Castillo. Wenn der Vormarsch so weiterging, dann würde er Dácil als alte Frau wiedersehen.

Doch er sollte sich täuschen, Lugo war bereits zu einem Entschluß gekommen. Seine Kundschafter hatten in den vergangenen Wochen gut gearbeitet. Eingehende Geländeskizzen lagen vor ihm, als er sich mit seinem Freunde, dem Artilleriehauptmann Lope Hernández de Guerra, beriet. Der Weg über den Grat kam für die schweren Kartaunen nicht in Frage, auch die Pferde hinüberzubringen war mehr als ein Wagnis. Es blieb also nur der Weg durch die Schlucht von Acentejo. Späher, die sich hindurchgewagt hatten, berichteten, daß vom Feinde nichts zu sehen sei; auch die Höhen zu beiden Seiten schienen unbesetzt. Wahrscheinlich erwartete ihn Bencomo mit seinen Verbündeten mitten im Tal von Arautápala, ohne zu ahnen, welche Breschen die Feuerwaffen in die dichten Haufen der Guanchen reißen würden. Den fliehenden Feind konnte die Reiterei dann leicht niedermachen, und der Weg nach Taoro war frei.

Er verstand auf einmal selbst nicht mehr, warum er so lange gezaudert hatte. Auch Lope Hernández bestärkte ihn in seinem Entschluß, unverzüglich vorzugehen und den verhältnismäßig kurzen Marsch durch die Schlucht zu wagen. Die Guanchen mochten tapfere Krieger sein, von Kriegskunst verstanden sie aber gewiß nicht viel.

Es war ein frischer Morgen, als das Heer nach Westen aufbrach, doch bald wärmten die Sonnenstrahlen wohlig den Rücken. Das Äpfelchen begann bereits wieder seinen Lederwams aufzuschnüren, Maninidra wiederholte in Gedanken seine schon bedeutend erweiterten Sprachkenntnisse, der Pius schritt wortkarg wie immer einher und beobachtete die Reiter, die weit voraus den Marsch durch die blühende Vega sicherten.

Gegen Mittag wurde der Weg, wenn man von einem solchen überhaupt sprechen konnte, beschwerlicher. Vor ihnen breitete sich eine große Felshalde. Die Truppenteile gerieten in Unordnung, jeder suchte sich, so gut es ging, durch das Gewirr der Lavablöcke hindurchzuwinden. Langsam, im Zickzack, ging es vorwärts. »Der reine Irrgarten«, meinte Lugo, »nichts als Umwege!« Seit diesem Ausspruch des General-Kapitäns heißt die Gegend bis auf den heutigen Tag »Los Rodeos« (die Umwege).

Als die Sonne sank, waren die Spanier in der Nähe der Schlucht von Acentejo angelangt. Hier beschloß Lugo, die Nacht zu verbringen. Doppelte Wachen wurden ausgestellt, Feuer zu machen war verboten worden. Vielleicht hatte der Feind den Aufbruch von La Laguna gar nicht bemerkt.

Kurz vor Mitternacht – der Mond war gerade über den Bergen erschienen und hüllte die Gegend in weißes, geisterhaftes Licht – machten sich fünf Armbrustschützen auf, um den Weg durch die Schlucht zu erkunden und festzustellen, ob der Feind den jenseitigen Ausgang besetzt hielt. Bei Morgengrauen war einer der Leute zurück. Unbehelligt hatten sie das tiefe Tal passiert, vom Gegner weit und breit keine Spur. Jenseits der Schlucht lagerte nur eine große Herde von Ziegen und Lämmern; kleine Feuer zeigten an, daß nur wenige Hirten sie bewachten.

Sofort gab der General-Kapitän den Befehl zum Aufbruch. An der Spitze des kastilischen Heeres, inmitten seiner Leibwache, ritt er in die Schlucht hinein.

Die Schlucht des Todes

Im Laufe von Revolutionen, blutigen Kriegen oder anderen Schrecknissen, die über ein Land hereinbrechen und es in den Abgrund zu reißen drohen, erhebt sich oft mitten im Volk ein Mann, begabt mit scharfem, kühnem Verstand, großen Kenntnissen und überragender Herzensbildung. Ohne sich von den herrschenden Verhältnissen einschüchtern zu lassen, prüft er ruhig die Lage seines Vaterlandes, während alle anderen die Hoffnung auf Rettung bereits aufgegeben haben oder verderbtes Gesindel aus dem Unglück der Nation Vorteil zu ziehen sucht und sich den Nachlaß teilt. Er stürzt sich auf das höchste Amt und ergreift mit markiger Hand die Zügel des Staates. Unentwegt kämpft er gegen die Feinde des Volkes. Taub gegen das lästige Geschrei der Aufwiegler und

Eifersüchtigen, beruhigt er die Mitbürger durch seine Sicherheit, läßt sich durch keinen Schicksalsschlag entmutigen und rettet das Land. Bis zum letzten Augenblick findet er Hilfsquellen in seinem Genie, immer wieder setzt er dem Sturm, der ihn umtobt, neue Hindernisse seines Geistes entgegen. Kein Fehlschlag kann ihm etwas anhaben.

Ein solcher Mann war Mencey Bencomo, der Fürst von Taoro, der Enkel des großen Tehinerfe, dessen Name unlösbar mit dem Freiheitskampf des Guanchenvolkes verknüpft und damit in die Weltgeschichte eingegangen ist. Stets lebte er inmitten seiner Krieger, nie legte er die Waffe aus der Hand, seit der Feind in Añaza gelandet war. Durch flammende Ansprachen hob er den Mut und das Vertrauen seiner Leute. Sein Beispiel an Todesverachtung feuerte die Krieger an, die bereit waren, alles zu ertragen um der Freiheit willen. Denn ein Volk ist wie seine Führung: mutig oder feige, hoffnungsvoll oder verzagt.

Nun waren die Spanier also doch in die Falle gegangen, aus der es kein Entrinnen mehr gab. Wohlversteckt hinter den hohen Lavablöcken und dichten Brombeerhecken lag Tinguaro mit seinen Kriegern und beobachtete das Vorrükken des kastilischen Heeres, das im Morgengrauen tief unter ihm ins sichere Verderben zog.

Mencey Bencomo war vom Eintritt Lugos in die Schlucht unterrichtet. Sofort sandte er Acaimo von Tacoronte und den jungen Prinzen Badenol mit sechshundert Kriegern im Eilmarsch über die Berge in den Rücken des Feindes. Sie sollten den Kastiliern auf der zerklüfteten Felshalde, die der General-Kapitän »Los Rodeos« genannt hatte, den Weg verlegen und ihnen so eine Flucht ins Lager von La Laguna unmöglich machen. Bencomo selbst mit dem Hauptheer rückte unter vorsichtiger Deckungnahme lautlos vor und legte sich unfern der als Köder aufgestellten Herde in ein Maisfeld, von dem er den Ausgang der Schlucht überblicken konnte.

Plötzlich sah er vorsichtig hinter einem Felsen einen Kopf auftauchen. Aha! Die Spanier hatten Kundschafter vorausgesandt. Gut, daß zwischen ihnen die friedliche Herde lagerte und sie aufgehalten hatte. So mußten sie den Eindruck gewinnen, daß weit und breit kein Feind drohte und ihnen der Einmarsch ins Tal von Arautápala offenstand.

Die Sonne war schon hoch über die Ostkette gestiegen, als die ersten Reiter sichtbar wurden, die sich langsam dem Ausgang der Schlucht näherten. Der Mann mit dem roten, wallenden Tamarco und dem Federbusch auf dem Haupt mußte der feindliche Feldherr selbst sein.

Doch noch war der Augenblick zum Angriff für Bencomo nicht gekommen. Die gestellte Falle, die sich Tinguaro ausgedacht hatte, war noch nicht ganz zugeschnappt.

Am Ausgang der Schlucht zügelte der General-Kapitän seinen rotbraunen Hengst Triton und blickte über die weite, zum Meer abfallende Ebene, die sich vor ihm dehnte. Außer den in ein nahes Maisfeld flüchtenden Hirten war niemand zu sehen. Ihm wurde unheimlich zumute: er wußte, daß die Nordseite der Insel die bevölkertste war, und nun schien sie wie ausgestorben. Wer konnte wissen, in welchen Hinterhalt er fiel, wenn er weiter vorrückte! Jetzt bereute er, auf Lope Hernández gehört zu haben. Allem Anschein nach verstand dieser Bencomo doch mehr von Kriegskunst, als der Freund ihm zutraute. Das beste war, wenn er sofort kehrt machte und sich ins Lager von La Laguna zurückzog, um später zu versuchen, über die Höhen geradeswegs nach Taoro zu gelangen. Für heute konnte er sich mit der großen Beute zufriedengeben, die dort in Gestalt der ansehnlichen Herde vor ihm weidete.

Sofort gab er Befehl, die Ziegen und Lämmer in die Schlucht zu treiben, während der Hornist Antonio Pilas aus Salamanca das Signal zum Rückmarsch blies.

Es war genau das eingetroffen, was Bencomo und Tinguaro voraussahen: der Köder hatte seinen Zweck erfüllt und würde nun den Spaniern zum Verderben werden.

Der Rückmarsch, die Schlucht hinauf, begann. Durch die große Herde waren die Truppen in Unordnung geraten, nur langsam ging es vorwärts. Immer wieder blickte der General-Kapitän die steilen, unersteigbaren Felswände empor, die sich zu beiden Seiten dehnten. Doch nichts regte sich.

Lugo wand sich mit seiner Leibwache an den Kolonnen vorbei und war ungefähr in der Mitte des Zuges angelangt, als Tinguaro den Angriff von den Höhen eröffnete. Steine, Felsblöcke, ganze Baumstämme prasselten auf die überraschten Kastilier herab. Dazwischen gellten die schrillen Pfiffe der Guanchen, tönte ihr wildes Kriegsgeschrei, sausten ihre unfehlbaren eisenharten Speere, die wie durch Butter durch die Panzer fuhren und die Spanier niedermähten.

Wie toll stürzte die Herde durcheinander. Die erschreckten Ziegen und Lämmer rannten die Soldaten um, rasten über Tote und Verwundete, stürmten einen Abhang hinauf, wurden von Steinen getroffen, stürzten zurück und rollten als lebende Lawinen auf die Spanier herab.

Pferde gingen durch und jagten ängstlich wiehernd die Schlucht hinauf und hinunter. Nur mit Mühe konnten sich die Reiter im Sattel halten. Vergebens versuchte Gonzalo de Castillo seine Leute zu sammeln und eine Stelle zu finden, wo es möglich war, rechts oder links auszubrechen und die Höhen zu gewinnen.

Lugo gelang es, einen Teil der Armbrustschützen und Musketiere um sich zu scharen. Das Schlachtgetümmel übertönend, schrie er ihnen zu: »Wo, meine Freunde, bleibt der sprichwörtliche Mut der Soldaten Kastiliens? Wer von euch fürchtet diese paar schlecht bewaffneten Ungläubigen, die geboren sind, uns zu dienen? Verteidigt euch! Mit Gottes Hilfe werden wir einen Sieg über diese Heiden erringen, wie er unseres Namens würdig ist!«

Als der Hauptmann der Musketiere, Diego Muñoz, dessen Tapferkeit im ganzen Heer berühmt war, diesen Ausspruch hörte, rief er: »Ich gelobe bei Gott, daß ich auch ohne seine Hilfe mit diesen feigen Barbaren fertig werde!« Und schon stürzte er sich mit seinen Leuten den jetzt die Felsen herabspringenden Guanchen entgegen.

Er war der erste von den Offizieren, der fiel. Und wie der Chronist berichtet, ging dieser Gotteslästerung wegen die Schlacht von Acentejo für die Spanier verloren. Alle wären umgekommen, wenn dem kargen Rest, wie wir später sehen werden, nicht die Heilige Jungfrau des Lichts den Weg zur Rettung gezeigt hätte.

Maninidra, dessen breite Narbe über das Gesicht vor Wut blutrot angelaufen war, sah, in welcher Gefahr sich das Heer befand. Er begann zu zittern und mit den Zähnen zu knirschen, als wenn ihn ein plötzliches Fieber befallen hätte. Lugo, der es bemerkte und seine Furchtlosigkeit kannte, rief ihm zu: »Was ist das, Maninidra, zitterst du vor Angst?« Da antwortete ihm der Kanarier mit den Worten, die ihn berühmt gemacht haben und die uns erhalten geblieben sind: »Das, mein General-Kapitän, ist keine Furcht, und niemals habe ich erlaubt, daß solche in meine Brust einzieht. Nur mein Fleisch zittert angesichts der Gefahr, in die es mein Herz stürzen will!«

»La matanza de Acentejo«, Gumersindo Robayna 1890, Öl auf Leinwand, 68x136 cm, Museum der Schönen Künste, Santa Cruz de Tenerife

»La batalla«, Mauerbild an der Nord-Autobahn TF-5 bei La Matanza de Acentejo

Inzwischen hatte Mencey Bencomo mit dem Hauptheer gleichfalls in die Schlacht eingegriffen. Der Kern war den Spaniern in die Schlucht gefolgt, während Beneharo mit den Leuten von Anaga, Ruimán mit einigen hundert Kriegern von Taoro und Zebensui von Tegueste die Ränder der Schlucht erklommen und die Nachhut in die Zange nahmen. Vergeblich versuchte Castillo mit dem Rest seiner Reiter nach der Ebene hin durchzubrechen, immer wieder wurde er zurückgeschlagen.

Die Spanier kämpften jetzt verzweifelt nach allen Seiten. Die herabhagelnden Steine und Baumstämme zerschmetterten ihre Schilde, rot färbten sich die Felsen vom Blut, das in den Hohlwegen große Lachen bildete.

Am schwersten litt die Artillerie, die kaum zum Schuß kam. In der Mitte der Kastilier eingekeilt, konnte Lope Hernández es nicht wagen, die Schlucht entlang zu feuern, ohne die eigenen Leute zu gefährden. Ebenso war es unmöglich, die steilen Felswände zu bestreichen, des herabfallenden Steinschlags wegen.

Die Armbrustschützen, Musketiere und Arkebusiere kamen nicht mehr zum Laden. Nur hier und da rollte noch einmal eine Salve gegen die Angreifer, die sich ständig zu mehren schienen. Da und dort brüllte ein Falkonett auf und riß eine Bresche in die Anstürmenden, die sich ebenso schnell wieder schloß. Die Guanchen ahmten im Chor das Heulen eines Abschusses nach, das grausig donnernd von den Felsen widerhallte.

Am schlimmsten tobte der Kampf um den General-Kapitän, dessen Leibwache Wunder der Tapferkeit vollbrachte. Weithin kenntlich an seinem roten, wallenden Mantel, richteten sich die Angriffe der Guanchen immer wieder gegen den spanischen Feldherrn. Noch saß er unverwundet auf dem feurigen Triton, sprengte hierhin und dorthin und ließ seine Toledaner Klinge auf die Köpfe der Guanchen niedersausen.

Immer hitziger wurde das Getümmel. Der General-Kapitän schien verloren. Da sprengte der schneidige Pedro Mayor an seine Seite, riß den roten Mantel von den Schultern Lugos und stürmte allein einem feindlichen Haufen entgegen. So schnell war das vor sich gegangen, daß die Guanchen den Wechsel nicht bemerkt hatten. Von allen Seiten fielen sie über den vermeintlichen Feldherrn her.

Von zehn Speeren durchbohrt, sank Pedro Mayor vom Pferde, nachdem er vier Gegner erschlagen hatte. Sein Heldentod für den General-Kapitän schmückt das Ruhmesblatt der spanischen Geschichte.

Um Lugo war es ein wenig freier geworden. Da tauchte hinter einem Felsen ein neuer Trupp Guanchen auf. An der Spitze erkannte er den Fürsten von Taoro, der eine mächtige Keule schwang. Sofort warf er sich ihm wutentflammt entgegen und holte mit der Toledaner Klinge aus. Doch geschickt fing Bencomo den tödlichen Streich mit dem Drachenschild auf, so daß ihm der abspringende Degen nur leicht die Brust ritzte.

Einer der Sigoñes hatte die Gefahr gesehen, in der sein König schwebte, einen Stein erhoben und ihn nach dem General-Kapitän geschleudert. Durch eine blitzschnelle Bewegung entging Lugo dem sicheren Wurf, der ihm das Haupt zerschmettern sollte. So streifte der Stein nur die Kinnlade und schlug ihm ein paar Zähne ein.

Ohnmächtig vor Schmerz stürzte Lugo vom Pferde, das im Augenblick von einem Speer durchbohrt über ihm zusammenbrach. Im Nu war er von etwa fünfzig Guanchen umringt, die bereits in ein Siegesgeheul ausbrachen.

Da nahte die Rettung. Die Leibwache und dreißig Guanchen aus Güímar hatten den Sturz ihres Feldherrn gesehen, durchbrachen den feindlichen Ring und zogen den Totgeglaubten unter dem Pferde hervor.

In diesem Augenblick sprang ein feindlicher Krieger herzu, riß aus einem Lederbeutel ein paar getrocknete Blätter, wie sie die Guanchen zum Blutstillen benützen, warf sie dem General-Kapitän zu und war ebenso schnell wieder verschwunden.

Jetzt erschienen die Unzertrennlichen Zwölf auf dem Kampfplatz. Wie es ihre Art war, hatten sie Schulter an Schulter gefochten und sich bis zu ihrem General-Kapitän durchgehauen. Allen voran schlug der Hüne Rodrigo de Barrios mit einem riesigen Zweihänder eine Bresche in die Reihe der Feinde. Das kleine Äpfelchen, das trotz der Körperfülle seine Hellebarde mit einer Geschwindigkeit handhabte, die ihm niemand zugetraut hätte, stieß von unten her immer wieder nach den Köpfen der Guanchen. Selbst dem hageren Pius lief heute vor Anstrengung der Schweiß übers Gesicht, und Juan Méndez, der eigenhändig zwölf Moros vom Turm des Generalife herabgestürzt hatte, hieb um sich wie ein Rasender.

Trotz allem Todesmut und aller Tapferkeit schien es unmöglich, auch nur das nackte Leben zu retten, nachdem bereits zwei Drittel des kastilischen Heeres vernichtet waren. Da kniete der General-Kapitän mitten im Kampfgetümmel nieder und rief die Virgen de la Candelaria, die Heilige Jungfrau des Lichts, um Rettung an.

Im selben Augenblick verdunkelte sich der Himmel, schwarze, vom Sturm gepeitschte Wolken nebelten die Schlucht ein, ein unterirdischer Stoß machte die Erde erzittern, abergläubischer Schrecken befiel die Guanchen.

Da erschien Lugo in einer Vision die Virgen de la Candelaria, die auf einen schmalen Pfad deutete, der aus der Hölle zu führen schien. Eilig klomm der General-Kapitän empor. Gesicht und Hände von Dornen und Brombeerhecken zerkratzt, folgte ihm der Rest seiner Leibwache, während die Unzertrennlichen Zwölf die Flucht deckten.

Lope Hernández de Guerra, der einen Lanzenstich im Oberschenkel und Quetschungen am ganzen Körper hatte, wurde besinnungslos vor Schmerz von drei Soldaten hinaufgeschleppt.

Nach stundenlangem Marsch über unbekannte Höhen, durch dichte Wälder, an schwindelnden Abgründen entlang, gelangte der General-Kapitän am Abend der Schlacht von Acentejo ins Lager von La Laguna, wo der Kanonikus Samarinas, der mit der Geistlichkeit zurückgeblieben war, einen feierlichen Dankgottesdienst für seine Errettung abhielt. Die Virgen de la Candelaria habe ja das Häuflein der Tapfersten der Tapferen vor dem Untergang bewahrt, indem sie es in weitem Bogen um die »Rodeos« führte, wo Acaimo von Tacoronte und Prinz Badenol vergeblich die rückflutenden Spanier erwarteten, um sie vollends zu vernichten. Tags darauf kehrte der Rest des geschlagenen Heeres in die Torre von Santa Cruz zurück.

Im Lager angekommen, ließ Lugo die traurigen Überbleibsel der stolzen kastilischen Soldateska vor seinem Zelt, auf dem die brombeerfarbene Fahne der Katholischen Könige wehte, Aufstellung nehmen. Mehr als sechshundert Spanier und dreihundert Kanarier fehlten. Sämtliche Kartaunen und Falkonette waren in der Schlucht geblieben, die Reiterei so gut wie aufgerieben. Gonzalo de Castillo hatte sich mit der Leibwache des General-Kapitäns gerettet. Etwa zweihundert Söldner, keiner ohne Wunden, darunter die

Unzertrennlichen Zwölf: das war der Rest des stolzen kastilischen Heeres.

Seiner Verwundung nicht achtend, hatte Bencomo mit einigen Sigoñes den Rand der Schlucht erklommen. Dichter Nebel verhüllte jede Sicht. Dumpf drang das Gedröhn der abflauenden Schlacht herauf. Ein Windstoß fegte die Wolken auseinander und gab für eine kurze Spanne das Blickfeld frei: da saß auf einem Felsen der alte Tinguaro und starrte fiebrigen Auges in die Schlucht hinab.

»Oheim!« rief ihn Bencomo an, »ich wähnte dich an der Spitze deiner Krieger!«

Mit einer müden Handbewegung deutete Tinguaro hinunter: »Ich habe meine Pflicht als Feldherr erfüllt: ich habe gesiegt! Ich warte hier, daß meine Krieger die ihre tun: zu töten!«

Freudig umarmte Bencomo den greisen Feldherrn.

Nur drei Stunden hatte die furchtbare Schlacht getobt, in der die halbnackten, schlecht bewaffneten Guanchen mit Keulen, Lanzen und Steinmessern das kastilische Heer vernichtet und über die militärische Erfahrung Europas gesiegt hatten.

Reich war die Kriegsbeute an Waffen, die jetzt in der Schlucht gesammelt wurden: bluttriefende Hellebarden, federnde Eschenlanzen mit blitzenden Stahlspitzen, biegsame Toledaner Klingen, unförmige Zweihänder, Brustpanzer, Sturmhauben, wappengeschmückte Schilde. Die Arkebusen, Musketen, die breitmäuligen Kartaunen und schlanken Falkonette blieben liegen. Mit diesen unheimlichen Dingen wußten die Guanchen nichts anzufangen. Wo sie eine Armbrust sahen, schlugen sie scheu einen Bogen. Einer der Krieger hatte eine noch gespannte aufgehoben, sie neugierig betastet, dabei auf den Abzug gedrückt und einen anderen durch die Brust geschossen.

Gegen Abend begann sich der Nebel zu lichten. Dumpf dröhnten die Muschelhörner und riefen zum Sammeln. Von allen Seiten erklommen Krieger die steilen Felshöhen und lagerten sich am Rande der Schlucht. Überall flammten Feuer auf. Der Bratenduft der bei der Schlacht umgekommenen Hämmel und Ziegen erfüllte die ganze Umgegend. Hier und da ertönten Siegesgesänge, dazwischen klagende Weisen um die gefallenen Helden.

Mencey Bencomo saß mit Tinguaro, Zebensui, Beneharo und seinen Edlen in einer geräumigen Höhle unweit der Stelle, wo Lugo im Nebel aus der Schlucht entkommen war. Die Wunde, die der Fürst von Taoro im Zweikampf mit dem General-Kapitän davongetragen, hatte ihn kaum geschwächt. Es war nicht viel mehr als ein breiter Kratzer, der schnell verharschte.

Eifrig wurde die neue Lage besprochen. Bencomo war dafür, daß jeder Stammesfürst wieder in sein Gebiet ziehen sollte. Der Feind war geschlagen, und der kleine Rest, der vielleicht das Lager an der Küste erreichte, würde bald die Insel verlassen müssen.

Auch die Guanchen beklagten zahlreiche Tote, denn die Kastilier hatten gefochten wie Löwen. Noch mehr von seinen Leuten wollte Bencomo nicht opfern, und ein Sturm auf die Wälle von Añaza würde den Heldenmut der zur Verzweiflung getriebenen Spanier verzehnfachen. Es blieb dabei: jeder kehrte in sein Gebiet zurück. Die Späher und Läuferketten wurden aufrechterhalten. Nur Prinz Ruimán hatte von seinem Vater die Erlaubnis erbeten, mit Beneharo nach Anaga zu ziehen, um seiner Braut Guacimara selbst die Kunde von dem großen Siege zu bringen.

Es dunkelte bereits, als am Eingang der Höhle ein Krieger erschien, der sich zu Mencey Bencomo durchgefragt hatte. Kurz erstattete er Meldung. Fayneto sandte ihn, ein junger Unterfeldherr aus Anaga, der in der Schlacht eigenhändig neun Kastilier tötete. Er war mit seinen Leuten einem Trupp von dreißig Spaniern gefolgt, die einen Hügel erklommen, eine Höhle besetzten und sich darin verschanzt hatten. Den Hügel hielt er mit fünfhundert Kriegern umklammert, würde bei Morgengrauen stürmen und den Rest der Feinde niedermachen.

Noch ehe die Sonne dem Meer entstiegen war, befand sich Bencomo an Ort und Stelle. Sofort sandte er einen Sigoñe als Unterhändler zu den Spaniern hinauf und bot ihnen Leben und Freiheit an, wenn sie die Waffen streckten. Der Heldenmut des kleinen Häufleins Versprengter, die sich tapfer geschlagen hatten, rührte das Herz des Fürsten: er wollte ihnen ihr trauriges Los ersparen.

Angesichts der verzweifelten Lage und im Vertrauen auf das königliche Wort legten die verwundeten und erschöpften Soldaten die Waffen nieder und ergaben sich. Der tapfere Martín Cevallos aber, der die Verteidigung der Höhle geleitet hatte, überreichte Bencomo zum Zeichen der Dankbarkeit seinen kostbaren Toledaner Degen, ein Erbstück seines Vaters, der als Offizier im Kampf gegen die Sarazenen gefallen war. Zum Beweis der Schmiegsamkeit des edlen Stahls wikkelte sich Cevallos die Klinge vor den Augen der erstaunten Guanchen um den Arm.

Der Fürst von Taoro brach in einen Ruf des Entzückens aus, als er die schöne Waffe entgegennahm und sie leicht in der Hand wog. Dann vollführte er einige sausende Lufthiebe, die rauschten, wie wenn stoßende Böen vom Meer her durch die hohe Kiefer am Eingang der Königshöhle führen. Dazu sang er das Schwertlied:

»Wie säuselnder Morgenwind,
Der die Nebel am Ufer verscheucht,
Tönt dein Gesang, o liebliche, schlanke Tabona,
Deinem Herren ins Ohr.

Leicht wiegst du in meiner Hand
Gleich schneeiger Mövenfeder,
Geschmeidig ist deine Gestalt,
Blitzend dein funkelnder Blick.

Mühelos dringst du hinein
In das Herz des gefährlichsten Feindes
Und dein sausender Hieb
Trennet vom Rumpf ihm den Kopf.

Wächter bleibst du von nun an
Der Ehre des großen Bencomo,
Der das heilige Land
Seines Ahns Tehinerfe befreit.

Funkelnd ziehst du voran
Den mutigen Kriegern Taoros
Und beim Siegesfest
Glänzt du im Tagoror.«

Der Edelmut der Guanchen dem besiegten Feinde gegenüber, der von allen Historikern immer wieder als nationale Eigenheit gerühmt wird, findet seine Krönung in der hochherzigen Gesinnung ihres Fürsten Bencomo, wie uns das seltsame Schicksal des kastilischen Musketiers Juan Benitez zeigt, das mit der Geschichte der Schlacht von Acentejo verknüpft und uns erhalten geblieben ist.

Mencey Bencomo ordnete an, daß die dreißig Spanier, die sich ergeben und die Waffen ausgeliefert hatten, unverzüglich von hundert seiner Krieger nach Añaza geleitet werden sollten. Als Führer des Trupps bestimmte er den Sigoñe, den er als Unterhändler auf den Hügel gesandt hatte.

Sofort brach der Zug auf und nahm den Weg durch die Schlucht, wo der Tod am Vortage so grausige Ernte gehalten. Überall lagen die Leichen der Kastilier, größtenteils unkenntlich durch die von den zielsicheren Steinwürfen der Guanchen zerschmetterten Schädel. Kadaver von Pferden hingen in den Brombeerhecken. Ihre Eingeweide, die aus den mit den scharfen Obsidianmessern aufgeschlitzten Bäuchen quollen, ringelten wie blutige Schlangen zur Erde hinab. Geronnenes Blut klebte an den Felsen, es war ein Marsch des Grauens.

Schweigend, den Kopf gesenkt, schritten die Spanier hintereinander und wagten kaum aufzublicken.

Auf einmal ließ der Sigoñe halten. Das blutüberkrustete Gesicht eines Kastiliers war ihm aufgefallen, das er vorher nicht gesehen hatte. Er überzählte die Gefangenen: tatsächlich, es waren jetzt einunddreißig.

Der Anführer dachte nach. Er hatte den Befehl erhalten, dreißig Gefangene im Lager von Añaza abzuliefern, keinen mehr und keinen weniger. Der Mann, der da so unversehens aufgetaucht war, mußte getötet werden.

Doch dann kamen ihm Bedenken. Sein Edelmut sträubte sich dagegen, einen Wehrlosen, auch wenn es ein Feind war, niederzumachen. Es kam ihm vor wie feiger Meuchelmord. Was würde Bencomo sagen, wenn er davon erfuhr? Doch eigenmächtig handeln und ihn mit den anderen abliefern wollte er auch nicht. Der Fürst selbst sollte entscheiden.

Sofort befahl er umzukehren und erreichte Bencomo

noch, der gerade im Begriff war, mit dem Hauptheer nach Taoro zurückzukehren.

Der Mann mit dem blutüberkrusteten Gesicht, der jetzt dem Fürsten vorgeführt wurde, war der Musketier Juan Benitez. Von zahlreichen Guanchen verfolgt, hatte er sich unter einen Haufen Leichen gewühlt und dort die Nacht verbracht. So war er dem sicheren Tode entgangen. Als dann am Morgen der Zug der Spanier vorbeikam, war er hervorgekrochen und hatte sich angeschlossen.

Mit Anteilnahme hörte Bencomo die merkwürdige Rettung des Musketiers. Die List des kleinen Mannes, der ihm kaum bis zur Brust reichte, gefiel ihm. Großmütig schenkte er ihm das Leben.

Und wieder trat der Sigoñe, diesmal mit einunddreißig Gefangenen, den Marsch zur Bucht von Añaza an, wo die Totgeglaubten mit ungeheurem Jubel empfangen wurden.

Der 8. Juni 1494

Martín Cevallos ließ sich sofort beim General-Kapitän melden. Was er ihm zu berichten hatte, klang sonderbar genug. Von dem Hügel aus, wo er sich gegen die wütenden Angriffe Faynetos verteidigte, konnte er deutlich beobachten, wie etwa hundert Kanarier nach Norden durchbrachen und die Meeresküste erreichten. Von zahlreichen Guanchen bedrängt und wahrscheinlich zu Tode erschöpft, hatten sie sich in die See geworfen und mit den letzten Kräften die Riffe erreicht, die der Küste vorgelagert waren. Die Guanchen, des Schwimmens unkundig, konnten ihnen nicht folgen und hielten den Strand besetzt. Früher oder später mußten ihnen so die Kanarier in die Hände fallen, falls sie es nicht vorgezogen, zu verhungern oder zu verdursten.

Noch am selben Abend sandte Lugo eine Brigantine mit Proviant und Wasser ab, um die Leute zu retten, wenn sie noch am Leben waren. Am nächsten Mittag kehrte das Schiff zurück. Es brachte neunzig zum größten Teil verwundete Kanarier und vier portugiesische Söldner, die sich in Real de las Palmas hatten anwerben lassen, ins Lager von Santa Cruz zurück.

Auf die Kunde von der furchtbaren Niederlage der Kastilier schickte Añaterve sofort dreihundert Krieger, eine große Menge Vieh, Hafer, Gofio, Käse und Ziegenmilch zur Bucht von Añaza. Gleichzeitig überbrachten seine Leute dem General-Kapitän Heilkräuter für die verwundeten Soldaten.

Finster brütend saß Lugo in seinem Zelt. Schon seit Monaten hatte er keinen Sold mehr zahlen können und seine Leute immer wieder mit dem baldigen Sieg und reichlicher Entschädigung an Land und Besitz vertrösten müssen. Sie vertrauten ihm, der stets sein Wort hielt und den sie verehrten. Aber nun, nach dieser Niederlage, würden sie bald den Gehorsam verweigern und ihre Zuversicht sich in Unbotmäßigkeit verwandeln. Zählen konnte er eigentlich nur auf die Unzertrennlichen Zwölf, die mit dicken Verbänden herumliefen, den traurigen Rest seiner Leibwache, die jetzt der tapfere Maninidra führte, und den treuen Guanarteme, den er mit einem Teil der Kanarier zum Schutze des Lagers zurückgelassen hatte.

Es war ein trauriger Anblick, wenn er so durch die leeren Zeltgassen schritt. Hier und da lagen Verwundete in der Sonne und drehten ihm den Rücken zu, wenn er vorbeikam. Vorwurfsvolle Augen folgten ihm auf Schritt und Tritt, in manchem Blick glaubte er hohnvolle Verachtung zu lesen. Sein seelischer Schmerz über die Vernichtung des stolzen Heeres ließ ihn den körperlichen vergessen. Was tat es, daß seine Kinnlade gebrochen war und sie ihn heute schon hinter seinem Rücken »Quijada rota«, den Schiefmäuligen, nannten? Eines Tages würde es ein Ehrenname sein! Nein, so leicht gab er sich, Don Alonso Fernández de Lugo, Eroberer von La Palma und General-Kapitän der Katholischen Könige, nicht verloren! War ihm nicht im dämmrigen Halbdunkel der hohen Kathedrale von Sevilla Sankt Petrus selbst erschienen und hatte ihm ein glückliches Ende seines Unternehmens vorausgesagt? Er war ein gläubiger Sohn der Kirche und zweifelte nicht daran, daß Gott IHN erwählt hatte, den Heiden von Tenerife den wahren Glauben zu bringen. Er erhob sich, um hinüberzugehen und nach seinem schwerverwundeten Freunde zu sehen: es stand schlimm um den tapferen Hauptmann Lope Hernández de Guerra.

Als der General-Kapitän die Zeltplane vorsichtig beiseite schob, stöhnte der Schwerverwundete auf und verlangte nach Wasser. Eigenhändig füllte Lugo einen Feldbecher und stützte den Kopf des Fiebernden, der gierig danach griff.

Jetzt trat der Feldscher ein, erneuerte den Verband und legte Heilkräuter auf. Die Wunde eiterte und sah böse aus. Schwarzer Brand lief um ihre Ränder.

Bedeutungsvoll wiegte der Arzt den Kopf. Dann flüsterte er mit dem General-Kapitän: es war das beste, den Hauptmann sofort nach El Real de las Palmas zu schicken.

Auch Lugo war sich der Gefahr bewußt, in der Lope Hernández schwebte. Diesen Mann mußte er als treuen Freund und befähigten Artillerie-Offizier auf jeden Fall retten und sich bewahren. Doch er fürchtete eine Absage des Helden, dem Rückkehr wie Fahnenflucht erscheinen mußte.

Der General-Kapitän dachte nach. Hier half nur List. Ja, war es eigentlich List, was jetzt durch seinen Kopf fuhr? War es nicht vielmehr sein innigster, ureigenster Wunsch, die einzige Möglichkeit, die ihm blieb, die Scharte auszuwetzen? Hatte dieser Gedanke nicht bereits in seinem Unterbewußtsein Platz gegriffen und ihn eigentlich an das Lager seines Hauptmanns geführt? Durfte er ihm überhaupt diesen Vorschlag machen, den durch den großen Blutverlust geschwächten Willen seines Freundes ausnutzen und das Schicksal des Begüterten an seinen unseligen Stern knüpfen?

Da bewegte sich Lope Hernández. Mühevoll, langsam, stoßweise begann er zu sprechen. Atemlos lauschte der General-Kapitän seinen Worten. Das war ... Heilige Jungfrau des Lichts! Hatte Gott sein Gebet erhört und dem Todwunden seine eigenen Gedanken eingegeben, die ihm eben noch eigensüchtig und freundesverräterisch erschienen waren?

»Alonso«, stammelte der Hauptmann, »es ist MEIN unabänderlicher Wille, vielleicht mein letzter. Ich trage die Schuld an dem Verlust der Schlacht. Vielleicht wären wir doch mit den Kartaunen über den Grat gekommen. Heute noch will ich nach Real de las Palmas zurück. Meine Güter, mein Eigentum gehört dir. Ich werde alles veräußern, ein stattliches neues Heer ausrüsten und dir herübersenden. Ich habe reiche Freunde in Sevilla. Da ist der Graf Medina Sidonia ... « Erschöpft fiel er in die Kissen zurück.

Lugo stürzte aus dem Zelt. Er befahl, sofort die schnellste der Brigantinen klar zu machen. Eine halbe Stunde später stach das Schiff, Lope Hernández und einige Schwerverwundete an Bord, mit schwellenden Segeln in See.

Die Siegesfeste in Taoro, Tegueste, Tacoronte und Anaga waren verrauscht. Herrliche Wochen an der Seite seiner Braut lagen hinter Prinz Ruimán. In wenigen Monden würde sie seine Frau sein und sie dann nichts mehr trennen.

Immer wieder kreisten Guacimaras Gedanken um die nahe, glückverheißende Zukunft. Vergessen war das dunkle Orakel der heiligen Priesterinnen aus dem Tamo gantem Acorán, dem Haus des allmächtigen Gottes, besiegt war der Feind.

Doch war er wirklich besiegt? – So wenig wie damals Bencomo die Duldsamkeit des greisen Quebehi den Priestern des neuen Gottes gegenüber begriffen hatte, so wenig verstand Prinz Ruimán den Befehl seines Vaters, den Feind seinem Schicksal zu überlassen. Warum hatte er ihn nicht sofort mit dem gesamten Heer verfolgt und bis auf den letzten Mann niedergemacht?

Das kriegerische Blut seiner Ahnen regte sich in dem jungen Königssohn. Bei der Schlacht von Acentejo hatte er bewiesen, daß er zu kämpfen wußte. Wenn er nur ein paar hundert Mann hätte, die mit ihm gingen! Er würde das feindliche Lager im Sturm nehmen und keinen verschonen. Vertilgen mußte man die Spanier wie lästiges Ungeziefer. Das erst war der Sieg, dann erst war die Insel frei.

Heimlich sprach er mit Fayneto darüber. Er wußte, daß dieser seinem Vater grollte, weil er ihm die dreißig Kastilier entrissen hatte, deren Schicksal bereits besiegelt war.

Der junge Feldherr fing sofort Feuer. Beim Echeyde! Prinz Ruimán hatte recht! Das war eine Gelegenheit, unerhörten Ruhm zu erringen und in den stolzen Kriegsgesängen beim Beñesmen gefeiert zu werden! Wenn sie es klug anfingen, würden sie schon drei- bis vierhundert Krieger zusammenbekommen, die mitmachten. Doch mußte es schnell gehen, denn Boten waren von Taoro eingetroffen, die Ruimán zum nächsten Vollmond zurückriefen.

Guacimara beobachtete unruhig die Veränderung, die mit ihrem Verlobten vor sich ging. Oft schritt er stundenlang mit ihr am Strand auf und ab, ohne ein Wort zu sprechen. Seine großen, träumerischen Augen blickten fieberglänzend über das Meer, und wenn sie fragte, woran er dachte, antwortete er jedesmal: »An die Blume von Anaga, die bald in Taoro blühen wird ...«

Sein häufiger Umgang mit Fayneto, sein heimliches Tuscheln mit ihm gefielen ihr nicht. Zwar hatte ihr Vater den jungen Feldherrn für seine Tapferkeit öffentlich im Tagoror geehrt. Doch für sie blieb er weiter nichts als ein Raufbold, der er schon als Knabe gewesen war. Als sie Ruimán einmal wegen seiner neuen Freundschaft zur Rede stellte, hatte er ihr kurz das Wort abgeschnitten: das waren Männersachen und gingen junge Mädchen nichts an. Doch gleich verflog sein Unwille. Er beugte sich zu Guacimara hinab und flüsterte ihr ins Ohr: »Habe Vertrauen zu mir! Alles, was ich tue, tue ich für unsere Zukunft!«

Seitdem trafen sich die beiden Verschwörer nur des Nachts.

Mehr als ein Monat war vergangen, seit Lope Hernández nach Gran Canaria gesegelt war, um ein neues Heer aufzustellen. Mehrere Male täglich stieg der General-Kapitän auf den hohen, steinernen Turm und hielt, auf die Keusche Elvira gestützt, Ausschau. Immer wieder vergebens. Kein Segel zeigte sich am Horizont. Warum sandte der Hauptmann keine Nachricht? War er seinen Wunden erlegen?

Die Unzufriedenheit unter den Söldnern wurde immer größer. Ihre Wunden heilten schwer, der Feldscher hatte alle Hände voll zu tun. Selbst die Unzertrennlichen Zwölf ließen die Köpfe hängen und warfen verstohlen zweifelnde Blicke auf ihren General-Kapitän.

Am wütendsten über den mißglückten Feldzug war das Äpfelchen, dessen Schädel noch immer mit dicken Binden umhüllt war, die nur die Augen freiließen. Alle hänselten ihn. Das Jahr war bereits um und von eigenem Grund und Boden, selbstgebranntem Rum und den hübschen Guanchen-Mädchen, die ihnen mit Palmenwedeln die Moskitos vom Leibe halten sollten, war nicht das geringste zu sehen. Statt dessen saßen sie hier, geschlagen, an dieser verdammten Felsenküste und warteten. Worauf denn eigentlich? Ihr braver Hauptmann Lope Hernández war sicher bereits zur Hölle gefahren und schlug sich jetzt dort mit dem Teufel und seiner Großmutter herum bis zum Jüngsten Gericht. Viel heißer konnte es dort auch nicht sein als hier unter der glühenden Sonne, die einem den Verstand austrocknete. Kaum die Nächte brachten Kühlung, und die meisten hätten sich am liebsten die Verbände abgerissen. Der Xeres war auch zu Ende, und Rum gab es schon lange nicht mehr. Konnte der General-Kapitän es übers Herz bringen, anständige Christenmenschen elend verdursten zu lassen? Was war das lustige Söldnerleben ohne einen gehörigen Schluck aus dem prallen, weingefüllten Schlauch?

Auch die Offiziere machten Lugo Vorstellungen und rieten ihm, nach El Real de las Palmas zurückzukehren, um dort selbst ein neues Heer zu rekrutieren. Schweigend und verbissen saß der General-Kapitän in seinem Zelt und hörte sie an. Zum Schluß ließ er niemanden mehr vor.

Da trat ein Ereignis ein, welches noch einmal den Rest des kastilischen Heeres wie einen Mann zusammenschweißte: der Überfall des Prinzen Ruimán und Faynetos auf das Lager von Santa Cruz.

Die ganze Nacht hindurch war der General-Kapitän in seinem Zelt auf und ab gewandert, als ihn im Morgengrauen ein langgezogenes Hornsignal aus seinen Grübeleien riß: ALAAARM! Fast gleichzeitig heulte die Keusche Elvira auf, deren Echo sich schauerlich am Randgebirge brach. Dazwischen bellte der Basilisk.

Im Nu stand Lugo auf dem Wall, aus den Zelten stürzten die Soldaten und scharten sich um ihn. Was sie sahen, erfüllte sie mit Schrecken. Aus dem verflatternden Morgennebel tauchten gleich riesigen Unholden halbnackte, keulen- und lanzenschwingende Krieger, die sich von allen Seiten auf sie stürzten. Ein Teil hatte den Ostwall bereits erklommen und war ins Lager eingedrungen.

Sofort hatte Lugo die Gefahr erkannt. Offenen Widerstand zu leisten war unmöglich. Hier gab es nur eins: den steinernen Turm zu besetzen und das Leben so teuer wie möglich zu verkaufen. Mit weiten Sätzen sprang er, gefolgt von seinen Soldaten, voran. Die Flucht in den schützenden Turm war geglückt.

Inzwischen hatten die Guanchen – es mochten etwa vierhundert sein – die Wälle erstiegen und sprangen von allen Seiten ins Lager hinab. Sie stürmten in die Zelte, rannten sie um, zerschlitzten sie mit ihren scharfen Obsidian-Messern. Darüber verloren sie Zeit, denn schon hatten die Kastilier die Bastionen besetzt: die ersten Salven krachten von dem vielstöckigen Turm.

Ein Steinhagel der Guanchen, der jedoch keinen Schaden anrichtete, war die Antwort. Wohlgedeckt hinter ihren Schießscharten, säten die Armbrustschützen Tod und Verderben in die Reihen der Krieger von Anaga.

Da gab Fayneto das Zeichen zum Sturm. Allen voran sprang er mit mächtigem Satz am Turm in die Höhe, ergriff die unterste Brüstung und wollte sich emporziehen. Ein Schwerthieb traf ihn über den Kopf. Entseelt stürzte er zu Boden.

Der Tod ihres Unterfeldherrn verdoppelte die Wut der tapferen Guanchen. Da war auch schon Prinz Ruimán heran. Sein Speer fuhr durch eine Schießscharte und blieb zitternd zwischen den Augen eines Musketiers stecken, der vornüber gegen die Brüstung fiel. Blitzschnell riß Juan Méndez dem Toten die noch gespannte Armbrust aus der Hand und legte an. Der Bolzen traf Ruimán mitten in die Brust.

Jetzt gab es für die Guanchen kein Halten mehr. In regelloser Flucht stürmten sie davon, vier Mann trugen den schwerverwundeten Prinzen. Vom Turme her krachten ihnen die Salven der Kastilier nach.

Der General-Kapitän hatte den Angriff abgeschlagen, nur drei Spanier waren gefallen.

Doch zerfetzt am Boden, unter seinem umgerissenen Zelt, lag die brombeerfarbene Fahne Kastiliens.

Der Bolzen, der die Brust Ruimáns traf, hatte eine Rippe zersplittert und die Lunge verletzt. Läufer eilten dem traurigen Zuge voraus und meldeten in Anaga, was geschehen. Erschüttert hörte Beneharo ihren Bericht: Fayneto hatte seine jugendliche Tollkühnheit mit dem Leben bezahlt, hundertsechzig Guanchen waren in der Schlacht geblieben, Prinz Ruimán schwer verwundet.

Der Fürst von Anaga machte sich die bittersten Vorwürfe. Warum hatte er nicht besser aufgepaßt? Auch ihm war nicht entgangen, daß die beiden immer zusammensteckten und miteinander tuschelten. Doch es bedeutete ihm nichts als jugendliche, in der Schlacht geschlossene Freundschaft. Er kannte Fayneto, und gerade, weil er ihn kannte, hatte er nichts geargwöhnt. Er wußte, daß er mutig, tapfer und rauflustig war. Aber sich etwas Derartiges auszudenken? Nein, der hochfliegende Plan, das feindliche Lager im Sturm zu nehmen, mußte vom Prinzen Ruimán selbst ausgegangen sein.

Er ließ sofort Guacimara rufen. Väterlich legte er seinen Arm um ihre Schulter und teilte ihr die Trauerbotschaft mit. Starren Blicks hörte sie ihn wortlos an, dann stürzte sie aufschluchzend an seine Brust.

Doch sofort hatte sie sich wieder gefaßt. Nicht umsonst trug sie ihren Namen »Die Mannhafte«. Sie eilte hinaus und bereitete selbst in ihrer Höhle das Lager für den verwundeten Prinzen.

Langsam bewegt sich der Zug der Krieger von der steilen Cumbre herab. Gesenkten Hauptes schreiten sie an ihrem Fürsten vorbei, der stumm über sie hinwegblickt. Sie sind ausgezogen, Lorbeeren zu gewinnen, und kehren heim als Geschlagene. Durch ihre Unbesonnenheit ist der Waffenruhm von Anaga besudelt. Schamvoll verkriechen sie sich in die Höhlen, ihre Wunden zu pflegen.

Jetzt wird Prinz Ruimán gebracht. Vorsichtig beugt sich Beneharo über den Röchelnden. Die Augen des Prinzen sind geschlossen, sein Tamarco ist mit Blut überkrustet, schlaff hängen die Arme herab. Vorsichtig betten sie ihn auf das weiche Fellager der Fürstentochter.

Nächte hindurch sitzt Guacimara neben ihm, die kühlende Hand auf der heißen Stirn des mit dem Tode Ringenden. Unbeweglich starrt sie in das flackernde Licht des Kienspans, das zitternde Schatten über die zackigen Felswände und Wölbungen der Decke wirft. Wie glücklich lag noch gestern die Zukunft vor ihr! Und heute? Wird Ruimán überhaupt mit dem Leben davonkommen? Und wenn? Vielleicht bleibt er ewig siech und kränklich. Nein, so grausam kann Gott nicht sein und ihn so schwer für eine Jugendtorheit strafen.

Verzweifelt wirft sie sich auf die Knie, wühlt den Kopf in die Felle und fleht zu Acorán …

Die Wunde des Prinzen heilte schneller, als Guacimara geglaubt hatte. Bald saß er mit ihr vor der Höhle in der Sonne, hielt ihre Hand und blickte schweigend und traurig über das silberglänzende Meer.

Warum hatte er dem Befehl seines Vaters zuwider gehandelt? Er gab sich keinem Zweifel darüber hin, daß sein Leben für immer zerstört war. Nie wieder würde er ganz gesunden, die rechte Lunge war dahin. Siechtum und früher Tod waren ihm beschieden. Nie würde er den heiligen Knochen des großen Tehinerfe im Tagoror über seinem Haupte schwingen, nie ihm die Fürsten huldigen mit dem königlichen Gruß: »Zahaniat Guayohec!«

Dem Vater wollte er nicht mehr unter die Augen treten. Hoch oben in den Bergen von Icod, am Fuße des Echeyde, gab es eine abgelegene Höhle und Weideland für ein paar Ziegen und Schafe. Dort in der Einsamkeit würde er als Hirt leben, bis ihn der Tod erlöste …

Eines Tages waren Prinz Ruimán und Prinzessin Guacimara verschwunden. Alle Nachforschungen blieben erfolglos. Nur auf dem Lager der Fürstentochter fand man die Kette seltsam geformter Muscheln, die wie kleine Sternchen aussahen und nur den Hals einer Königin von Taoro zieren durften.

Eine Woche nach dem Sturm auf die Torre von Santa Cruz brach offene Rebellion im Lager aus. Vergebens sprach der General-Kapitän, um den sich seine Leibwache und die Unzertrennlichen Zwölf geschart hatten, auf die meuternden Soldaten ein. Jeden Tag mußte das neue Heer von Lope Hernández eintreffen. Dann konnten sie die Scharte auswetzen, ihre

Kameraden rächen, und den Sold bekamen sie nachgezahlt bis auf den letzten Maravedi. »Geduldet euch noch vierzehn Tage!« schrie er. Doch niemand hörte mehr auf ihn.

»Wir wollen zurück, augenblicklich zurück!« brüllten sie immer wieder im Chor. »Wir verlangen unseren Sold!« Dabei schloß sich der Kreis immer enger um den Feldherrn. Ein Zusammenstoß mit der Leibwache schien unvermeidlich.

Da richtete sich Lugo hoch auf und machte eine weite Handbewegung. Totenstille trat ein. Mit vor Wut bebender Stimme donnerte er sie an: »Gut! Wir kehren zurück! Heute noch!« Dann wandte er sich um und verschwand mit knirschenden Zähnen, gesenkten Hauptes in seinem Zelt. Die Soldaten aber riefen:

»Viva el General! Viva Don Alonso Fernández de Lugo!«

Am Abend stachen die Brigantinen mit dem Rest des kastilischen Heeres in See. Das einzige, was zurückblieb, war die Keusche Elvira. Auf dem Heck des Flaggschiffes stand der General-Kapitän, den Blick unverwandt zur Küste gerichtet, die sich langsam in Dunkel hüllte.

Als die Sonne untergegangen war, flammten auf den Bergen Feuerbrände auf. Diesmal wußte Lugo, was sie bedeuteten: sie meldeten Bencomo, daß der Feind abgezogen war.

Drohend hob der General-Kapitän die Faust gegen die entschwindende Insel. »Ich komme wieder!« murmelte er. Dann stieg er schweren Schritts in die Kajüte hinab. Sein erster Blick fiel auf den Kalender: Man schrieb den 8. Juni 1494.

II.

DER KAMPF UM DIE FREIHEIT

»Chucar Guayoc Mencey Reste Bencomo
Sanec Vander Relac Nazet Zahañe . . . «
(Die Schlacht von La Laguna)

Vorbereitungen

Heiß brennt die Sonne über der farbenfrohen Königin Andalusiens, breit wälzt der Guadalquivir seine rotgelben, lehmigen Fluten in weitem Bogen dem nahen Meer entgegen, hoch in den tiefblauen wolkenlosen Himmel stößt der schlanke Turm der Giralda: das Wahrzeichen Sevillas.

In den schattigen Laubgängen der Zaubergärten des Alkazar, des ehemaligen Sarazenenschlosses, lustwandeln um diese Stunde die stolzen Granden Kastiliens und erfreuen sich an den buntfarbenen Teppichen der Narzissen, Hyazinthen, Anemonen und Veilchen, die sich zwischen Azaleen und betäubend duftenden Rosenhecken breiten. Hohe Kamelienbäume, deren weiße und rote Blüten die lackglänzenden Blätter nur hier und da hervorschauen lassen, scheinen Sträuße, von Riesenhand gewunden. Schneeige Tauben laufen gurrend über die gepflegten Kieswege, eitle Königspfaue, deren grün und blaugold schimmerndes Gefieder in der Sonne gleißt, stolzieren majestätisch umher. Glutäugige Andalusierinnen mit hohem Kamm und kostbarem Spitzenschal flirten mit königlichen Offizieren des stolzen spanischen Heeres, das eine kurze Spanne ausruht von unzähligen Siegen, um bald die Welt von neuen Waffentaten sprechen zu machen.

In der kleinen Kapelle, die den Ostflügel des Alkazars ziert, kniet andächtig vor dem Bildnis der »Virgen de los Conquistadores« ein Edelmann, tief in inbrünstiges Gebet versunken, während der aus kostbarem Ebenholz geschnitzte Rosenkranz durch seine Finger gleitet. Über dem mit Goldborten bestickten Rock aus schwarzer Seide trägt er den hermelingefütterten Jubon, der ihm bis zum Gürtel reicht. Enganliegende, an den Knien geschlossene Hose, weißseidene Strümpfe, schwarze Lederschuhe mit silbernen Schnallen, die mit Smaragden verziert sind, und der kleine, goldene Dolch, dessen edelsteinbesetzter Griff unter dem schimmernden Hermelin hervorsieht, deuten auf seinen Reichtum. Neben ihm liegt eine schwarze Sammetkappe mit hohem, weißem Reiherbusch, den eine goldene, mit Brillanten besetzte Agraffe zusammenhält.

Jetzt hebt er den edelgeformten Kopf, ein kühnes Profil wird sichtbar, dessen Männlichkeit der kleine, gepflegte Schnurrbart noch unterstreicht.

Voll ruht sein Auge auf dem herrlichen Gemälde des jungen Künstlers Alejo Fernández, der der Stolz Sevillas ist. Lang wallt der Schleier vom Haupte der Heiligen Jungfrau und scheint sich im Dämmer der kleinen Kapelle zu bewegen, während zu ihren Füßen segelgeschwellte Karavellen über windgeregtes Meer gleiten, deren glückliche Fahrt die Madonna beschirmt.

Er steht auf und tritt durch die Pforte in den blühenden, dufterfüllten Orangenhof, wo ein Knappe den edlen andalusischen Hengst hält. Elastisch schwingt er sich in den Sattel.

Er durchreitet das hohe Portal, dessen mächtige Flügel weit geöffnet sind, während die neugierig hereinschauende

Menge auseinanderweicht und sich ehrerbietig verneigt. Mit einem steilen, kaum merklichen Nicken des Kopfes dankt er. Dann sprengt er am Fluß entlang seinem nahen Palast zu. Bewundernd blickt das Volk dem stolzen Reiter nach: es ist der Graf Medina Sidonia.

Auch in den Adern des Grafen Medina Sidonia wallte das feurige Blut der Konquistadoren. Hatte er doch selbst die Hafenstadt Melilla den Händen der Mauren entrissen und die Fahne Kastiliens auf ihre Zinnen gepflanzt! Überall, wo es galt, der Krone Spaniens einen Dienst zu erweisen, prangt sein Name in goldenen Lettern im Zeitbuch der Geschichte. Auch Kolumbus hatte mit seiner Unterstützung die zweite Fahrt nach West-Indien angetreten, von der er noch nicht zurück war. Sein ungeheurer Reichtum, der durch kluge und umsichtige Geschäftsverbindungen ständig wuchs, gestattete ihm alle Launen des Lebens. In seinem Palast verkehrten neben den vornehmsten zeitgenössischen Geschlechtern Künstler, Gelehrte, Dichter. Riesige schweinslederne Bände füllten die Säle seiner Bibliothek, die ihresgleichen suchte. Altgriechische und römische Standbilder schmückten die Gänge des weiten Parks, der sich am Fluß hinzog.

Nachdenklich schritt der Graf in dem kühlen Patio auf und ab. Leise plätscherte das Wasser silberglänzender Fontänen in die breiten Marmorbecken. Hohe Fächerpalmen zeichneten die schmalen Lanzen ihrer gefiederten Blätter auf den buntglasierten Mosaikboden.

Da war aus Real de las Palmas von Gonzalo Xuarez de Manqueda, dem Vertrauensmann der Genoveser Kaufherren Nicolas Angelotti, Guillermo Bianco, Francisco Palomares und Matheo de Viña, ein umfangreiches Schreiben eingetroffen, dessen Beantwortung überdacht sein wollte.

Eine steile Falte stand zwischen den Augen des Grafen: Alonso Fernández de Lugo, der General-Kapitän der Katholischen Könige, war von halbwilden Heiden geschlagen, das stolze kastilische Heer aufgerieben worden. Mit dem traurigen Rest hatte er sich nach Gran Canaria eingeschifft und dort sich an die Genovesen um Hilfe gewandt. Durch Vermittlung seines schwerverwundeten Freundes Lope Hernández, der sich Gott sei Dank auf dem Wege der Besserung befand, war es ihm schnell gelungen, sich mit den Kaufherren zu einigen. Am 13. Juni hatten sie den Vertrag unterzeichnet und sich bereit erklärt, sechshundert Mann Infanterie und fünfzig Reiter auszurüsten. Doch, wie Manqueda schrieb, genügte das nicht. Sämtliche Kanonen waren verlorengegangen, und mindestens die doppelte Anzahl Soldaten war notwendig, um die letzte der sieben Kanarischen Inseln zu unterwerfen.

Der Graf klatschte in die Hände, ein Diener erschien: »Qué venga Esteban!«

Bald stand der Schreiber mit einem unförmigen Tintenfaß und der sorgsam gespitzten Hahnenfeder vor ihm. Er brauchte nur einmal einzutauchen. Der Graf antwortete mit fünf Worten, wie es der Würde des stolzen Geschlechts der Medina Sidonia entsprach:

»Ich sorge für den Rest.«

Als er das elfenbeinfarbene Pergament unterschrieb, wußte er, daß sein Name fortan unsterblich mit dem des künftigen Eroberers von Tenerife verknüpft war.

Lope Hernández humpelte bereits wieder an einem dikken Stock umher und half dem General-Kapitän bei der Aufstellung des neuen Heeres. Von allen Himmelsrichtungen strömten Söldner herbei. Abenteurer vieler Länder entstiegen den dickbäuchigen Galeonen im Hafen von El Real de las Palmas. Da waren braungebrannte Kanarier aus Lanzarote und Gomera, schmalbrüstige Portugiesen, französischen Galeeren entsprungene Sträflinge, dunkeläugige Levantiner mit krausem Wollhaar und verbannte Italiener, die unter manchem Condottiere gefochten hatten. Alle witterten außer den klingenden Golddoublonen reiche Beute an Vieh, Land und Sklaven.

Sorgfältig ging Lugo an die Auswahl. Die meisten der Fremden wies er ab. Er kannte zur Genüge das Gesindel, das sich überall da einfand, wo es leichten Sieg erhoffte. Die Schlacht von Acentejo hatte ihm gezeigt, daß man die Guanchen nicht unterschätzen durfte. Kanarier nahm er gern, weil er wußte, daß sie treu, tapfer und geborene Krieger waren. Doch den Kern des Heeres bildeten wie immer waffenerprobte Spanier, die sich bereits in vielen Kämpfen auf der Halbinsel ausgezeichnet hatten.

Dabei verließ er sich besonders auf die Unzertrennlichen Zwölf, die damals seine Flucht deckten und seitdem eine besondere Stellung in seinem Heer einnahmen, ja, eigentlich ein Heer im Heere bildeten. Sie vergötterten ihren General-Kapitän, und er ließ ihnen jeden Willen. Wen von den neuen Söldnern einer der Zwölf ablehnte, wurde zurückgestellt.

Bald traf vom Grafen Medina Sidonia die erste Karavelle ein. Sie brachte dicke, blitzende Kartaunen und schlanke Falkonette. Schießübungen vor der Stadt wurden abgehalten, Lope Hernández dirigierte mit seinem Krückstock die Manöver der neuen Artillerie.

Der junge Hauptmann Gonzalo de Castillo exerzierte die Reiter ein. Dabei mußten Kanarier mit lautem Geschrei aus einem Walde hervorbrechen und mit schrillem Pfeifen lanzenschwingend einen Scheinangriff ausführen, um die Pferde an das Schlachtgetümmel zu gewöhnen. Zwischen den brüllenden Kartaunen, durch beizenden Pulverdampf wurden immer wieder Attacken geritten, bis kein Tier mehr scheute.

Auch die Musketiere und Arkebusiere blieben von den täglichen Waffenübungen nicht verschont. Dabei kam es weniger auf treffsicheres Schießen als schnelles Laden an. Die Armbrustschützen dagegen wurden auf bewegliche Ziele eingeübt und jedem ein Kanarier als Büchsenspanner beigegeben: während der Schütze den Bolzen von der Sehne schnellte, war die zweite Armbrust bereits schußfertig.

Lugo ritt jetzt einen braunen Wallach mit weißer Blesse, dem er den Namen »Halcon« gegeben hatte, weil er schnell wie ein Falke dahinflog. Es war ein Geschenk seines Freundes Lope Hernández, der, durch die Zusicherung des Grafen Medina Sidonia seiner Opferwilligkeit enthoben, das väterliche Erbe nicht angetastet hatte. So war es besser. Wer konnte wissen, was die Zukunft brachte! Sein gegebenes Wort würde er halten, wenn die Not es erforderte.

Vom Morgen bis zum Abend sah man den General-Kapitän auf dem Übungsplatz. Er beobachtete jeden einzelnen Mann, prägte sich seine Gesichtszüge ein, kannte nach kurzer Zeit alle Namen. Von den meisten wußte er, woher sie stammten, welche Kriegsdienste sie geleistet hatten, wie oft sie verwundet waren.

Besonderes Augenmerk richtete Lugo auf das Lanzenfechten. Es hatte sich gezeigt, daß die Guanchen im Nahkampf den Kastiliern darin ebenbürtig, wenn nicht überlegen waren.

Dabei fiel ihm ein Kanarier auf, den er, wie alle diese ausgesuchten Leute seiner Leibwache, zwar als tapferen Soldaten schätzte, aber bisher nicht übermäßig beachtet hatte. Es war der einäugige Pedro Martín Buen-Día mit den aufgeworfenen Lippen und dem breiten Mund, der die Angewohnheit hatte, wo er ging und stand, treffsicher durch eine Zahnlücke zu spucken. Pedro Maninidra und er hatten sich noch enger zusammengeschlossen, nachdem Pedro Mayor, der dritte der drei Pedros von der Leibwache, den Heldentod für den General-Kapitän gestorben war.

So treffsicher, wie Buen-Día spuckte, so treffsicher handhabte er die Lanze. Seine krummen Säbelbeine machten ihn zum geborenen Reiter, und im Ausscheidungskampf war es keinem gelungen, ihn aus dem Sattel zu werfen.

Seine Menschenkenntnis hatte Lugo nicht getäuscht: auch der Name des dritten Pedro sollte der Nachwelt erhalten bleiben.

Während der General-Kapitän den neuen Feldzug gegen Tenerife vorbereitete, saß Mencey Bencomo mit dem Schicksal hadernd auf der Steinbank unter der hohen kanarischen Kiefer. Der Feind war abgezogen, die Insel befreit, er hatte gesiegt. Doch für wen? Ruimán war verschwunden und mit ihm Prinzessin Guacimara, die er wie eine zweite Tochter liebte.

Nur Dácil war ihm geblieben, die kleine Dácil, in der er sich nicht mehr auskannte, seit sie Prinz Badenol im Walde von Aguere vor sicherer Gefangennahme rettete. Schweigsamer und träumerischer denn je schritt sie einher und erschrak, wenn man sie unversehens ansprach. Irgend etwas Unbekanntes hatte sie ihm entfremdet und ihre scheue Kindlichkeit in geheimnisvolle Verstocktheit verwandelt. Auf alle seine Fragen schwieg sie beharrlich, während große Tränen über ihr feines, schön geschnittenes Gesicht rollten. Er konnte Dácil nicht weinen sehen, stets erblickte er in ihr das Ebenbild der Mutter, die nun schon so lange im hohen Tigot weilte.

Bencomo seufzte auf. Wenn er sie verheiratete? Er wußte, wie es um den jungen Prinzen Badenol stand, und warum er gerade damals in den Wäldern von Aguere jagte. Er war der Würdigsten einer, nach ihm das königliche Zepter von Taoro zu führen.

Das Gesicht des Fürsten erhellte sich einen Augenblick, doch gleich verdunkelte es sich wieder. Auf seine väterlichen Vorstellungen hatte Dácil immer wieder geantwortet: »Laß mir noch ein wenig Zeit!« Es war so, als ob sie auf etwas wartete, etwas Schicksalhaftes, ihm Unbegreifliches, das irgendwie mit ihrem geheimnisvollen Wesen zusammenhing. So sehr er auch grübelte, unerklärlich blieb ihm das Unfaßbare.

Zwar konnte er seine Tochter zwingen, des Prinzen Frau zu werden. Doch er liebte sie zu sehr und wollte sie nicht noch unglücklicher machen, als sie zweifellos schon war.

Er stand auf und ging zum Tagoror hinunter, wo ihn schon sein Oheim unter dem Drachenbaum erwartete.

Bald vier Monde waren vergangen, seit der Feind abgezogen und sich kein Argijon mehr auf der See gezeigt. Die Trauer um Ruimán, das rätselhafte Wesen Dácils hatten seinen Plan, Añaterve, den Fürsten von Güímar, für seinen Verrat zu strafen, immer wieder hinausgeschoben. Doch jetzt stand sein Entschluß fest: unverzüglich wollte er zum Rachefeldzug rüsten und den Menceys von Tehinerfe zeigen, wer der Herr dieser Insel war.

Lange beriet er sich mit Tinguaro. Die Vorbereitungen würden noch einige Zeit in Anspruch nehmen. Er freute sich auf diesen Krieg, der ihm Entspannung von seinem Leid bringen sollte. In ihm konnte er zum ersten Male den schmalen Degen erproben, den ihm der Fremde damals auf dem Hügel überreicht hatte. Stets trug er ihn bei sich: mehr als alles auf der Welt freute ihn die blitzende, geschmeidige Klinge. Jetzt zog er sie heraus und vollführte einen gewaltigen Hieb gegen den mächtigen Stamm des vielhundertjährigen

Drachenbaums. Ein kopfgroßes Stück der knorrigen Rinde sprang ab und rollte vor Tinguaros Füße: so sollte der Kopf Añaterves ihm bald vor die eigenen Füße rollen.

Doch es kam anders.

Ein blasser Oktobermorgen graute über Gran Canaria. Dem sonnenverdunstenden Nebel enttauchten die Segel von sechs Brigantinen, die gleich weißen Schwänen majestätisch heranrauschten. Der General-Kapitän war benachrichtigt: er eilte zum Hafen hinunter, wo sich bereits die Volksmenge staute.

Ganz Real de las Palmas war auf den Beinen. Ein lebender Strom schien die Unterstadt zu überfluten, wie ein Lauffeuer pflanzte sich die Kunde fort: die Hilfstruppen des Grafen Medina Sidonia waren eingetroffen.

Als erster entstieg dem Flaggschiff der untadelige Oberst Bartolomé de Estupinian, der sich ritterlich vor Alonso de Lugo verneigte. Er stammte aus Xeres, war von alteingesessenem Adel, ein persönlicher Freund des Grafen, der ihn mit dem Oberbefehl über die Söldner betraut hatte. Ihm folgte der Hauptmann Diego de Mesa, Ritter der Schärpe und Burgherr von Ronda, dessen lang ausgedrehter Reiterschnurrbart unter der scharfen Hakennase sein Gesicht wie der Balken eines Kreuzes in zwei Teile teilte.

Mit der Würde, die ihm als General-Kapitän zukam, nahm Lugo die knappe Meldung der beiden entgegen. Dann schüttelte er ihnen erfreut die Hände: bessere Offiziere hätte Graf Medina Sidonia nicht auswählen können, ihre Namen klangen weit hinaus über die Grenzen des spanischen Vaterlandes.

Sechshundertfünfzig Mann Infanterie und fünfzig Reiter sandte der Graf. Lugo schmunzelte: mit den Leuten von Guanarteme und dem Troß betrug sein Heer nahezu fünfzehnhundert Mann. Diesmal würde es Bencomo schwer fallen, seinem Angriff zu widerstehen. An der Spitze dieser Leute gab es keinen Zweifel, wer den Sieg davontrug.

Das prächtige Schauspiel, das sich am letzten Oktobertage den erstaunten Augen der Bevölkerung darbot, war die große Truppenschau, die Don Alonso Fernández de Lugo, General-Kapitän der Katholischen Könige, auf dem »Campo de la Luz«, dem Felde des Lichts, angeordnet hatte.

Es war wirklich ein Feld des Lichts! Auch wenn heute nicht die göttliche Sonne ihre sieghaften Strahlen gleich segenspendenden Pfeilen über die Insel ausgestreut hätte. »Licht war dort«, wie der Kanonikus Samarinas in weitschweifiger Rede ausführte, »wo das Kreuz des Erlösers über heidnische Finsternis triumphierte.«

In Reih und Glied stand das stolze kastilische Heer. Blitzende Hellebarden funkelten, gezogene Toledaner Klingen gleißten, scharfgeschliffene Lanzen stachen schmal in den vom Meer untermalten Horizont. Schwerfällig hockten dickleibige Kartaunen am Boden: riesige Wasserfrösche, dem Ried entstiegen, beutegewärtig. Dazwischen schoben schlanke Falkonette ihre Leiber, als ob sie sagen wollten: auch wir sind da! Gleich Bluthunden, die, an eiserne Ketten gelegt, den Feind witternd, darauf warten, losgelassen zu werden, starrten im Sonnenglast flimmernde Basilisken auf den noch unsichtbaren Gegner.

Wie aus Erz gegossen, saß Gonzalo de Castillo auf seinem Berber-Schimmel. Der General-Kapitän sprengte vorbei. Ein leuchtendes Aufblitzen in den Augen des Hauptmanns hatte ihm seine Gedanken enthüllt: dieser da kämpfte für die Krone Spaniens, mehr aber für die Märchenaugen einer verwunschenen Prinzessin. »Dácil!« Der General-Kapitän pfiff den

Namen vor sich hin. Es sollte eine Fanfare sein, doch es klang wie der Schrei eines wunden Vogels ...

Eine kurze Ansprache Lugos, dann begann der Rückmarsch.

Das Äpfelchen war heute schlechter Laune. Eine Truppenschau mußte sein wie Morgengrauen, bevor der Tag anbrach. Auch daß der Kanonikus ihn in seinem wattegefütterten Wams dreiviertel Stunden länger schwitzen ließ, als es einem Christenmenschen zukam, der das Vaterunser bereits rückwärts aufsagen konnte, hatte ihn nicht aus der Ruhe gebracht. Aber jetzt noch die Verbena, die Vesper! Ausgerechnet morgen mußte »Allerheiligen« sein! Es gab so viele Tage im Jahr, wo die Pfaffen nichts zu sagen hatten. Schuld allein trug der Graf Medina Sidonia. Hätte er die Karavellen zwei Tage früher geschickt, dann wären sie heute bereits wieder drüben auf der Hölleninsel, wo es noch keine Heiligen gab. Selbst der hagere Pius, der doch gewiß besser als er dem Durst standhalten konnte, fluchte. Und wenn der Pius schon fluchte ...

Das Schlimmste war, daß sie gleich hinter der Leibwache, an der Spitze des Zuges, marschieren mußten! Ein bißchen weiter hinten wäre es den Unzertrennlichen Zwölf ein leichtes gewesen, rechtzeitig zur Kantine »Al Soldado Invicto« abzubiegen: die schmalen Gassen forderten geradezu dazu auf.

Juan Méndez, der vor Durst nur noch krächzende, unverständliche Laute hervorbringen konnte, stieß Rodrigo de Barrios an. Dieser nickte vieldeutig. Da faßte das Äpfelchen Mut: wenn Barrios nickte, ging die Sache in Ordnung.

Und sie ging in Ordnung.

Der Zug war jetzt vor der kleinen Kapelle angelangt. Sofort schwenkte Barrios nach links ab und machte Front. Gleichzeitig mit der scharfen Wendung fuhren die Hellebarden der Unzertrennlichen Zwölf in den dunkelnden Abendhimmel. Leutselig dankte Lugo für die unerwartete Ehrenbezeigung.

Er war noch nicht im Gotteshaus verschwunden, da hatte Barrios seinen Kameraden bereits einen Wink gegeben: um die Kapelle herum führte der geradeste Weg zum »Unbesiegten Soldaten«. Die neuen Söldner füllten die Lücke auf. Sie wußten: mit den Unzertrennlichen Zwölf war nicht gut Kirschen essen.

Als Maninidra nach zweistündigem Knien mit einigen von der Leibwache im »Soldado Invicto« eintraf, wußte das Äpfelchen bereits nicht mehr, wie es hieß, und der Pius war gerade dabei, ihm die Absolution zu erteilen.

Ein nebliger Herbstmorgen lag über dem Tal von Arautápala. Die Berge waren mit dicken Wolken verhängt, hinter dunklen Schleiern verbargen sich die Höhen des Tigaiga. Schaumkronen tanzten auf der grau heranrollenden See, weißer Gischt stäubte senkrecht an den schwarzen Felsen empor und fiel klatschend ins Meer zurück.

Zum nächsten Vollmond hatte Mencey Bencomo den Zug gegen Güímar festgesetzt. Nur wenige Tage fehlten noch, bis er die Berge übersteigen und die Heilige Jungfrau des Lichts samt ihren Priestern ins Meer stürzen würde. Denn die Priester der Fremden trugen die alleinige Schuld am Bruderzwist der Guanchen-Stämme, am Tode der gefallenen Helden, am Verschwinden Ruimáns. Sie waren gefährlicher als ein feindliches Heer, dem man in offener Feldschlacht gegenübertrat. Sie kämpften mit unsichtbaren Waffen, säten Zweifel in die Herzen der Bauern und Fischer, machten sie Acorán abspenstig und verbargen ihre List hinter sanftmütigen, gleisnerischen Worten. Nein, keiner durfte verschont werden oder entkommen, mit Stumpf und Stiel wollte er sie ausrotten und die Insel von dieser Pest befreien.

Sein Oheim Tinguaro hatte ihm von einem Feldzuge gegen Añaterve abgeraten. Man durfte sich nicht schwächen für den Fall, daß die Spanier versuchen sollten, mit einem neuen Heere an der Küste zu landen.

Mit einer Handbewegung schob Bencomo diese Bedenken beiseite. Zwar wußte er, daß es keinen Sieg gab, der nicht auch den Sieger Blut und Leben kostete. Doch einmal glaubte er nicht daran, daß Lugo so bald wiederkäme, und außerdem hatte er sich in eine solche Wut gegen Añaterve hineingesteigert, daß er gar nicht dazukam, die Vorstellungen Tinguaros ruhig zu überdenken.

Seit dem Siege über die Kastilier war er anmaßend und hochfahrend geworden. Herrisch hallten seine Befehle im Tagoror. Er duldete keinen Rat, geschweige Widerspruch. Einsam, unnahbar saß er in seiner Höhle und grübelte. Mehr und mehr verdichtete sich in ihm der Gedanke, das Reich Tehinerfes wieder aufzurichten.

»Gewalt gebiert Gewalt!« Diese Worte seines Vaters verwarf er heute. Er hatte sich eine andere Begriffsbestimmung zurechtgemacht: Gewalt war notwendig, geradezu ein göttliches Gebot, wenn es galt, die Einheit eines Volkes wiederherzustellen und für alle Zukunft zu gewährleisten. Noch die Enkel würden es ihm danken, wenn er heute mit rauher Hand zugriff und ein neues, starkes Guanchen-Reich schmiedete, das für alle Zeiten unbesiegbar war. Erst mußte dieser Añaterve gestraft werden, dann würde er mit den anderen abrechnen …

Doch seine hochfliegenden Pläne sollten sich nie verwirklichen. Als am Abend dieses stürmischen Herbsttages die Berge aufklarten, stiegen schwelende Rauchsäulen in den blutübergossenen Himmel. Gleichzeitig trafen Läufer ein: der Feind war erneut in der Bucht von Añaza gelandet.

Unversehrt stand das große Holzkreuz, das der General-Kapitän damals in den Sand gestoßen, am Strande von Santa Cruz. Abergläubische Furcht mußte die Guanchen abgehalten haben, es zu zerstören. Lugo nahm es als gutes Vorzeichen.

Auch die Wälle wiesen keine Beschädigung auf, nur die schweren hölzernen Tore waren verbrannt. Dem festen Turm hatten sie wenig anhaben können und sich damit begnügt, ein paar Quadersteine herauszubrechen. Herabgestürzt, den Kopf im Sand vergraben, schmutzig, verwahrlost lag an seinem Fuß die Keusche Elvira, wie ein gefallenes Mädchen, das schamvoll sein Antlitz verhüllt.

Fieberhaft ging man an die Instandsetzung des Lagers: Deckplanken wurden von den Brigantinen gerissen und von den Zimmerleuten zu Toren gefügt. Später konnte man sie in Ruhe ersetzen. Schnell war der Turm ausgebessert, die Keusche Elvira wurde blankgescheuert, bis der Name auf ihrem breiten Rücken in der Sonne glänzte. Unter großem Hallo zog man sie wieder hinauf. »Sie ist uns treu geblieben und verdient ihren Namen in der Tat«, meinte das Äpfelchen. Seine weiteren Worte verheimlicht uns der Chronist. Nur das höllische Gelächter der umstehenden Soldaten zeigt an, daß er uns den Nachsatz bewußt verschwieg.

Die Zeltordnung hatte de Lugo beibehalten. Doch zwei Dinge waren neu: hinter dem Altar ward ein hoher Galgen errichtet – die Gerichtsstätte –, und die brombeerfarbene Fahne Kastiliens wehte jetzt vom hohen Turm, unerreichbar der frevelnden Hand eines Guanchen, solange noch ein Spanier auf seiner Zinne stand.

Die erste Nacht senkte sich über die weite Bucht. Der General-Kapitan hatte seine Offiziere zum Kriegsrat gebeten. Armdicke Wachskerzen beleuchteten die auf dem rohgezimmerten Tisch ausgebreiteten Pläne. Schmale Lichtschatten zeichneten bizarre Formen auf die windbewegte Zeltwand. Der untadelige Oberst Bartolomé Estupinian lauschte vornübergebeugt aufmerksam dem Vortrag des General-Kapitäns, während Diego de Mesa erwartungsvoll seinen Reiterschnurrbart drehte.

Unverwandt starrte Gonzalo de Castillo in eine blakende Kerze, deren Rauch ihm seltsame Figuren vorzauberte. Erst schienen es gefiederte Harpyen, nebelhafte, griechischer Ur-Sage entstiegene, beutegierige Riesenvögel mit scharfen Klauen und lieblichen Mädchenköpfen, dann unheimliche, dahinwehende Sturmdämonen, die sich mehr und mehr verdichteten und in ein Bild zusammenschmolzen, das ihm unvergeßlich blieb: die zierliche Gestalt der kindlichen Prinzessin, deren Augen sich damals im Quell von Aguere gespiegelt hatten.

Neben dem General-Kapitän lehnte der Hauptmann der Artillerie Lope Hernández de Guerra und erläuterte den anderen die Schwierigkeiten des Geländes, die ein schnelles Vorschaffen der Kartaunen unmöglich machten. Er schlug vor, nur die leichten Falkonette und Basilisken mitzunehmen.

Bis gegen Mitternacht dauerten die Beratungen. Sie endeten mit dem Beschluß, den Ausbau des Lagers in spätestens einer Woche fertigzustellen und dann sofort mit dem Kern des Heeres ins Innere der Insel vorzustoßen. Dabei würde man Bencomo zweifellos zuvorkommen. Denn ehe dieser Zeit hatte, sich mit seinen Verbündeten ins Einvernehmen zu setzen und einen Kriegsplan auszuarbeiten, war man mitten drin im fruchtbaren Tal von Arautápala.

Doch Lugo sollte sich täuschen. Er konnte nicht wissen, daß das Heer Bencomos zum Zug gegen Añaterve bereit stand, und Tinguaro schon seit langem einen neuen Plan geschmiedet hatte, falls die Kastilier es noch einmal versuchten, die Insel zu bekriegen.

Läufer eilten nach Tacoronte, Tegueste und Anaga und sofort setzten sich die Heere der Verbündeten strahlenförmig nach der Hochebene von La Laguna in Marsch. Beneharo und Zebensui besetzten mit fünfhundert Kriegern den Wald von Aguere, Acaimo und sein Bruder Prinz Badenol lagen mit über tausend Mann zwischen den Lavablöcken der »Rodeos«, während Bencomo mit dem Hauptheer die Hochebene nach Westen hin bis zum Küstengebirge abriegelte.

Wieder wäre der General-Kapitän dem alten Fuchs Tinguaro in die Falle gegangen, wäre ihm nicht der Zufall zu Hilfe gekommen.

Mencey Bencomo hatte zwei Leute die Schlucht von Tahodio hinab zur Küste gesandt, um die Stärke des Feindes zu erkunden. Beim Morgengrauen wurden sie von einer Streife kastilischer Reiter entdeckt. Einer wurde gefangengenommen, der andere schwang sich, auf seine Lanze gestützt, in wildem Sprung über einen gewaltigen Abgrund und entkam.

Sofort wurde der Gefangene vor Lugo geführt und verhört. Prahlerische Überheblichkeit – das Blutbad von Acentejo hatte ihm wie allen Guanchen gezeigt, daß die Spanier trotz ihrer überlegenen Waffen keine ebenbürtigen Gegner waren – ließ ihn den Plan Bencomos verraten. Sie sollten nur wagen, über den Engpaß zu kommen! Dort standen Schildwachen und unweit warteten dreitausend Krieger von Taoro, sie in die tiefen Schluchten zu stürzen, die sich zu beiden Seiten nach der Hochebene hin dehnten!

Stolz und furchtlos stand er inmitten der goldstrotzenden Offiziere. Als man ihn fragte, wo die Hilfstruppen der verbündeten Menceys sich aufhielten, merkte er, daß er einen Fehler begangen hatte. Blitzschnell erkannte er, daß nur eine großsprecherische Lüge seine Übereiltheit gutmachen und die Spanier täuschen konnte. »Hilfstruppen?« Verächtlich blickte er auf den kleinen Dolmetscher herab: Hilfstruppen hatte Mencey Bencomo wirklich nicht notwendig.

Sofort traf der General-Kapitän seine Gegenmaßnahmen. Es galt, in der Nacht die Wachen des Gegners am Engpaß zu überwältigen, um beim Morgengrauen die gefährliche Stelle bereits überwunden zu haben. Gut, daß Neumond war...

Der Abend des 13. November brach an. Zwei Stunden nach Sonnenuntergang setzte sich das kastilische Heer lautlos in Bewegung. Die Hufe der Pferde waren mit Lappen umwickelt, kein Waffengehänge klirrte, nichts verriet den Guanchen, daß der Feind im Anmarsch war.

Wie immer lohten die Wachtfeuer an der Bucht von Añaza, gedämpft drang das Tosen der Brandung zum steilen Randgebirge herauf.

Im Lager blieben zurück: die schweren Kartaunen, dreihundert Guanchen aus Güímar, die Añaterve am Vortage geschickt hatte, und der treue Fernando de Guanarteme mit seinen tapferen Kanariern.

Intermezzo

»Sicut lucifer lucet in aurora, ita in Vandalia Carmona!« So lautet der Wappenspruch der stolzen Stadt, die schon Cäsar in »De bello civili« die festeste der bätischen Provinz nennt.

Aus der blühenden Vega, die sich hinunterzieht bis ins Tal des Guadalquivir, steigt sie an sanftem Hügel auf, dessen Spitze das alte Maurenschloß krönt. Wahrlich, wie die Zacken einer Krone überragen weithin sichtbar die zwanzig quadersteingefügten Türme die fruchtbare Ebene zu ihren Füßen. Zehn Kastelle in rotem Feld und gleich viel schweifschlagende Löwen in silbernem schließen den blauen Grund des Wappens ein, in dessen Mitte ein goldener Stern erglänzt. Um das Ganze schlingt sich der Wahlspruch: »Sicut lucifer lucet ... « Ja, wie der Morgenstern in der Morgenröte leuchtet, so leuchtet Carmona in Vandalien ...

Unweit des alten Maurenschlosses, das bereits im Jahre 1371 Enrique II. den Händen der Sarazenen entriß, stand die Wiege des General-Kapitäns der Katholischen Könige, Don Alonso Fernández de Lugo.

Sein Vater Don Pedro, der, aus der Provinz Lugo zugewandert, sich spät mit Doña Ines de las Casas verheiratet hatte, lebte als pensionierter Hauptmann in der aufblühenden Provinzstadt Andalusiens. Alonso, der zweite, war sein Lieblingssohn. Von frühester Jugend an stand ein glücklicher Stern über seinem Leben. Ein Schaltjahr war es, in dem er geboren wurde, gleich Cäsar und dem großen Alexander. Das Schicksal sollte ihn einreihen unter die unsterblichen Eroberer, deren Name erst dann verlöschen wird, wenn unser Planet einst – alles Leben vernichtend – zurück in die lodernde Sonne stürzt, der er feuerstrahlend vor Äonen enttaucht.

Schon als Kind zeigte sich bei Alonso sein kriegerischer, soldatischer Geist. Auf den Stufen, die zur Burg hinaufführten, spielte er mit seinen Altersgenossen Mauren und Kastilier. Mit einer Holzlatte, die sein Schwert darstellte, verteidigte er sich gegen die Anstürmenden, bis sein Arm erlahmte.

Als Zwölfjähriger ging eine Veränderung mit ihm vor, die für sein ganzes Leben mitbestimmend wurde und seinen Vater eine Zeitlang zweifeln ließ, ob er überhaupt zum Offizier tauge. Die Geschichte der Kreuzzüge hatte es ihm angetan. Er begann darüber zu grübeln, ob das Wort Gottes, dessen höchstes Gebot die Nächstenliebe war, nicht besser durch Predigt und Beispiel als durch Feuer und Schwert verbreitet würde. Wenn man den armen Heiden zeigte, daß Christus für sie am Kreuz gestorben war, dann mußten sie begreifen, was Gottes Sohn für sie gelitten, ihrem falschen Glauben abschwören und ihn lobpreisen, der durch seinen Martertod die Sünde der Welt auf sich nahm.

Er wurde fromm und trug sich mit dem Gedanken, in ein Kloster einzutreten. Doch das Blut seiner Ahnen siegte über die schwärmerische Empfindsamkeit des Knaben, und die große Zeit riß ihn mit.

In seine Jünglingsjahre fällt die Gründung des spanischen Königreiches. Der langgehegte Wunschtraum seines Vaters ging in Erfüllung. Als Fernando von Aragon Isabel von Kastilien heiratete und damit die Anfänge des späteren Weltreichs schuf, in dem die Sonne nicht unterging, hielt es Alonso nicht länger im väterlichen Hause. Er trat ins kastilische Heer ein.

Als junger Leutnant nahm er am Krieg gegen Granada teil. Aus dem Spiel Mauren und Kastilier war Ernst geworden. Durch seine Tapferkeit wurde er schnell zum Hauptmann befördert.

Kurz darauf verheiratete er sich mit der schönen Andalusierin Doña Catalina Suarez Gallinatos, die ihm zwei Söhne gebar.

Der zermürbende Guerilla-Krieg mit den Mauren in den unwegsamen Schluchten und auf den eiskalten Höhen der Sierra Nevada behagte ihm nicht. Die Katholischen

Könige hatten bereits angefangen, ihren Arm übers Meer auszustrecken. Da waren die heißumstrittenen Kanarischen Inseln, wo es für einen Mann wie ihn größere Lorbeeren zu pflücken gab. Kurz entschlossen trat er ins Heer des Generals Pedro de Vera ein, der sich gerade nach Gran Canaria einschiffte, um einen neuen Aufstand der Inselbewohner niederzuwerfen.

Der Mann, um den sich damals die freiheitsliebenden Männer von Gran Canaria scharten, war Doramas, den sie zum König und Führer im Kampf gegen die Spanier ausgerufen hatten. Der bisherige General Juan Rejon war von den Katholischen Königen abberufen worden und an seiner Statt hatte man Pedro de Vera hingeschickt, um Doramas und seine Anhänger zu züchtigen.

Den wohlausgerüsteten spanischen Truppen wäre es ein leichtes gewesen, mit den wenigen Aufständischen fertig zu werden, wenn der General im Vertrauen auf seine Überlegenheit nicht gleich am Anfang einen schweren Fehler gemacht hätte, der nicht in seiner Kriegskunst, wohl aber in seiner Beutegier zu suchen war.

Kurz nach seiner Ankunft überredete er etwa zweihundert Kanarier, die bereits getauft waren, ein Schiff zu besteigen und mit ihm gegen Tenerife zu ziehen, um die Insel zu erobern. Vertrauensselig und kriegslustig, wie sie waren, gingen sie auf seinen Vorschlag ein. Dem Kapitän aber, einem gewissen Guillen Castellano, dem späteren Dolmetscher Lugos, den die Soldaten das Sprachrohr nannten, gab er den Auftrag, geradenwegs nach Afrika zu steuern und sie dort als Sklaven zu verkaufen. Die Kanarier merkten jedoch rechtzeitig die Falle und zwangen den Kapitän, sie auf der nächsten Insel abzusetzen. Es war Lanzarote, das der großmütige Diego de Herrera für die Katholischen Könige verwaltete. Er nahm die Betrogenen wohlwollend auf und siedelte sie an.

Als die Kunde von der Tücke und Treulosigkeit Pedro de Veras nach El Real de las Palmas drang, schlug lodernder Haß gegen die Unterdrücker und ihren Feldherrn empor. Von allen Seiten strömten dem König Doramas Freiwillige zu, die Bekehrten verließen Städte und Ortschaften und zogen in die Berge, um sich zum Kampf gegen die Spanier zu rüsten.

Ein blutiger Kleinkrieg begann: Streifen der Kastilier wurden aus dem Hinterhalt überfallen und niedergemacht, wer sich in die Wälder wagte, war verloren.

Vera beschloß, diesem Treiben ein Ende zu machen, und sandte zwei Fregatten auf die Westseite der Insel mit dem Auftrag, in der Bucht von Agaete zu landen, um die Kanarier von zwei Seiten zu fassen. An die Spitze dieser Expedition stellte er Don Alonso Fernández de Lugo.

Ordnungsgemäß führte der Hauptmann den Befehl aus und warf unweit des Strandes ein befestigtes Lager auf, das er durch einen steinernen Turm verstärkte.

Doramas wußte, daß es zwecklos war, gegen die Festungen der Feinde anzurennen, und begnügte sich weiter damit, kleinere Abteilungen, die sich ins Innere vorwagten, zu überfallen. Wohl nie hätten die Spanier die festen Berghöhen nehmen und Doramas zur Entscheidungsschlacht zwingen können, wenn Pedro de Vera sich nicht der Eingeborenen von Lanzarote und Gomera bedient hätte. Ebenso kühn und unerschrocken wie die Kanarier, verstanden sie es, auf ihre Lanzen gestützt, die tiefen Schluchten zu überspringen und die steilsten Bergwände zu erklettern.

Immer mehr wurde Doramas in die Enge gedrängt. Schließlich standen sich die beiden Hauptheere im Bezirk von Arucas gegenüber.

Da sandte der Freiheitsheld der Kanarier einen Boten an den spanischen General, ihm zu sagen, wenn es unter den weibischen Europäern einen Mann gäbe, der bereit sei, im Angesicht der Heere einen Zweikampf mit ihm auszufechten, ließe sich die Schlacht vermeiden.

Wutentbrannt wollte Pedro de Vera die Herausforderung annehmen. Er fühlte sich als Manlius Torquatus und würde diesen großmäuligen Heiden in einem »Santi-Amen« in die Hölle befördern. Doch die Offiziere widersetzten sich und hielten ihn von seinem Vorhaben ab.

Von den Sarazenenkriegen her an diese Art Zweikämpfe gewöhnt, die die ritterliche Zeit des zu Ende gehenden Mittelalters allgemein gemacht hatten, sprengte der Hidalgo Juan de Hozes auf seinem feurigen Andalusier zwischen die Linien geradeswegs auf Doramas zu.

Der König ließ ihn auf Wurfweite herankommen und schleuderte seinen Speer mit solcher Gewalt gegen den Anstürmenden, daß er Schild, Panzerhemd und Herz des tapferen Kastiliers durchbohrte.

Nun ließ sich Pedro de Vera nicht länger halten. Mit einem Wutschrei spornte er seinen Hengst an, um den Tod des Hidalgo zu rächen.

Da sauste ihm der erste Speer des Kanariers entgegen und fuhr durch seinen Schild. Blitzschnell warf er sich zur Seite und entging dem tödlichen Wurf. Schon pfiff der zweite Speer durch die Luft, dicht über seinen eingezogenen Kopf hinweg. Doch jetzt war der General heran und rannte dem König seine Lanze in die Weiche.

Blutüberströmt stürzte Doramas zu Boden. Schon wollte Vera zum zweiten Stoß ausholen, da hob der Todwunde die Hand. Seine Lippen hauchten: »Ich bin dein Gefangener.«

Vera gab den herbeieilenden Soldaten einen Wink. Sie legten den Sterbenden auf eine Bahre und trugen ihn vom Kampfplatz.

Der Fall ihres Königs war für die Kanarier das Zeichen zum Angriff. Todesmutig stürmten sie den eisengewappneten Rittern entgegen. Ihres Feldherrn beraubt, fochten sie ohne Plan, ohne Übereinkunft, ohne Sinn. Schrecklich war das Blutbad, das die Spanier in ihren Reihen anrichteten. Weniger als eine Stunde dauerte das Gemetzel, das für sie das Ende der Freiheit bedeutete.

König Doramas rang mit dem Tode. Willig ließ er über sich ergehen, was die letzten Minuten seines Lebens ausmachte. Auf Befehl Veras brachte ein Arkebusier eilig einen Helm voll Wasser, ihn zu taufen. Der General selbst stand Pate an der Seite des sterbenden Feindes. Als der Priester das letzte Amen sprach, schwebte seine Seele bereits in jenen Gefilden, von denen es keine Wiederkehr mehr gibt.

Von allen Seiten strömten die Kanarier herbei, ihrem toten König die letzte Ehre zu erweisen. Freiwillig begaben sie sich unter das Joch der Spanier. Was bedeutete ihnen Freiheit, nachdem ihr König gefallen war!

Auf einem Hügel, der bis heute seinen Namen trägt, bestattete man die Leiche Doramas. Unter dumpfem Trommelwirbel folgte das kastilische Heer der Totenbahre. Als Christ war der Heide gestorben, ein christliches Begräbnis gebührte ihm. Unter Tränen und Trauerliedern gaben ihm seine Getreuen das letzte Geleit. Über seinem Grab häuften sie, wie die Sitte es gebot, einen festen Steinhügel, auf den die Spanier ein schmuckloses Holzkreuz setzten.

Pedro de Vera hatte gesiegt.

Als neuen König wählten die Kanarier Guanarteme Tenesor Semidan, den Enkel des großen Antidamana, der in ihren Heldengesängen als ruhmreicher Krieger fortlebte.

Tenesor Semidan schlug seine Residenz in Gáldar auf und hielt vorläufig Ruhe mit den Spaniern. Doch ein Guayre, wie die Edlen der Insel hießen, namens Bentaguaya, sammelte die Unzufriedenen und Anhänger Doramas um sich, die in die Berge geflohen waren. Kriegerisch war der Geist der Insulaner, und die Anhänger des Rebellen wuchsen ständig. Tenesor aber lebte friedlich in Gáldar, und seine Untertanen nannten ihn »den Sanftmütigen«.

Bentaguaya war listig, verschlagen und tapfer. Er hatte erkannt, daß die Spanier viele seiner Landsleute durch die Taufe zu sich herübergezogen, und glaubte nun, das beste Mittel gefunden zu haben, all das zu erkunden, was er notwendig wissen mußte, um sein Land von den Unterdrückern zu befreien.

So erschien er eines Tages unbewaffnet im Lager von El Real de las Palmas unter dem Vorwande, Christ werden zu wollen. Freudig empfing ihn der General und überhäufte ihn mit Ehren. Bentaguaya aber benutzte die Zeit, sich die Befestigungslinien der Stadt einzuprägen, die Ordnung, Disziplin und Stärke der Truppen zu studieren und die Stunden festzustellen, in denen die Wachen gewechselt wurden. Kurz vor seiner Taufe verschwand er spurlos.

Bald bekamen die Spanier seine Schlauheit zu spüren. Nacht für Nacht überfiel er die Schildwachen und fing Soldaten ab, die sich aus den Mauern wagten, um zu fischen oder Seemuscheln zu suchen. Sein wirklicher Plan aber war ein anderer.

Nahezu tausend Mann mochten es sein, die sich mit ihm verschworen hatten, die Spanier von der Insel zu vertreiben. Diese Heeresmacht teilte er in zwei Teile: einen kleineren, der des Nachts einen Scheinangriff von der Landseite her ausführen sollte, um die Kastilier von der Wachsamkeit nach dem Meer hin abzulenken. Mit dem Kern des Heeres würde es ihm dann ein leichtes sein, die Wachen an der Küste zu überwältigen und in die Stadt einzudringen.

Die Leute Bentaguayas, die den Scheinangriff ausführen sollten, verspäteten sich, und er selbst hielt ein zufälliges Geräusch, das aus der Stadt herüberdrang, für den Beginn des Kampfes nach den Bergen hin. So gab er verfrüht das Zeichen zum Sturm. In heldenhafter Gegenwehr hielten die Spanier die Mauern, nicht ohne den Kanariern große Verluste zuzufügen. Zurückgeschlagen flüchteten sie in die Berge. Vera folgte ihnen nicht, da er einen Hinterhalt fürchtete. Viele Nächte hindurch aber hielt er die Truppen auf den Mauern unter Waffen.

Doch auch Bentaguaya schlief nicht. Ganz allein mit einem Vertrauten erkletterte er in mondloser Nacht den Wall des kleinen Stützpunktes Giniguada, brach in den Pferdestall ein, tötete zwei dieser unheimlichen Tiere, die die Kanarier mehr fürchteten als die Reiter, und ermordete den Stallknecht.

Auf dem Rückwege über die Mauer wurde er von einer Schildwache bemerkt, die ihm einen Stein nachwarf. Er traf ihn an den Kopf und besinnungslos stürzte er in den Wallgraben. Der Posten glaubte, einen Mann aus dem Lager getötet zu haben, der des Nachts fischen gehen wollte, und schlug keinen Alarm. Das war Bentaguayas Rettung. Als er sein Bewußtsein wiedererlangte, kroch er aus dem Graben und entkam.

Inzwischen saß der Hauptmann Alonso Fernández de Lugo mit fünfzig Mann Infanterie und zehn Reitern in seiner kleinen Festung an der Bucht von Agaete, ohne daß er bisher Gelegenheit gehabt hatte, sich auszuzeichnen. Da erhielt er eines Tages von Pedro de Vera den Befehl, nach Gáldar hin zu erkunden, während der General selbst mit dem Haupheer die Provinzen von Moya und Arucas vom Feinde säubern wollte.

Dieser Auftrag war so recht nach dem Sinn des jungen Hauptmanns. Endlich konnte er zeigen, was ein richtiger Mann auf dem richtigen Platz bedeutete. Den Grundstock seines Ruhms legte er mit dieser Tat, deren Folgen den Krieg auf Gran Canaria endgültig beendeten. Er wußte genau, daß er sich mit den wenigen Leuten, die ihm zur Verfügung standen, auf keine große Schlacht einlassen konnte. Im Gegenteil, nach Möglichkeit mußte er vermeiden, mit stärkeren feindlichen Verbänden zusammenzustoßen. Wie aber, wenn es ihm gelang, den König Tenesor Semidan und seine Guayres gefangen zu nehmen?

Vorsichtig ging er ans Werk. Unter seinen Leuten suchte er die dreißig besten aus und, von einem vertrauten Kanarier geführt, gelangte er bei Anbruch der Dunkelheit auf Schleichpfaden in die Nähe von Gáldar.

Tenesor Semidan, der Sanftmütige, schlief ruhig in seinem Palast, als die Spanier plötzlich von allen Seiten eindrangen. Seine Edlen scharten sich um ihn, und der stiernackige Guayre Maninidra ergriff eine Keule, das bedrohte Leben seines Königs zu schützen.

Doch Tenesor verbot den nutzlosen Widerstand. Freiwillig ergab er sich Lugo und folgte ihm mit seinen Edlen nach Agaete.

Als Pedro de Vera von dem geglückten Handstreich seines Hauptmanns erfuhr, befahl er, die Gefangenen mit dem nächsten Schiff nach der Halbinsel zu senden. Mit ihnen gelangte zum ersten Male der Name Don Alonsos an den spanischen Hof und an das Ohr der Katholischen Könige.

Da standen die edlen Kanarier nun in ihren zottigen Fellhemden in dem großen Thronsaal, dessen goldverzierte Säulen im Schein von tausend Kerzen strahlten, und erschauerten von der gleißenden Pracht einer unbekannten Welt. Die flimmernden Rüstungen der spanischen Ritter, die schwarzsamtenen, hermelingefütterten Überhänge der kastilischen Granden, das feierliche Hofzeremoniell benahmen ihnen den Atem.

Tenesor Semidan stürzte auf die Knie, küßte die Hände des Königspaares und sagte mit erstickter Stimme: »Erhabene Herrscher! Ich preise mich glücklich, Euer geringer Vasall zu sein. Nehmt mich und die Meinen unter Euren mächtigen Schutz! Ich will Christ werden und bitte Euch, meine Paten zu sein.«

Die Taufe der Kanarier wurde vom Kardinal von Toledo, Don Pedro González de Mendoza, vollzogen. Ferdinand II. erfüllte den Wunsch Tenesors und gab ihm als Pate seinen Namen. Von nun an hieß er Fernando de Guanarteme. Gleichzeitig wurden ihm Rang und Titel eines spanischen Hauptmanns verliehen.

Auf der Insel hatte die Gefangennahme ihres sanftmütigen Königs die Gemüter der Kanarier bis zum Siedepunkt erhitzt. Immer mehr Überläufer scharten sich um Bentaguaya, und Pedro de Vera mußte sich wieder nach El Real de las Palmas zurückziehen. Doch die Katholischen Könige hatten das vorausgesehen und entsprechend gehandelt.

Groß war das Erstaunen auf Gran Canaria, als eines Tages eine Fregatte in den Hafen lief, der Fernando de Guanarteme mit seinen Guayres entstieg. Der ehemalige König trug statt des Fellhemdes eine mit Goldborten verbrämte Hauptmannsuniform, sein Patengeschenk, einen Helm mit hohem Federbusch auf dem Haupt, einen Toledaner Degen mit edelsteinbesetztem Griff an der Seite, um den Hals eine schmale Kette mit goldenem Kreuz. Im Auftrage der Katholischen Könige hatte er es übernommen, die Kanarier von der Nutzlosigkeit eines Widerstandes gegen die Spanier zu überzeugen.

Mit einem Gefolge von zwanzig Mann brach er sofort nach Gáldar auf. Die Insulaner wollten ihren Augen nicht trauen, als sie ihn in seiner prächtigen Uniform vor sich sahen. Er beschwor sie, sich den Spaniern zu unterwerfen und gleich ihm das Christentum anzunehmen. Doch sie baten ihn, bei ihnen zu bleiben und wieder ihr König zu sein. Bis zum letzten Blutstropfen wollten sie ihn verteidigen.

Traurig kehrte Guanarteme nach El Real de las Palmas zurück. Auch Vera flehte er mit bewegten Worten an, von einem ferneren Krieg abzusehen. Doch der General hörte nicht auf ihn. Er wußte jetzt, wo Bentaguaya seine Bergfeste errichtet hatte, und schritt ungesäumt zur Belagerung.

Es sollte zu keiner Schlacht mehr kommen. Die Vorstellungen Guanartemes begannen in den Herzen seiner Landsleute aufzugehen. Mehr und mehr Überläufer stellten sich ein, die Truppen Bentaguayas schmolzen schnell zusammen. Als der Guayre sah, daß er einem Sturm der Spanier nicht mehr standhalten konnte, versammelte er den kärglichen Rest seiner Getreuen um sich.

Auf der höchsten Felsspitze, im Angesicht des Feindes, hielt er seine letzte Ansprache. Wenige Worte nur waren es, die in den Ohren seiner Krieger wie ein unwiderruflicher Befehl klangen: »Tapfere Kanarier, hochherzige Helden unseres unglücklichen Vaterlandes! Geht und ergebt euch dem Feinde! Nutzloses Opfer ist euer Tod!«

Gesenkten Hauptes folgten die Getreuen dem Willen ihres Führers.

Als sie abgezogen waren, blickte Bentaguaya noch einmal in den strahlenden Himmel. Dabei murmelte er: »Atis Tirma ... « Es waren die heiligen Worte, mit denen man die Sterbenden dem göttlichen Wesen weihte.

Dann warf er sich mit gellendem Kriegsschrei in die Tiefe.

»Gran Canaria für die Allerhöchsten und Großmächtigsten Katholischen Könige, Ferdinand und Isabella, unsere Herren!«

Dreimal rief es der Bannerträger Alonso Jaimez unter Schwenken der Standarte vom hohen Turm des Lagers von El Real de las Palmas.

Gran Canaria war der Krone Spaniens einverleibt.

Dem wilden Lärm der Waffen folgte tiefer, arkadischer Friede, wie ihn der Aufbau eines von Kämpfen zerrissenen Landes bedingt. Die gellenden Kriegsrufe und herrischen Befehle waren verstummt. Liebeslieder ertönten an den Lagerfeuern der Hirten, Lanze und Schwert wurden mit der Pflugschar vertauscht: das Reich des Mars war dem Reich des Janus gewichen.

Auch Don Alonso Fernández de Lugo hatte seine Waffen abgelegt. Als Burgherr von Agaete waren ihm bei der Verteilung die reichen umliegenden Ländereien zugefallen, auf denen er Zuckerrohr baute und das behagliche Leben eines Rittergutsbesitzers führte. Doña Catalina gebar ihm hier eine Tochter, die kleine Beatriz, die in dem herrlichen Klima prächtig gedieh.

Sein Nachbar war Fernando de Guanarteme, der ehemalige König der Insel, dem General Vera zum Dank für seine Treue den Landstrich von Guayedra als Eigentum zuerkannt hatte. Oft trafen sich die beiden beim Fischen an der Meeresküste, und aus der guten Nachbarschaft wurde allmählich tiefe Freundschaft, die Lugo in den entscheidendsten Augenblicken seines späteren Lebens zugute kommen sollte.

Aus dem kriegerischen Offizier war wieder der gläubige Katholik geworden, der keine Messe versäumte und durch Beispiel und Lehre unter der Bevölkerung wirkte, wie er es als Knabe geträumt. Auch Guanarteme, der zu Grübeleien neigte, lebte als frommer Christ und lauschte andächtig den erklärenden Worten seines Freundes.

Weit von Krieg und Kriegsgeschrei weilten die Gedanken Lugos. Was waren Ruhm und Waffentaten neben dem glücklichen Familienleben, das er führte! Mochte drüben die Hölleninsel mit ihrem schneeigen Pik zu neuen Abenteuern locken! Er liebte das schmucke Agaete, das er scherzend sein kleines Königreich nannte.

Doch der Kriegsgeist in Don Alonso schlummerte nur. Schneller als er geglaubt hatte, sollte ihn der Tod aus seinem geruhsamen Leben reißen und ihn endgültig auf die Bahn zwingen, die ihm das Schicksal vorgezeichnet hatte.

Nach siebenjähriger glücklicher Ehe in der neuen Heimat starb Doña Catalina. Schmerzerfüllt setzte er sie in der kleinen Kapelle in Gáldar bei, unweit des alten Königspalastes. Das Glück seines Lebens schien dahin. Einsam saß er in der Burg, blickte über das Meer und trauerte um seine dahingeschiedene Gefährtin.

Da traf ihn die zweite Todesnachricht, die ihn sich selbst wiedergab: der General Pedro de Vera war zur großen Armee abberufen worden.

Nun hielt ihn nichts mehr. Kurz entschlossen reiste er nach Spanien. In Santa Fé, dem Feldlager von Granada, warf er sich den Katholischen Königen zu Füßen. Als er nach Agaete zurückkehrte, bauschte sich in der Tasche seines Waffenrocks das Pergament, das ihn zum General-Kapitän des kastilischen Heeres machte und ihm befahl, die Inseln La Palma und Tenerife den Händen der Heiden zu entreißen.

Auf der Rückreise verweilte Lugo in Sevilla, wo ihm, wie wir wissen, im Halbdämmer der hohen Kathedrale Sankt Petrus erschien und ihm ein glückliches Ende seines Unternehmens vorhersagte.

Mit Hilfe des Grafen Medina Sidonia und auf Grund seiner flammenden, von vaterländischem Geist durchglühten Ansprachen gelang es dem General-Kapitän, trotz des immer noch andauernden Krieges gegen Granada, etwa vierhundert Soldaten zusammenzubringen.

Auch auf Gran Canaria setzte er sein Werben fort, und die kriegerischen Insulaner strömten von allen Seiten zu seiner Fahne. Um ihnen sein Vertrauen zu zeigen, gründete er eine berittene kanarische Leibwache, in die auch der stiernackige Maninidra eintrat.

Die Freiwilligen aus Guayedra führte Guanarteme, der als überzeugter Christ und Freund des General-Kapitäns ihn von nun an auf seinen Kreuzzügen begleitete. Denn als Kreuzfahrer fühlte sich Lugo mehr denn als Konquistador. Sein letztes Ziel war immer, den Glauben zu verbreiten und die Seelen der Heiden dem Teufel zu entreißen.

Am Tag des heiligen Michael des Jahres 1491 landete das kastilische Heer auf der Westseite der Insel in der Bucht von Tazacorte. Den Ort, wo er das Lager aufschlug, nannte Lugo zur Erinnerung San Miguel de la Palma.

Die Kürze des Krieges – er dauerte nicht ganz sieben Monate, während die Eroberung von Gran Canaria von Juan de Bethencourt, dem normannischen Abenteurer, bis Pedro de

Vera eine Zeitspanne von neunundsiebzig Jahren umfaßte, also sieben Jahre mehr als der berühmte Krieg der Römer gegen die Samniten –, die Kürze des Krieges war es, die bei späteren Historikern die fälschliche Meinung erweckte, die Feigheit der Palmenser hätte Lugo den Sieg leicht gemacht. Doch dem war nicht so: seine überlegene Kriegskunst und die Tapferkeit des kastilischen Heeres konnten ihn wie Cäsar bei Pharsalus ausrufen lassen: »Veni, vidi, vici!«

La Palma wurde zu dieser Zeit von zwölf Fürsten regiert, deren vornehmster Mayantigo von Aridane war, und dessen Gebiet sich von der Bucht von Tazacorte bis zu den Höhlen von Amartihuya erstreckte. Sein Name bedeutete »Stück des Himmels«; denn strahlend wie das Firmament des Südens war sein Antlitz, hoch und schön seine stolze Gestalt.

Nur dreißig Mann ließ Lugo im Lager zurück und zog dem Fürsten entgegen. Kaum hatte Mayantigo gehört, was die Spanier herführte, ging er auf ihre Bedingungen ein. Er hatte sofort erkannt, daß Widerstand gegen diese Fremden unnütz war.

Ein sofortiger Friede kam zustande: Mayantigo unterwarf sich der Oberherrschaft der Katholischen Könige und behielt sein Fürstentum. Er und seine Vasallen mußten geloben, Christen zu werden, wofür man ihnen gleiche Rechte wie den Spaniern zuerkannte.

Mit Versprechungen, Lobreden und kleinen Geschenken, die in den Augen der Palmenser unvorstellbaren Wert besaßen, vertiefte Lugo das gute Einvernehmen, und nach kurzer Zeit unterwarfen sich auch die Fürsten von Tihuya, Guehevey, Echentive und Ahenguareme.

Als der General-Kapitän aber ins Gebiet von Tigalete vorrückte, stieß er auf Widerstand. Die Fürsten Jariguo und Garchagua traten ihm an der Spitze ihrer Krieger entgegen. Eine Schlacht entbrannte, in der Guanarteme zum ersten Male neben Lugo in der vordersten Reihe focht. Die Insulaner wurden geschlagen und flohen nach Nordwesten in die Bergfeste Tinibucar. Nach kurzer Belagerung ergaben sie sich.

Auch die Fürsten von Tadote, Tenagua, Adehayamen, Tagaragre, Galguen und Hiscaguan huldigten jetzt den Katholischen Königen. Übrig blieb nur der Herrscher von Eceró, der kriegerische Tanausú.

Eceró bedeutet Eisen, aber auch »der feste Platz«. Ungefähr in der Mitte der herzförmigen Insel gelegen, die in eine überlange Spitze nach Süden ausläuft, umfaßt er die »Caldera«, einen der gewaltigsten Gebirgskessel der Welt. Hunderte von Metern stürzt der Ringkamm steil in die schluchtenzerwühlte Tiefe. Fruchtbares Ackerland wechselt mit undurchdringlichen Fichtenwäldern. Bäche tosen die Felsen hinab und entschwinden dem Auge im Gewirr granitener Blöcke. Rotblühender Salbei und grüne Retama-Sträucher überwuchern die Abhänge. Dattelpalmen und Drachenbäume drängen sich zwischen kanarische Kiefern. Blinkendes Wasser blitzt inmitten grüner Weiden auf. Lichtfunkelnde Luft, die gleich heller Flut in die Felsfurchen dringt und ihren silbernen, durchsichtigen Schimmer über das Tal ergießt, wirft kobaltfarbene Schatten über das zerklüftete Gestein.

Das war das Reich des unerschrockenen Tanausú, der als einziger den Spaniern Trotz bot.

Zur Caldera gab es nur zwei Zugänge: der eine führte als schmaler Pfad auf halber Höhe durch eine Schlucht, in deren Tiefe ein Sturzbach toste, der andere, ein wenig breiter, bildete einen leicht zu verteidigenden Engpaß, der den Namen Adamacansis führte.

Den Winter über hatte der General-Kapitän seinen Truppen im Lager von San Miguel Ruhe gegönnt und rückte nun in den ersten Tagen des Frühlings gegen das Reich Tanausús vor. Er sah ein, daß alle seine bisherigen Erfolge in Frage gestellt waren, wenn es nicht gelang, diesen hochmütigen Heiden zu besiegen. Doch als sich das Heer der Kastilier dem Engpaß von Adamacansis näherte, hatte ihn der Fürst mit seinen besten Kriegern bereits besetzt.

Sogleich befahl Lugo den Sturm. Immer wieder versuchten die Spanier durchzubrechen. Maninidra, an der Spitze der Leibwache, focht wie ein Löwe, bis ihm ein Schwertstreich übers Gesicht das Blut in die Augen trieb und er vom Kampfplatz getragen werden mußte.

Die Krieger Tanausús brachten den Spaniern schwere Verluste bei, eine Niederlage schien unvermeidlich. Da ließ der General-Kapitän zum Rückzug blasen. Die Palmenser waren Sieger geblieben.

Tags darauf versuchte Lugo durch die Schlucht, in deren Tiefe der Sturzbach toste und die die Insulaner Axerjo nannten, in den Gebirgskessel einzudringen. Tanausú hielt diesen Zugang für ein Heer unmöglich und hielt ihn nur schwach besetzt. Tatsächlich hätte der General-Kapitän umkehren müssen, wenn ihm nicht klettergewohnte Insulaner, Vasallen des Fürsten Mayantigo, geholfen hätten. Er und seine Offiziere ließen sich von diesen bärenstarken Leuten über die Felsen tragen und an den Abhängen hinaufziehen, bis sie dem Feind auf doppelte Flintenschußweite gegenüberstanden. Seitdem heißt der gefahrvolle Weg, den Lugo nahm, »El Paso del Capitán«.

Tanausú war im Eilmarsch herangerückt und warf sich mit seinem gesamten Heer den Spaniern entgegen. Den ganzen

Tag über dauerte die Schlacht, ohne daß es Lugo möglich war, einen Fußbreit Boden zu gewinnen. Die hereinbrechende Nacht machte dem unentschiedenen Kampfe ein Ende.

Golden stieg die Morgensonne über den Rand der Caldera. Ihre Strahlen konnten die Frauen, Kinder und Greise nicht mehr zum Leben erwecken, die sich auf Befehl des Fürsten in die Höhlen des Hochgebirges zurückgezogen hatten und dort erfroren waren. Aysouragan, Eisschrecken, nennt der Volksmund seit jener Zeit diesen Ort des Grauens.

Der General-Kapitän sah ein, daß er Tanausú in diesem zerklüfteten Gelände niemals besiegen konnte und legte sich aufs Unterhandeln. In seinen Reihen befand sich ein Insulaner, der auf den Namen Juan de la Palma getauft und ein entfernter Verwandter des Fürsten von Eceró war. Ihn sandte er im Morgengrauen ins feindliche Lager mit denselben Versprechungen, die er den anderen Fürsten gemacht hatte.

Die Antwort Tanausús lautete: »Sage deinem Feldherrn, daß ich bereit bin, Frieden zu schließen, wenn er mein Gebiet verläßt und sich bis an die Grenze von Aridane zurückzieht. Dort will ich mit ihm zusammentreffen und unterhandeln.«

Lugo ging auf den Vorschlag ein und befahl den Rückmarsch. Einen Teil seiner Truppen aber legte er am Engpaß von Adamacansis in den Hinterhalt, um Tanausú den Rückweg abzuschneiden, falls die Unterhandlungen scheitern sollten.

Der Morgen des 3. Mai brach an. Vergeblich wartete der General-Kapitän an der Grenze von Aridane auf das Erscheinen der Insulaner. Da beschloß er, zurückzukehren und einen zweiten Sturm auf die Caldera am Engpaß zu versuchen.

Das Heer war noch nicht drei Stunden marschiert, als ein Reiter von der Vorhut die Nachricht brachte, die Heiden kämen in regellosen Haufen durch die Ebene.

Der General-Kapitän überlegte nicht einen Augenblick. Das war eine Gelegenheit, den Gegner vernichtend zu schlagen und die Scharte der Vortage wieder auszuwetzen. Sofort stellte er sein Heer in Schlachtordnung auf und griff die vertrauensseligen Insulaner an. Doch trotz der Überlegenheit der spanischen Waffen und der geglückten Überraschung schwankte der Kampf eine Zeitlang unentschieden hin und her. Die heldenmütigen kriegerischen Bergbewohner machten den Kastiliern arg zu schaffen.

Da kam die Hilfe. Die Truppen, die Lugo am Paß von Adamacansis in den Hinterhalt gelegt hatte, waren dem Gegner gefolgt und erschienen jetzt in seinem Rücken.

Ein schreckliches Blutbad hub an. Tanausú wurde gefangengenommen, nachdem die Spanier die Leichenberge seiner Getreuen überstiegen hatten, die um ihn herum gefallen waren.

Dieser entscheidende Sieg unterwarf La Palma endgültig der Herrschaft der Katholischen Könige. Als letzte der sieben kanarischen Inseln, die noch ihre Freiheit bewahrte, blieb die größte und bevölkertste: Tenerife.

Die Schlacht von La Laguna

Wenn man Schlachten, Eroberungszüge und Kriege studiert und eingehend untersucht, kommt man oft zu Ergebnissen, die einen an der Gerechtigkeit des Lenkers der Welt zweifeln machen. Je nach Anteilnahme sieht man Strafe, Buße oder Vergeltung in Tod und Vernichtung oder auch einen sinnlosen Teufel, dessen höllische Zauberkunst das Edle untergehen und das Böse triumphieren läßt. Oft fragt man sich zweifelnd, welchen Zwecken die ungeheuren Blutopfer dienten, und kommt bei vernünftiger Betrachtung schnell zu der Überzeugung, daß sich die Mehrzahl der Kriege hätte vermeiden lassen, ohne das Gesicht der Welt wesentlich zu verändern.

Ein flüchtiger Blick in die Geschichte läßt uns erschauern:

Vierhundertfünfzig Abenteurer mit Steinschloßflinten vernichteten das blühende Dreißig-Millionen-Reich der Azteken, brannten mit der Hauptstadt die mehr als zwanzigtausend Bände umfassende Bibliothek Montezumas nieder, von denen uns drei erhalten blieben, die niemand mehr lesen kann. Eine Kultur wurde vernichtet, die nicht hinter der des klassischen Altertums stand, und wenn auch damit die greulichen Menschenopfer auf den Tempelpyramiden Tenuchtitlans ihr Ende fanden, so röstete dafür zur Ehre des Allmächtigen unter feierlichen Lobgesängen die Inquisition die Verstockten, die ihren alten Göttern nicht abschwören wollten.

Das kleine Mazedonien besiegte beinahe mühelos das gewaltige Perserreich, und Scipio Africanus schlug die sieggewohnten Truppen Hannibals bei Zama, trotz der gefürchteten balearischen Schleuderer und der unheimlichen Kriegselefanten, die, schauerlich trompetend, wie lebende Festungen daherstürmten.

Doch fast immer zernagte der Zahn der Zeit die Frucht der Siege, und von Helden und Schlachten blieben nichts als Namen und Daten!

Das große Reich Dschingis-Khans, das er von der Eissee der Aleuten bis zum blauspiegelnden Mittelmeer vortrug – turmhohe Schädelpyramiden unterjochter Völker kennzeichnen seinen unaufhaltsamen Weg –, das Reich Dschingis-Khans zerfiel. Die Diadochen machten die Eroberungen des großen Alexander zuschanden. Napoleon erhielt seinen Todesstoß in den Eiswüsten Rußlands, und was er in zwanzig Jahren erkämpft, ging in einem verloren. Die Westgoten beherrschten Italien und die Pyrenäische Halbinsel, die Türken standen einst vor Wien, und die Hunnen, die auf zottigen, asiatischen Steppenpferden frischgeschlachtetes Fleisch mürbe ritten, drangen, schlitzäugig, über den Ural und die Tiefebenen Ungarns bis ins Herz von Bayern. Auf dem Lechfelde wurden sie geschlagen ...

Die Nachricht von der Gefangennahme des Kundschafters in der Schlucht von Tahodio erreichte Bencomo erst, als seine Wachen in der mondlosen Nacht auf dem Randgebirge bereits niedergemacht waren. Der General-Kapitän hatte weg- und kletterkundige Guanchen aus Güímar vorausgesandt und entsprechenden Befehl gegeben. Kurz nach Mitternacht schob sich die lange kastilische Schlange unbemerkt durch den Engpaß.

An das Zaudern Lugos gewöhnt, glaubte Bencomo nicht an ein schnelles Handeln des General-Kapitäns. Außerdem vertraute er der Wachsamkeit seiner Leute, die ein Herannahen des Feindes sofort melden würden. Der Feind! Er sollte nur kommen! Eine schrecklichere Niederlage stand ihm bevor als die bei Acentejo. Selbstmörder waren die Spanier in den Augen des Fürsten von Taoro, nichts als Selbstmörder. Blind ob seines ersten, leichten Erfolgs beging er den großen Fehler, den Gegner zu unterschätzen. Die Feuerwaffen? Sie waren schwer beweglich, und wie sich die unheimlichen Tiere gebärdeten, wenn das todkündende Pfeifen seiner Krieger erscholl, hatte man ja gesehen. Woher sollte er wissen, daß die Pferde an Kriegsgeschrei und Pulverdampf gewöhnt waren?

Der Morgen des 14. November dämmerte herauf. Die Guanchen wollten ihren Augen nicht trauen: was da vor ihnen den Schatten der Nacht enttauchte, war das in Schlachtordnung aufgestellte kastilische Heer. Erste Sonnenstrahlen blitzten auf schimmernden Rüstungen, Hellebarden funkelten, dazwischen standen grau die Panzerhemden der Armbrustschützen.

Dem General-Kapitän war die Überraschung gelungen, doch Bencomo ließ sich nicht verblüffen. Der Feldherr in ihm hatte sofort die Achillesferse des Feindes erkannt. Er brauchte nur den linken Flügel ein wenig zurückzunehmen, dann konnten die Krieger von Tegueste und Anaga, aus dem Wald von Aguere her vorbrechend, dem Gegner in die Flanke stoßen und ihn aufrollen.

Unverzüglich schickte er den Sigoñe, der damals die einunddreißig Gefangenen zur Bucht von Añaza gebracht hatte, mit vierhundert Mann über die Berge in den Rücken des kastilischen Heeres. Er sollte die Stelle unterhalb des Engpasses besetzen, wo die beiden tief eingeschnittenen Schluchten zusammenliefen, die die Hochebene strahlenförmig einschlossen. Acaimo und dem Prinzen Badenol gab er Befehl, langsam vorzurücken und mit den Hilfstruppen Beneharos und Zebensuis Fühlung zu nehmen.

Doch vorläufig griff Lugo nicht an. Unbeweglich wie eine Mauer stand das kastilische Heer. Aus seinen Reihen trat jetzt ein kleiner, unbewaffneter Mann und ging mit kurzen, schnellen Schritten furchtlos auf die Guanchen zu. Es war Guillen Castellano, das Sprachrohr, den der General-Kapitän entsandt hatte, um Bencomo noch einmal die Unterwerfung unter die Katholischen Könige anzutragen und ihn zu bewegen, den allein seligmachenden Glauben an unseren Herrn Jesum Christum anzunehmen.

Hohnlachend schickte der Fürst von Taoro den Dolmetscher zurück. Was sich der feindliche Feldherr wohl einbildete! Diesmal würde ihm keiner der Spanier entrinnen! In die Schluchten wollte er sie hinabstürzen wie gemeine Verbrecher, die gekommen waren, ihm sein Vaterland zu rauben.

Nun zögerte Lugo nicht länger. Aus dem Gurt fuhr seine schwere Reiterpistole: ein scharfer Knall zerriß die Luft.

»Santiago und San Miguel!« Aus tausend Kehlen hallte der Kriegsruf der Kastilier über die weite Hochebene: »Santiago y a ellos!« Santiago und los auf sie!

Die Hölle schien nun ihren Schlund geöffnet zu haben. Alle Geschütze donnerten, alle Büchsen krachten, alle Armbrüste klangen auf einmal auf und richteten schreckliche Verheerung in den ersten Reihen der Guanchen an. Doch schon hatten sie sich gefaßt: ein Steinhagel sauste durch die Luft, zischend drangen ihre unfehlbaren Speere im zitternden Flug durch Schilde und Panzerhemden. Mit gellendem Kriegsgeschrei und schrillem Pfeifen, die Felsblöcke der Halde mit mächtigen Sätzen überspringend, drangen die riesigen Natursöhne auf die kleinen Spanier ein, sie mit den Händen zu erwürgen.

Wenig genug konnte die Reiterei in dem steinigen Gelände ausrichten. Gewandt wichen die Guanchen zur Seite und ließen ihre schweren Keulen auf die Kruppen der Pferde niedersausen, ihnen das Rückgrat zu brechen. Blitzschnell hinter einem Felsen aufspringend, rannten sie den vorbeirasenden Tieren ihre scharfen Obsidian-Messer in die schweißtriefenden Flanken oder rissen den Reiter aus dem Sattel und zerschmetterten dem zu Boden Gestürzten den Kopf mit einem Feldstein.

Die weite Hochebene schien in ein wallendes, tosendes Meer verwandelt. Überall bildeten sich Strudel von Kämpfenden. In den Reihen der Spanier entstanden breite Gassen, in die die Guanchen wie schäumende See hineinströmten.

Mencey Bencomo, aus zwei Wunden blutend, stieß mit dem rechten Flügel unaufhaltsam vor und drängte die Kastilier nach der Schlucht hin ab. Seine rotgefärbte Toledaner Klinge, die ihm Martín Cevallos auf dem Hügel bei Acentejo überreicht hatte, fuhr pfeifend auf die Köpfe der Feinde.

Seite an Seite mit ihm kämpfte sein treuester Freund, Chacán, der große, zottige Inselhund. Gleich einem höllischen, tollwütigen Ungeheuer, dem Reich Guayotes entaucht, mit blutunterlaufenen Augen, vor Wut gesträubten Haaren, Schaum vor dem geifernden Maul, sprang er die Arkebusiere an, riß sie zu Boden, durchbiß ihnen die Kehle. Ein Hellebardier hieb ihm ein Ohr ab, Blut rieselte ihm in die Augen, blind stürzte er auf ihn zu. Da traf ihn ein Säbelhieb am Kopf. Mit letzter Kraft zerbiß er dem Hellebardier die Schulter.

Den linken Flügel befehligte der greise Tinguaro. Wie Bencomo befohlen hatte, wich er langsam zurück. Der General-Kapitän, der ihm gegenüberstand, drang siegesgewiß nach. In der Hitze des Gefechts übersah er die planmäßig ausgeführte Schwenkung des klugen Feldherrn.

Da brachen mit fürchterlichem Kriegsgeschrei die Hilfstruppen der verbündeten Menceys aus dem nahen Waldrande und umfaßten den rechten Flügel der Kastilier, während die Krieger Tinguaros zum Gegenangriff vorgingen. Eine Niederlage der Spanier schien unvermeidlich. Zum zweiten Male war Lugo dem greisen Feldherrn in die Falle gegangen.

Inzwischen schritt der treue Fernando de Guanarteme, der letzte König von Gran Canaria, den Lugo in seinem Palast in

Gáldar gefangennahm, im Lager von Santa Cruz auf und ab und haderte mit dem Schicksal.

Wenn ihn auch seine Untertanen den »Sanftmütigen« genannt hatten, so war er doch keineswegs so sanftmütig, wie man nach diesem Beinamen annehmen konnte. Wie der Einäugige unter den Blinden König, so war er friedfertig im Vergleich zu dem stolzen Doramas oder dem freiheitsliebenden Bentaguaya, der es vorzog, sich in die Tiefe zu stürzen, als in die Hände der verhaßten Kastilier zu fallen. Doch kriegerisch wie alle Insulaner, schien es ihm höchstes Glück, an der Spitze seiner Leute in Feindesreihen zu brechen.

Bei der Eroberung von La Palma hatte er stets Seite an Seite mit Lugo gefochten: er war mit dabei gewesen, als der General-Kapitän die Fürsten Jariguo und Garchagua in die Bergfeste von Tinibucar jagte, beim Sturm auf die Caldera hatte er ihm zweimal das Leben gerettet und schließlich das Heer des kriegerischen Tanausú vernichten helfen.

Nun saß er hier untätig im Lager, während auf der Hochebene die Schlacht tobte. Gewiß, höchstes Vertrauen des General-Kapitäns bewies es, wenn er wiederum ihm, seinem ehemaligen Gegner, den Schutz des einzigen Stützpunktes auf dieser Insel übertrug. Aber warum bestimmte er nicht einen seiner Offiziere, wo er doch wissen mußte, wie sehr er sich danach sehnte, für seinen Herrn Jesum Christum und die heilige Gottesmutter zu fechten? Hätte er ihn damals mitgenommen, er würde ihn gewarnt haben vor der Schlucht des Todes, aus der es kein Entrinnen gab. Wer weiß, in welche Falle der General-Kapitän heute wieder ging!

Bencomo und seine Leute auf der Hochebene fürchtete er nicht. Die Überlegenheit der Schußwaffen in offener Feldschlacht war zu groß. Wie aber, wenn der Gefangene gelogen hatte und die frischen Truppen der verbündeten Menceys den ermüdeten Spaniern aus dem Wald von Aguere her plötzlich in die Flanke fielen? Mindestens drei Stunden schon mußte der Kampf dauern, und noch immer war keine Nachricht ins Lager gedrungen.

Guanarteme wurde unruhig. Doch plötzlich zuckte es leuchtend über sein Gesicht. War er jetzt nicht hier der General-Kapitän? Wer würde es wagen, sich seinen Befehlen zu widersetzen? Seine Leute brannten wie er darauf, sich mit dem Feind zu messen. Ein paar Guanchen aus Güímar genügten, um das Lager zu bewachen.

Lanzenschwingend, mit Freudengeschrei, begrüßten die Kanarier den Entschluß ihres Feldherrn. Wenige Augenblikke später befand sich Guanarteme mit seinen Kriegern auf dem Marsch zum Engpaß.

Die Spanier fochten jetzt nach drei Fronten. Lugo versuchte vergebens, sich aus der Umklammerung zu befreien, die seinen rechten Flügel mehr und mehr zusammenzuschnüren drohte. Immer wieder trieb er, seiner Leibwache voran, den braunen Wallach mit der weißen Blesse den anstürmenden Kriegern von Anaga entgegen. Immer wieder mußte er weichen.

Unbarmherzig brannte die Sonne auf die Kämpfenden. Der Schweiß lief den ermüdeten Kastiliern in die Augen, um die Falkonette tobte wütendes Handgemenge, nur hier und da noch rollte ein Schuß übers Feld.

Schon sah sich der General-Kapitän verloren. Da gab er das letztemal das Zeichen zum Gegenangriff. »Santiago und San Miguel!« Heiser fuhr der Schrei aus seiner vertrockneten Kehle, heiser wiederholten ihn die zu Tode Erschöpften, denen der Selbsterhaltungswille noch einmal übermenschliche Kräfte verlieh.

Und was keiner der abgekämpften Soldaten für möglich gehalten hätte ... der Feind wich. Es schien, als ob Santiago und San Miguel selbst unsichtbar in ihren Reihen fochten und sie nun doch zum Sieg über die Heiden führten. Aber nicht die Heiligen waren es, die die Schlacht entschieden, sondern der treue Guanarteme, der im letzten Augenblick mit seinen todesmutigen Kanariern eintraf und den rechten Flügel des Heeres aus der Umklammerung befreite.

In wilder, regelloser Flucht stürmten die Hilfstruppen der Menceys dem Walde zu. Der Hornist Antonio Pilas aus Salamanca blies das Signal zur Attacke. Ein fürchterliches Morden hub an. Die Pferde trampelten nieder, was die Lanzen der Reiter verfehlten. Armbrustbolzen sausten den Fliehenden in den Rücken, Lope Hernández de Guerra bekam die Artillerie frei: wie hungrige Hyänen heulten die Falkonette auf.

Auch die Truppen Tinguaros kamen ins Wanken. Wie ein Verzweifelter verteidigte sich der greise Feldherr mit einer Hellebarde, die er in der Schlacht von Acentejo erbeutet hatte, gegen sieben Reiter. Da traf ein Lanzenstich seine linke Schulter, der Drachenschild entfiel seiner Hand. Zwei Feinde noch stieß er vom Pferde, als Pedro Martín Buen-Día, der dritte Pedro von der Leibwache des General-Kapitäns, heransprengte und ihm den Speer in den Oberschenkel rannte.

Tinguaro sank in die Knie und rief mit flehend erhobenen Händen: »Chucar Guayoc Mencey Reste Bencomo Sanec Vander Relac Nazet Zahañe!« Töte nicht den Fürsten, den Oheim des Königs Bencomo, der sich dir gefangen gibt!

Doch der wilde Kanarier kannte keine Gnade. Ehe die anderen es hindern konnten, durchbohrte seine Lanze die Brust des größten Feldherrn der Guanchen.

Den blutüberströmten Leichnam schleiften vier Arkebusiere vor den General-Kapitän, der unweit von seinem schweißbedeckten Falken das grausige Morden mitansah. Lugo weinte nicht über den Tod seines Feindes wie der große Alexander. Im Gegenteil, er befahl, den Kopf des Gefallenen vom Rumpf zu trennen, ihn auf eine Lanze zu spießen und als Trophäe durch die Vega zu tragen.

Auch Mencey Bencomo, todesmatt durch den Blutverlust, gab das Zeichen zum Rückzug. Mehr als siebzehnhundert seiner tapferen Krieger waren gefallen. Mit dem Rest entkam er durch die Rodeos nach Tacoronte.

Lugo aber sammelte sein Heer auf dem Hügel, wo später die Kapelle »Santa Maria de la Gracia« als Dank für den glorreichen Sieg errichtet wurde.

Hier hielt der General-Kapitän auf seinem Wallach inmitten der Offiziere. Andächtig sangen sie das Tedeum, das der Kanonikus Samarinas angestimmt hatte, während längs des Schaftes der auf dem höchsten Punkt des Hügels aufgestellten Lanze das Blut vom Haupte des besiegten Feindes zur Erde tropfte ...

Nach beschwerlichem Marsch, in weitem Bogen über die Berge, war der Sigoñe mit seinen vierhundert Guanchen in den Rücken der Spanier gelangt. Unterhalb des Engpasses am Zusammenfluß der beiden Schluchten, wartete er auf das zurückflutende kastilische Heer, um ihm vollends den Garaus zu machen. Doch vergeblich. Die Sonne stand schon schräg und immer noch war von flüchtenden Feinden nichts zu sehen.

Es dämmerte bereits, als deutlich das Klappern von Hufen an sein Ohr drang. Dazwischen glaubte er schmerzliche Seufzer und klagende Weheschreie zu vernehmen. Sie rührten von siebzehn verwundeten Kastiliern, die sechs Reiter und sechs Musketiere zum Lager von Santa Cruz eskortierten.

Der Sigoñe nahm an, es handle sich um Flüchtlinge, die der Niederlage der Spanier entronnen waren. Denn daß die Guanchen gesiegt hatten, stand für ihn nach der Schlacht von Acentejo fest. Überraschend und wild griff er das kleine Häuflein an.

Doch heldenhaft setzten sich die Kastilier zur Wehr. Trotz ihrer Wunden und der Überlegenheit der Feinde verteidigten sie sich, wie es der Tradition des stolzen spanischen Heeres würdig war. Dreizehn Guanchen mußten ihr Leben lassen und sechsundzwanzig wurden verwundet.

Schließlich erlahmten die Kräfte der Tapferen. Die Dunkelheit ließ Freund und Feind nicht mehr erkennen: sie mußten sich der Gnade des Sigoñe ergeben.

Doch nicht wie Martín Buen-Día tötete Bencomos Unterfeldherr die Wehrlosen. An Händen und Füßen gefesselt, ließ er sie in eine Höhle der nahen Schlucht schaffen. Hundert Mann blieben als Wache zurück. Mit dem Rest machte er sich nach der Hochebene auf, um zu sehen, was aus dem spanischen Heer geworden war.

Die überall umherliegenden Leichen der Guanchen sagten ihm am Morgen nur zu deutlich, daß Bencomo die Schlacht verloren hatte. Bis dahin hielt es der siegreiche Sigoñe für unmöglich, daß die Krieger von Taoro von Europäern überhaupt geschlagen werden konnten.

Um den Hügel, auf dem am Vorabend feierlich das Tedeum erklungen war, hatte der General-Kapitän das Nachtlager aufschlagen und Schanzen errichten lassen. Immer noch kündete, weithin sichtbar, als schauerliches Siegeszeichen, der Kopf Tinguaros auf der blutverkrusteten Lanze von der furchtbaren Niederlage der Guanchen.

Kaum hatte der Sigoñe den Standort des Feindes erblickt, als er auch schon beschloß, den Gegner anzugreifen und die Schmach des Vortages zu rächen. Seine Krieger waren durch Versprengte und Bauern auf etwa fünfhundert Mann angewachsen. Gewiß hatten die Spanier viele Tote und Verwundete zu beklagen. Er fürchtete die Fremdlinge nicht, die vom Kampfe ermüdet sein mußten, während seine Truppen frisch zu strahlendem Siege schritten. Doch eins wußte der Sigoñe nicht: Der Verräter Añaterve hatte am Abend dreihundert Guanchen aus Güímar als Verstärkung ins Lager der Kastilier geschickt.

Wutentflammt griffen die mutigen Krieger von Taoro die feindlichen Befestigungen an. Aus sicherer Deckung überschüttete sie ein Hagel von Armbrustbolzen, Musketen krachten, dazwischen dröhnten die Arkebusen. Was nutzte alle Tapferkeit gegen diese fürchterlichen Waffen!

Die Reihen des Sigoñe kamen ins Wanken. Da stürmten die fanatischen Krieger Añaterves keulenschwingend aus der Deckung und drangen auf den weichenden Gegner ein …

Mit verschränkten Armen standen die Kastilier auf den Wällen und sahen dem grausigen Morden zu. Vor ihren Augen kämpften Guanchen gegen Guanchen. Sie fühlten sich wie Zuschauer einer römischen Arena, in der sich zur Belustigung des blutlechzenden Volkes muskelstrotzende Gladiatoren gegenseitig abschlachteten.

Ein neuer, glänzender Sieg war den Spaniern mühelos in den Schoß gefallen. Nicht einen einzigen Kastilier hatten sie verloren. Der größte Teil der Guanchen war getötet, nur wenige, darunter der Sigoñe, entkommen. Durch einen Gefangenen erfuhr der General-Kapitän von dem Schicksal der neunundzwanzig Verwundeten, die gefesselt in einer Höhle der Schlucht von Tahodio saßen und von hundert Kriegern bewacht wurden.

Sofort beschloß er, seine tapferen Soldaten zu befreien und damit die ganze Hochebene vom Feinde zu säubern. Den Oberbefehl über das Streifkorps gab er dem Hauptmann Pedro de Vergara, der sich augenblicklich mit seinen Armbrustschützen und den Guanchen aus Güímar auf den Weg machte.

Die Höhle, in der die Gefangenen untergebracht waren, lag auf halber Höhe des Abhangs. Im Tal selbst lagerten ahnungslos die Krieger von Taoro und warteten auf die Rückkehr ihres Feldherrn.

Im Augenblick hatte der listige Pedro de Vergara die schlechte Lage des Feindes erkannt. Sofort sandte er dreißig Guanchen auf den höchsten Punkt des Abhangs über der Höhle. Er selbst stieg mit seinen Leuten in die Schlucht hinab.

Der Pistolenschuß des Hauptmanns – das vereinbarte Zeichen – rollte durchs Tal und brach sich donnernd an den Felsen. Gleichzeitig stürzten Lawinen von Steinen auf die überraschten Guanchen nieder. Kopflos sprangen sie aus der Deckung und stürzten davon. Da klangen die Armbrüste auf und machten die Fliehenden nieder. Nur wenige entkamen.

So leicht gelang die Befreiung der neunundzwanzig Tapferen, die, halb verhungert und verdurstet, an Händen und Füßen gefesselt, mit offenen Wunden, die ganze Nacht in der eiskalten Höhle verbrachten und stündlich ihren Tod erwarteten.

Auch bei diesem Gefecht hatten die Spanier nicht einen Mann verloren.

Mencey Bencomo war durch die Rodeos nach Tacoronte entkommen. Der schwere Blutverlust hatte ihn so ermattet, daß ihn seine Krieger das letzte Stück Wegs tragen mußten. Fürst Acaimo und der junge Prinz Badenol, die glücklich entronnen waren, pflegten ihn.

Am zweiten Tage nach seiner Niederlage saß er bereits vor der Höhle und sah sinnend auf die graue, novembersturmgepeitschte See hinunter. Ein bitterer Zug lag um seinen Mund. Die tapferen Krieger von Taoro waren geschlagen, sein Oheim getötet worden. Doch er lebte noch, und mit ihm die verbündeten Menceys. Und solange er lebte ...

Schon begannen in seinem Kopf neue Pläne zu reifen. Auch der Gegner war stark geschwächt und würde nicht wagen, über die Cumbre zu dringen. Außerdem stand der Winter vor der Tür. In wenigen Stunden konnten sich die Schluchten in reißende Sturzbäche verwandeln und unüberbrückbare Hindernisse bilden. Nebelschwaden verhüllten tagelang die Sicht, der Schnee auf den Kämmen machte Weg und Steg unkenntlich. Bis zum Frühjahr blieb ihm Zeit, ein neues Heer aufzustellen.

Er schaute aus seinen Gedanken auf. Vor ihm, den Blick zur Erde gerichtet, standen Prinz Badenol und fünf Edle aus Tacoronte. Fragend sah sie Bencomo an.

Da verließ den jungen Prinzen seine mannhafte Beherrschung. Tränen liefen ihm über die Wangen, als er jetzt sorgsam das verschnürte Ziegenfell aufwickelte, das ihm einer der Sigoñes reichte. Wortlos starrte Bencomo auf das, was sich seinen Augen enthüllte: es war das Haupt seines Oheims Tinguaro.

Der General-Kapitän hatte einen Teil seines Heeres in die Ebene von Guamaza entsandt und durch Guillen Castellano den Vorposten der Guanchen das Haupt Tinguaros überreichen lassen. Seine Botschaft an den König von Taoro lautete: »Das ist die Folge deiner Unbotmäßigkeit! Auch dein Kopf wird bald, vom Rumpf getrennt, auf der Spitze einer kastilischen Lanze stecken!«

Die Antwort des Fürsten bewahrte uns die Chronik:

»Geht und sagt eurem Feldherrn, daß nichts mich erschreckt. Ich bin entschlossen, meine Ehre, mein Land, mein Leben und das meiner Vasallen zu verteidigen. Ich beneide meines Bruders Los und all derer, die für das Vaterland gefallen sind.«

Lugo hatte sich getäuscht: dieser Gegner ließ sich nicht einschüchtern. Er war der Hoffnung gewesen, durch die unmenschliche Sendung den Mut Bencomos zu erschüttern und weiteres Blutvergießen zu vermeiden. Jetzt wußte er, daß dieser Leichenfrevel – ewig in der Weltgeschichte mit seinem Namen verknüpft – umsonst gewesen war.

Unwillig über seine Tat und seelisch bedrückt, führte er sein Heer ins Winterquartier nach Santa Cruz zurück.

Lang erstreckte sich der Zug der Getreuen, die Mencey Bencomo ins Tal von Arautápala und zurück nach Taoro begleiteten. Von den Bergen und Feldern strömten Frauen, Kinder und Greise herbei, zum letzten Male das Haupt ihres großen Feldherrn zu sehen, das feierlich auf einem Drachenschild vorangetragen wurde. Klagend drangen die Rufe der Krieger zum Himmel, während sich ihre Augen mit Tränen füllten: »Der hochherzige Fürst fiel für sein Vaterland! Als Waisen ließ er seine Guanchen zurück ..!«

Das weite Rund des Tagoror war mit Lorbeer geschmückt. Auf dem Königssitz unter dem Drachenbaum stand, mit Totenblumen umkränzt, der bleiche Schädel Tinguaros. In langer Reihe zogen die Guanchen an ihm vorbei. Einzeln beugten sie sich zur Erde und ehrten ihn mit dem königlichen Gruß, der nie an das Ohr des Lebenden gedrungen war: »Zahaniat Guayohec!«

Bei sinkender Dunkelheit wurde er unter feierlichen Trauergesängen in der Grabhöhle der Könige von Taoro beigesetzt.

Guayote, der Wutwehende

Nur wenige Menschen sind geistersichtig und glauben an Gespenster. Doch in den Sagen, Märchen und Legenden eines Volkes schlummern unheimliche Fabelwesen, die sich eines Tages verdichten, Gestalt annehmen und zu leben beginnen. Vorboten des Unheils, verlassen sie abgründige Höhlen und schlangenbevölkerte Grotten in dunkler Nacht, steigen aus unwegsamen Schluchten empor und machen die Menschen erschauern.

Käuzchenschreie, vom Himmel fallende Sterne, unterirdisches Grollen, Seebeben, Sturmfluten und Mondfinsternis künden ihr Kommen. Erst gehen sie in den Gesindestuben um und den Hütten der Armen, dann schleichen sie sich durch die angelehnte Tür ins Herrenhaus: ein Windstoß reißt das Fenster auf, im Kamin stürzt ein Scheit zusammen, das Licht verlöscht ...

Grauschwarz gefiederte Riesenraben umflatterten mit unheilkündendem Krächzen die Glückliche Insel. Dezemberstürme umtobten den schneebedeckten Echeyde, graugeballte Wolken jagten wie apokalyptische Reiter über das weite Tal von Arautápala. Brüllend raste die See gegen die steile

Felsküste, tief unter der Erde rührte sich Guayote, der Wutwehende: der Dämon stand auf und reichte dem Feinde die Hand, das edle Volk der Guanchen zu vernichten.

Frauen hatten ihn gesehen, wie er mit glasigen Augen durch die Dämmerung huschte und ihnen seinen heißen Atem ins Gesicht blies. Fischern hatte er die Binsennetze zerrissen, und sein Hohngelächter klang wie das Donnern des Meeres. Von den Höhen des Tigaiga hatte er riesige Felsen ins Tal gerollt, wie sie keines Menschen Hand zu lösen vermochte.

Zitternd saßen die Guanchen in ihren von Kienspänen erleuchteten Höhlen und horchten angstvoll dem Höllenkonzert, das um sie her tobte. Deutlich vernahmen sie die gellenden Schreie des Dämons, die das Pfeifen des Sturms übertönten.

Die Ur-Sage stand auf: erschauernd umhockten Männer, Frauen und Kinder den greisen Erzähler und lauschten vergangener Mär ...

»Vor vielen, vielen Tausenden von Monden lebten die Guanchen in einem fernen Lande, in dem der Schnee auf den Bergen sommers und winters nicht schmolz. Karg waren die Ernten, dürftig ihre Nahrung, oft schlich das Gespenst des Hungers umher. Wilde Tiere umlagerten des Nachts ihre Höhlen, kriegerische Stämme fielen in ihr Land und raubten ihre Herden. Doch weil sie sehr tapfer, edel und genügsam waren, wurden sie die Lieblinge Acoráns, des Lenkers der Welt, und er beschloß, ihr Los zu bessern.

Zu dieser Zeit regierte sie ein Fürst, den sie den ›Großen‹ nannten. Er war ein weiser und gerechter Herrscher, seine Untertanen verehrten ihn wie einen Vater. Doch ein Hungerjahr folgte dem anderen, und wie sehr sie auch die knappen Vorräte einteilten und darbten, viele gingen dahin in den langen, bösen Wintern. Sehnsüchtig erwarteten sie die wärmende, fruchtspendende Sonne Acoráns.

An einem verschneiten Wintertag war es, als der Große vor seiner Höhle saß und traurig über die weite Ebene blickte. Diesen Winter würde keiner mehr von ihnen überleben ... Da erfüllte ein Donnerschlag die Luft, ein Windstoß fuhr vom Himmel hernieder, und vor ihm stand ein strahlender Jüngling, einen blitzenden Speer in der Hand, der bis zur Sonne reichte. Es war Acorán, der Menschengestalt angenommen hatte.

Und also sprach der leuchtende Gott zu dem ehrfürchtigen Alten: ›Verlasse diese unfruchtbare Gegend und ziehe mit deinem Volke in der Richtung, in der die Sonne am Mittag steht, bis du in ein Land kommst, das die Staubgeborenen Mauretania nennen.‹ Ein zweiter Donnerschlag und in einem Windstoß flog Acorán zum hohen Tigot zurück.

Der Große aber versammelte seine Vasallen und kündete ihnen den Willen ihres Gottes. Noch am selben Tage brachen sie auf und trieben die wenigen Schafe und Ziegen, die ihnen geblieben, vor sich hin gen Süden.

Lang und beschwerlich war der Weg, bis sie die Schneewüste hinter sich hatten. Dann eröffneten sich ihnen liebliche Gefilde, gräserreiche Wiesen grünten, schattige Wälder gewährten ihnen kühle Rast, breite, silberfunkelnde Ströme säumten den Pfad der Wandernden. Nirgends verweilten sie, unwirklich geisterte vor ihren Augen das Land Mauretania, das Acorán selbst ihnen versprochen.

Unsichtbar, schleichend, hinterhältig folgte dem Zug der Guanchen Guayote, der Wutwehende, der in den kalten Winternächten ihrer Heimat wie Eissturm um ihre Höhlen gebraust. Er haßte sie, wie alles, was Acorán liebte, und wartete auf die Gelegenheit, sie ihm abtrünnig zu machen, um sie dann, seines Schutzes beraubt, zu vernichten.

Endlich nach vielen Monden kamen sie an ein hohes Gebirge, das sich vor ihnen türmte wie eine unübersteigbare Mauer. Die meisten, vom langen Wandern ermüdet, murrten und wollten nicht weiter. ›Laßt uns hierbleiben an den saftigen Hängen,‹ sagten sie. ›Weide genug gibt es für unsere Tiere, besser mag es im Lande Mauretania auch nicht sein.‹

Als Guayote diese Worte hörte, rieb er sich die Hände und hüpfte vor Freude. Schon begannen einige an den Versprechungen Acoráns zu zweifeln. Und die Zweifler waren ihm verfallen ... Klug nährte er die Zwietracht unter ihnen durch böse Einflüsterungen. Er stachelte sie auf, sich dem Großen zu widersetzen und diesseits des Gebirges zu bleiben. Im fetten Grün prangte der Nordhang, und des Dämons Höllenkunst täuschte ihnen das Paradies vor, denn es war Sommerszeit.

Allen Bitten und Befehlen des Großen zum Trotz blieben die Guanchen und siedelten sich an. Nur sechzig folgten dem Alten über die Berge und gelangten glücklich ins Land Mauretania.

Als der Winter kam, bedeckte sich der Nordhang mit Schnee und Eis. Lawinen donnerten zu Tal, grimmige Kälte brach über die Guanchen herein, die meisten erfroren. Einige Beherzte wollten dem Großen nach. Doch Weg und Steg waren verschneit, unpassierbar das Gebirge. Auch sie kamen um.

Im Lande Mauretania aber blühten Veilchen und Rosen, schlanke Dattelpalmen schwenkten ihre fruchtstrotzenden Kronen. Buntgefiederte Vögel sangen jauchzende Liebeslieder, die Herde vermehrte sich, dankbar priesen die Guanchen die Güte Acoráns.

Nach der Vernichtung der Abtrünnigen war ihnen Guayote aufs neue gefolgt. Auch mit dem Rest wollte er aufräumen.

Er, der Geist des Bösen, der ewig ist, hatte Zeit, zu warten, bis der Tag seines Sieges kam.

Da starb der Große. Leidvoll trugen ihn die Getreuen zu Grabe. Einen hohen Steinhügel häuften sie über seiner letzten Ruhestätte, daß nichts seinen Frieden störe. Als König aber wählten sie einstimmig seinen Sohn.

Wieder hatte sich Guayote getäuscht. Er hoffte, daß nach dem Tode des Führers Unstimmigkeiten unter den Guanchen ausbrechen würden. Doch nichts dergleichen geschah. In den Fußspuren seines Vaters schritt der junge, strahlende Sohn des Großen.

Immer neue Ränke dachte sich der Dämon aus. Alle aber scheiterten an der Treue, Einigkeit und dem Edelmut der Guanchen. Acorán, der das listige Treiben des Herrn der Unterwelt sah, beschloß, die Guanchen für immer der Macht des Unholds zu entziehen und sie nach der Glücklichen Insel zu führen, wo die goldhaarigen Töchter der Sonne wohnten. Sie hatte er als künftige Gemahlinnen für die Besten seines Lieblingsvolkes ausersehen.

Diesmal erschien er dem Sohn des Großen im Traum in Gestalt eines schneeweißen Seevogels und sprach: ›Ziehe mit deinem Volke zur Küste des Meeres, die gen Sonnenuntergang liegt. Dort schaukeln auf den breitrückigen Wogen drei große, schwarze Vögel mit weißen Flügeln. Sie werden dich und die Deinen zur Glücklichen Insel tragen, die ich euch schenke für immerdar, wenn ihr einig bleibt.‹ Dann schwang er sich mit mächtigem Flügelschlag in das Blau des Himmels; der Schläfer aber erwachte …

Willig folgten die Guanchen dem Sohn des Großen zur Küste. Mutig bestiegen sie zwei der nie geschauten Riesenvögel. Den dritten aber beluden sie mit ihrer Herde. Prallgefüllte Ledersäcke, in denen goldgelbe Weizenkörner und sorgsam getrockneter Mais rieselten, luden sie auf seinen Rücken. Sie wußten nicht, daß auf der Glücklichen Insel reiche Kornfelder ihrer warteten, die die goldhaarigen Töchter der Sonne für sie bestellt hatten. Denn auch ihrer Königin war Acorán erschienen, die baldige Ankunft der Guanchen kündend.

Am Ufer aber stand der Guayote und raste. Über das Meer konnte er den Guanchen nicht folgen. Denn nichts war ihm, dem Herrn des Feuers, gefährlicher als flutendes Wasser. Steine warf er ihnen nach und berghohe Felsen türmte er in die See, sie zu erregen. Doch die Riesenvögel blähten ihre weißen Schwingen, Acorán befahl dem Morgenwind zu wehen und ihnen unter die Fittiche zu greifen. Lautlos, mit breiter Brust die Wellen teilend, zogen sie unversehrt von dannen.

Als die Sonne zum fünften Male dem Weltmeer entstieg, kam die Glückliche Insel in Sicht. Hoch stieß der Echeyde sein schneeiges Haupt in den türkisfarbenen Himmel. Silbernes Morgenlicht flutete vom Ringkamm über die wogenden Kornfelder des weiten Tals von Arautápala. Steil stürzten die Höhen des Tigaiga nach Taoro hin ab: geräumige Höhlen harrten ihrer Besitzer.

Sanft trugen die Riesenvögel die Lieblinge Acoráns in die stille Bucht. Als Vieh, Getreide und Mais an Land gebracht waren, wandten sich die Guanchen um, den Dienern ihres Gottes zu danken. Doch die Riesenvögel waren untergetaucht und verschwunden.

Wie erstaunte der Sohn des Großen, als ihm nun an der Spitze des Hofstaates die Königin der goldhaarigen Sonnentöchter entgegentrat. In heißer Liebe loderte sein Herz auf, und das Antlitz der Königin schien wie mit Purpur übergossen.

Der Wille Acoráns geschah: noch am selben Tage wurde die Hochzeit gefeiert. Die übrigen Guanchen aber vermählten sich mit den Töchtern der Sonne, von denen eine immer schöner war als die andere. Eitle Wonne herrschte auf der Glücklichen Insel …

Das erste Beñesmen rückte heran, das erste Erntedankfest. Sonnentöchter tanzten den Erntereigen, bunte Hirtenflöten jauchzten auf, dumpf dröhnte das Muschelhorn rhythmischen Takt. Vom hohen Tigot aus schaute Acorán auf seine glücklichen Guanchen, und noch heller als sonst strahlte die segenspendende Magec über das herbstliche Tal von Arautápala.

Am Ende des Festes aber befahl der Sohn des Großen, alle Waffen, die sie von Mauretania mitgebracht, ins Meer zu versenken, auf daß nie Bruderzwist entstehe.

Als das Frühjahr kam, wurden die Sonnentöchter Mütter … hehre Mütter eines glücklichen Volkes. In den Augen ihrer Kinder malte sich das Blau des Himmels, groß und stark wuchsen sie heran, neue Nachkommen zu zeugen, die weite Insel zu bevölkern.

Im Garten der Königin aber reiften seltsame Früchte, die sie Magec-Mocán, Sonnenäpfel, nannten. Ewige Jugend verbürgten sie denen, die davon aßen, und bei jedem Erntedankfest verteilte sie der Sohn des Großen unter die Edelsten.

Da kam eines Tages auf ausgehöhltem Baumstamm ein Fremdling übers Meer und bat um Gastfreundschaft. Schön war er anzuschauen wie ein junger Gott, und die Guanchen gaben ihm den Namen ›der Starke‹. Friedlich und ohne Mißtrauen, wie sie lebten, hatten sie längst vergessen, was List und Tücke war. Selbst des Wortes ›Feind‹ erinnerten sie sich nicht mehr. In der Nacht aber, während sie schlummerten, stahl sich der Starke in den Garten der Königin und raubte die Früchte, deren Geheimnis ihm Guayote verraten hatte.

Als die Guanchen am nächsten Morgen erwachten, war der Fremdling verschwunden. Kahl und abgestorben spreizten die Bäume der Magec-Mocán ihre entlaubten Äste. Unsterblichkeit, die Acorán seinen Lieblingen zugedacht, ewige Jugend, sie waren dahin. Durch die Hand des Starken hatte der Wutwehende seinen tödlichen Streich gegen die Verhaßten geführt.

Als erste starb die Königin, die Gemahlin des Sohns des Großen. Mit dunklen Trauerschleiern umflorte Acorán das weite Tal von Arautápala. Bäche stürzten vom Ringkamm, den Tod der Königin zu beweinen. Einsam saß der Sohn des Großen in seiner Höhle, ohnmächtig menschlichem Geschick trotzend. In einer Nacht war er alt geworden. Weiß wallte sein Bart vom stolzen Kinn herab. Tränenerfüllt starrten seine Augen ins Leere, die einst strahlend als erste vom Bug des Riesenvogels die Glückliche Insel erschaut. Was bedeutete Leben, wenn es nicht ewig währte? Von der Dunkelheit des Mutterleibs über eine kurze Strecke Lichts führte der Weg zum Dunkel der Grabkammer: ewiges Los aller Sterblichen . . .

Und der Sohn des Großen ordnete an, eine tiefe Höhle zu graben am Fuß des Echeyde, auf daß sich über der toten Königin der höchste Grabhügel der Welt türme, wie ihn keine Menschenhand zu errichten je imstande war. Ewiges Mahnmal sollte er sein den Nachkommen, keinem Fremdling zu trauen, der je die Insel beträte. Seinen Vasallen aber befahl er, Waffen zu schmieden, und er selbst unterrichtete sie im Kriegshandwerk. Da sie wieder Sterbliche geworden, tauchten alte Erinnerungen in ihnen auf.

Bald trug jeder eine scharfgeschliffene Tabona im Gürtel, Keulen wurden gefertigt, Lanzen aus Tea-Holz im Feuer gehärtet.

Acorán aber versetzte die beraubten Bäume der Magec-Mocán aus dem Garten der Königin auf die schroffen Steilklippen am Ufer des Meeres. Dort verwandelten sie sich. Ihre schlanken, glattrindigen Stämme verknorpelten und verknorrten, wurden plump und ungelenk. Zu schwülstigen Polypenarmen schwollen die Äste wie höckertrotzende Schlangenleiber. Statt der lieblichen Blätter trugen sie pfeilspitze Lanzenbüschel, die wie die Stacheln eines Ungeheuers dräuten. Aus ihrem Stamm floß rotes Blut, das Kraft, Gesundheit und Mut verlieh. Die Guanchen aber nannten sie fortan ob ihres unheimlichen Aussehens Drachenbäume und verehrten sie als Hüter der Insel. Aus ihrer Rinde aber verfertigen sie ihre Drachenschilde bis auf den heutigen Tag . . .

Wie die Bäume der ewigen Jugend sich gewandelt hatten zu schreckhaften Ungetümen, so wandelten sich auch die Guanchen. Mit den Waffen war Streitsucht über sie gekommen, aus Kriegsspielen wurden Raufereien, der Friede auf der Glücklichen Insel schien in Gefahr.

Da versammelte der Sohn des Großen alle seine Vasallen im Tagoror und ermahnte sie also:

›Aus der Hand Acoráns, als ewiges Geschenk, erhielten wir dies glückliche Eiland unter der Bedingung, daß kein Hader je unsere Einigkeit störe. Raubte uns Guayote auch die Früchte der ewigen Jugend, so bleiben wir doch die Glücklichsten der Sterblichen. Denn reich ist unser Land, herrlich die schattigen Wälder, sommers und winters scheint uns wärmend die göttliche Sonne. Nie kann der Dämon Macht über uns gewinnen, solange wir das Gebot Acoráns erfüllen. Wehrhaft müssen wir sein gegen den äußeren Feind! Deshalb gab ich euch die Waffen wieder! Noch mehr aber müssen wir uns wappnen gegen den inneren, der unser höchstes Gut bedroht: den Frieden unter uns.‹

Die Vasallen aber murrten. Wer war schuld daran, daß sie die ewige Jugend verloren und wieder Sterbliche wurden?

Wer hatte beim ersten Beñesmen befohlen, die Waffen ins Meer zu versenken? Wer riß Mißtrauen, ja, einfachste Vorsicht aus ihrer Brust und machte sie vergessen, was List und Tücke war?

Erst nur lief ein Murmeln durch das weite Rund. Dann schwoll es an zu immer lauterem Grollen und verstärkte sich zum Getöse, die Brandung des Meeres übertönend. Vergebens versuchte der Sohn des Großen, sich Gehör zu verschaffen. Drohende Rufe drangen an sein Ohr: ›Laßt ihn uns töten! Er selbst war es, der uns die Unsterblichkeit raubte! Wie er uns im Leben vorangegangen, so soll er uns jetzt im Tode vorangehen! Richtet ihn, der das Unglück über sein Volk brachte!‹

Näher und näher wälzte sich die aufgeregte Menge heran. Beschwörend erhob der Sohn des Großen beide Arme, den Tobenden Einhalt zu gebieten.

Da flog, von unbekannter Hand geschleudert, der erste Stein. Mitten in die Stirn getroffen, stürzte der Alte vornüber. Wild heulte das Volk auf. Frauen, Männer und Kinder schleuderten nach dem am Boden Liegenden, was ihnen in die Hände kam. Ein wahrer Hagel ging auf den Sohn des Großen nieder. Hoch türmte sich ein Steinhaufen über dem zerfetzten Leichnam. Das erste Blut, das auf der Glücklichen Insel floß, sickerte darunter hervor.

Die Guanchen waren schuldig geworden …

Plötzlich hielten die Rasenden erstarrt inne. Eiskalter Schreck lähmte ihre Arme, kraftlos entfielen die Steine den zitternden Händen. Ein furchtbarer Stoß warf sie zu Boden, die ganze Insel schwankte. Orkan heulte auf und pfiff vom Nordhang herab, schwarze Wolken nebelten das Tal ein, Blitze zuckten, krachende Donnerschläge brachen sich tausendfach an den schroffen Höhen des Tigaiga.

Immer stärker wurde das Beben. Turmhohe Wasserberge rollten heran, schossen an den steilen Klippen in die Höhe, schäumten auf bis zu den Wolken und stürzten donnernd in die See zurück.

Angstvoll floh das Volk den schützenden Höhlen zu. Da geschah das Grausige: die Wolken fuhren, von unsichtbaren Händen zurückgerissen, auseinander, der Blick auf den Echeyde wurde frei, ein unterirdischer Stoß machte den Bergriesen erzittern, weit öffnete sich der Kegel, eine breite Feuergarbe schoß in den nachtschwarzen Himmel. Glühende Felsblöcke rollten herab, peitschender Regen hüllte sie in zischenden Dampf, schwarzer Schwaden quoll aus dem breiten Schlund.

Auf dem Kraterrand aber saß Guayote, der Wutwehende, und stieß sein höhnisches Siegesgeheul aus. Laut übertönte es das Tosen des Windes, das Brüllen des Meeres, das Pfeifen des Sturms, das Poltern der Steinlawinen, das Ächzen der stürzenden Bäume, die Angstschreie der Menschen und das Donnern aus den Wolken züngelnder Blitze ...

Tage um Tage, Monde um Monde hatte Guayote in ohnmächtiger Wut an der Küste von Mauretania gesessen und in die Richtung geblickt, in die die schwarzen Riesenvögel die Guanchen seiner Macht entführten. Doch nicht verborgen blieb dem Dämon, wo er sie zu suchen hatte. Als der Starke kam, der von der Glücklichen Insel gehört, frohlockte er. Wenn er nicht selbst Uneinigkeit unter ihnen säen konnte ...? So verriet er dem Starken das Geheimnis der Magec-Mocán.

Und wieder grübelte er, wie er hinübergelangen könnte, nachdem die Sonnenäpfel geraubt. Mit der wachsenden Unstimmigkeit der Guanchen reifte sein Plan. Daß er nicht eher auf diesen Einfall gekommen war! Acorán mußte ihm die Gedanken umnebelt haben. Doch mit dem Bösen, das in den

Herzen der Guanchen aufglomm; erstarkte seine Macht. Wie einfach die Lösung war: ging es nicht ÜBER das Meer, so ging es unter dem Meer hindurch!

Die Diener des versengenden Feuers rief er und befahl ihnen, sich in die Erde zu fressen. Kopfüber sprang er ihnen voran in eine klaffende Felsspalte. So gelangte er schnell zum Grunde der Insel.

Doch noch hielt Acorán schützend die Hand über seine Lieblinge. Da wurde der Sohn des Großen vom Volke erschlagen. Das Böse hatte triumphiert: Guayote seine alte Macht wiedergewonnen ...

Zum ersten Male in diesem Winter schneite es auf der Glücklichen Insel. Unwegsam wurden die Gebirgsketten, geballte Wolken verhängten dicht den sonst so strahlenden Himmel. Dumpf brütend saßen die Guanchen in ihren Höhlen und gaben sich gegenseitig die Schuld an ihrem Unglück und der Wiederkehr des Dämons, dem sie nun nicht mehr entfliehen konnten. Wie sehr sie auch zu Acorán flehten, ihnen noch einmal die Riesenvögel zu senden, sie hinwegzuführen aus der Macht des Unholds: Gott verhüllte traurig sein Haupt und hörte sie nicht.

Doch nach dem strengen Winter schwand sein Groll. Die Guanchen waren jetzt Menschen wie die anderen, und wie die anderen würden sie sich bekriegen, Neid, Haß und Zwist ihr Leben verbittern, Verrat, Heuchelei und Hochmut unter ihnen umgehen. Ihr Los? Vor äußeren Feinden konnte er sie bewahren, so lange sie dem inneren trotzten.

Und was Acorán vorausgesehen, trat ein. Die Sippen fingen an, sich zu befeinden. Da niemand wußte, wessen Hand den ersten Stein nach dem Sohn des Großen geschleudert hatte, verleumdeten sie sich gegenseitig, und als das Frühjahr kam und der Schnee auf den Bergen schmolz, rüsteten die Unzufriedensten zum Aufbruch. Einige zogen hinauf in die Berge von Icod, andere überstiegen den Nordhang und siedelten sich an der Südküste an, wieder andere wanderten nach der Punta de Anaga, dem Fischfang zu leben. Diejenigen aber, die mehr an unglückliche Verkettungen als an Schuld glaubten, blieben im Tal von Arautápala.

Mit der Zeit vergaßen sie ihr Geschick. Selbstverständlich schien ihnen Leben und Tod, Krieg und Angst, Krankheiten, Mißernten und dann und wann die Zornausbrüche des Dämons.

Einmal im Jahr aber herrschte wie ehedem eitle Wonne auf der Glücklichen Insel. Begraben waren Hader, Zank und Streit, wenn sie zum Beñesmen zusammenkamen. Dann erfreuten sie sich an Spiel und Tanz, am Klang der melodischen Hirtenflöten, am Rasseln der Tajarastes und an den Früchten des Erdbeerbaums beim festlichen Guatativoa.

Gütig lächelte Acorán auf sie herab: waren es früher seine göttlichen Lieblinge gewesen, so waren es heute seine Lieblinge unter den Sterblichen. Denn edel blieben sie trotz ihrer menschlichen Schwächen, und in jedem lebte noch ein Blutstropfen der goldhaarigen Töchter der Sonne ...«

So lautete die Ur-Sage, die, der Vergangenheit entstiegen, wieder in den Höhlen umging und die Guanchen in Furcht und Schrecken versetzte. Großes Unheil war über ihr Volk hereingebrochen. Wieder hatte der Feind seinen Fuß auf die Insel gesetzt, ihre tapferen Krieger mit seinen feuerspeienden, dem Dämon entliehenen Waffen geschlagen, den edlen Tinguaro getötet, seinen Leichnam geschändet und ihnen den Kopf mit höhnischer Botschaft zugesandt. Stürme brausten über die Insel, wie sich ihrer die Ältesten kaum erinnerten, unter der Erde grollte Guayote, der Wutwehende.

Nun geschah etwas, was auch die Herzen der Mutigsten erzittern machte: der Stamm des uralten Drachenbaums, des Wahrzeichens von Taoro, spaltete sich und begann zu bluten. War es ein Zeichen Acoráns, sich dem Feind zu unterwerfen, auf daß nicht noch mehr Blut den heiligen Boden der Insel tränke? Niemand wußte es zu deuten.

Doch noch ein schlimmeres Vorzeichen sollte den Mut der Guanchen erschüttern: auf dem Tagoror floß Menschenblut, wie damals, als man den Sohn des Großen steinigte. Und wieder wurde das ganze Volk schuldig . . .

Wenige Sonnen sind vergangen, seit der bleiche Schädel des greisen Feldherrn in der Grabhöhle der Könige von Taoro beigesetzt ist. Mencey Bencomo hat eine Volksversammlung einberufen. Schwertgegürtet steht er im Tagoror unter der wehenden Añepa, die ein Krieger über seinem Haupte hält. Tief verneigen sich vor ihm die Edlen. Viele sind in der Schlacht geblieben und die Reihen der Krieger gelichtet. Doch er scheint es nicht zu bemerken. Kalt gleitet sein Blick über die Vasallen, kriegerische Zuversicht spricht aus seinem ruhigen Auge. Jeder kann die Gedanken hinter der hohen, stolzen Stirn lesen. Und so will er es. Denn was bedeutet eine verlorene Schlacht dem Mutigen, was eine Niederlage dem soldatischen Geist eines todesverachtenden Kriegers? Nichts als Ansporn und unbeugsamer Wille zu endgültigem Sieg. Gefallene Helden beklagt man nicht, man ehrt sie. Er hatte seinen Oheim beweint, nicht den Feldherrn. Dieser würde fortleben in den kriegerischen Gesängen beim Beñesmen, solange es ein Guanchenvolk gab.

Und an seinen leuchtenden Herrscheraugen hängen die Vasallen und fassen Mut. Wie weggeweht sind die Nachtmahre aus den kienspanerleuchteten Höhlen. Dort steht Mencey

Bencomo, ihr Führer, ihr Herr! Um sein Haupt spielen die Strahlen einer gespensterverscheuchenden Sonne, das Blut aus dem Drachenbaum hat aufgehört zu sickern.

Der Fürst hebt die Hand: schweigend liegt das Rund. Zum letztenmal gedenkt er der fürs Vaterland Gefallenen. Getragen klingt seine Stimme. Dann schwingt sie auf und triumphiert gleich dem hellen Ton des siegkündenden Muschelhorns. Das Vertrauen ist zurückgekehrt, jubelnde Beifallsstürme unterbrechen ihn immer wieder.

Er spricht von dem großen Reich des Tehinerfe, das er erneut aufrichten will, wenn der Feind von der Insel vertrieben, von dem Mut, der keine Gefahr scheut, von der Kraft, die den Sieg verleiht, von Treue, Aufopferung, Heldentum.

Wie Flammen schlagen seine Worte in die Herzen des ganzen Volkes. Die wundvernarbten Leiber der Krieger recken sich, hoch heben die Frauen ihre Kinder, ihn besser zu sehen, den König, den Helden Bencomo. Über greise Gesichter rinnen Tränen stolzer Freude.

Als er endet, geht es wie ein Rauschen durch die Menge, dann schwillt es zu donnerndem Ruf:

»Lang lebe der Held von Tehinerfe! Lang lebe unser König Durimán Bencomo!«

Das Brausen war verebbt, wieder lag Schweigen über dem weiten Rund. Da sprang ein kleines, buckliges Männchen in den Kreis. Sein langer, weißer Bart reichte ihm bis zum Gürtel, den kahlen Schädel färbten die Strahlen der untergehenden Sonne blutig rot. In seiner Hand schwang ein vertrockneter Lorbeerzweig, mit dem er um sich einen magischen Kreis in den Sand zog. Es war Guayanéme, der Zauberer.

Was wollte dieser Unglücksrabe im freudig erregten Tagoror? Warum blieb er nicht in seiner Höhle, Säfte zu mischen aus Drachenblut und heilsamen Kräutern, die in den Schluchten wucherten? Hoch oben am Ringkamm hauste er, schon halb vergessen, bis die Frauen sich seiner erinnerten, hinaufstiegen und Zaubertränke erbaten für ihre verwundeten Männer.

Unwillige Rufe wurden laut. Da begann der Alte mit schriller, der Sprache entwöhnter Fistelstimme zu kreischen, während er von einem Bein auf das andere sprang und auf Bencomo deutete:

»Was der da euch sagte,
Ist eitler Wahn …
Die Guanchen vergessen
Hat längst Acorán.
Hihi …
Wie wollt ihr euch wehren,
Ihr armen Toren,
Schon habt ihr …«

– Höhnisch lachte er auf und hielt sich den Bauch. Dabei drehte er sich wie ein Kreisel. –

»Schon habt ihr
Die erste Schlacht verloren.
Hihi …
Ich weiß, was ich weiß,
Durch die Zauberei,
Folgt ihr ihm,
Schlag'n sie euch zu Hackebrei.
Hihi …
Doch hört ihr auf mich,
Bleibt ihr unversehrt.
Werft weg eure Schilde,
Zerbrecht euer Schwert!
Hihi …«

Rasend vor Zorn war Bencomo aufgesprungen, den Wahnsinnigen zu züchtigen. Da hatten ihn bereits Fäuste gepackt und versuchten, ihn aus dem Tagoror zu ziehen. Doch der Bucklige entwand sich ihnen. Höhnisch kichernd, um den Drachenbaum hüpfend, machte seine sich überschlagende Stimme das Blut der Guanchen zu Eis erstarren:

»Zu End' will ich singen
Euren Sterbegesang.
Hihi, hihi, hihi …
Guayote will
Euren Untergang.
Hihi, hihi, hihi …«

Kaum war sein letztes Hihi verklungen, da fuhr ihm eine Eschenlanze zwischen die Schulterblätter. Zu Tode getroffen stürzte er in den Sand. Rot färbte sein Blut den heiligen Boden des Tagoror.

Das weiße Kreuz

Wenn man sich in das Werk des griechischen Geschichtsschreibers Thukydides über den Peloponnesischen Krieg vertieft, so findet man unzweifelhaft die große Gleichlaufende, die die Mathematiker Parallele nennen, im Freiheitskampf der Guanchen gegen die spanischen Eroberer. Wie einst in Athen die Pest die Blüte der Jugend dahinraffte und keinen Unterschied machte zwischen Heloten und Edelgeborenen, so brach über die Guanchen eine furchtbare Seuche herein, die die Spanier Madorra nannten.

Wenn uns aber der griechische Schriftsteller ein genaues Bild der verheerenden Krankheit hinterließ, die die Königin des klassischen Altertums heimsuchte, wenn er uns eingehend die Merkmale jener schaudererregenden Pest schilderte, die selbst vor den von ionischen Säulen getragenen Palästen der Archonten nicht halt machte, so wissen wir nicht, welcher Art sie auf Teneriffa war.

Fray Espinosa, der kirchliche Historiker, streift sie nur und stellt sie als Gottesgericht über die unbotmäßigen Heiden dar, Naturwissenschaftler schreiben sie den verwesenden Leichen der bei La Laguna Gefallenen zu, andere sprechen von einem bösen Fieber, wieder andere von einer geheimnisvollen Krankheit, die der Anti-Passat von Afrika herübergeweht. Wie dem auch sei, die Guanchen glaubten, daß es der giftige Hauch des Guayote wäre, der endlich den Weg gefunden, in ihre uneinnehmbaren Höhlen zu dringen.

Die Madorra war ausgebrochen. Auch im Lager von Santa Cruz ging sie um. Die Reihen der Kanarier lichteten sich, die Hilfstruppen Añaterves schickte der General-Kapitän schleunigst in ihre Berge zurück. Von den Kastiliern starben nur wenige.

Furchtbar hingegen wütete sie auf der Nordseite der Insel: in Tegueste, Tacoronte und dem Tal von Arautápala. Es war wirklich, als ob der Dämon seinen Gifthauch vom Nordhang herabgeblasen, den Sterbegesang Guayanémes wahr zu machen. Mehr als hundert Opfer forderte jede Sonne auf ihrem Weg vom Meer ins Meer.

Was die feuerspeienden Waffen der Spanier nicht vermochten, das vollendete Guayote, der den Tag seines Sieges nahe wähnte und dem Feinde brüderlich die Hand reichte. Was war die Tapferkeit der edlen Guanchen gegen diesen unsichtbaren, unfaßbaren Gegner? Was ihr todesverachtender Mut gegen den giftigen Odem, dem keiner zu entrinnen vermochte? Was ihre unfehlbaren Lanzen gegen den Leichengeruch ausströmenden Nebel, der vom Ringkamm herabwehte?

Und doch ... Krieger blieben sie bis zur letzten Stunde.

Ungebeugt saß Mencey Bencomo in seiner Höhle und grübelte. Auch vor dem Lager des Feindes würde die Pest nicht halt machen. Wenn er selbst die Seuche überlebte, dann war die Hoffnung auf Sieg nicht verloren. Er wußte genau, wie es um seine Vasallen in Taoro stand. Der Tod des alten Zauberers – wieder wußte niemand, wer den Speer geschleudert, es war wie bei der Steinigung des Sohns des Großen –, sein unheilkündender Zaubergesang hatte sich in ihre Herzen gegraben.

»Was der da euch sagte,
Ist eitler Wahn,
Die Guanchen vergessen
Hat längst Acorán ...«

Auch ihm gingen diese Worte nicht mehr aus dem Kopf. Immer wieder sagte er sie vor sich hin.

Da waren die heuchlerischen Priester der Fremden in ihren langen schwarzen Tamarcos, die keine Kinder zeugten, keine Waffen trugen und doch eine unübersteigliche Mauer geschaffen hatten zwischen Guanchen und Guanchen. Da war das Kreuz, jenes Kreuz, das auf den Fahnen der Feinde wehte und das die Toten von Acentejo auf der Brust trugen.

Nachdenklich betrachtete er seine Toledaner Klinge. Bisher war es ihm nicht aufgefallen: auch ihr Griff bildete ein funkelndes Kreuz. Gab es wirklich einen anderen Gott, der mächtiger war als Acorán, und die Fremden in diesem Zeichen zum Siege führte? Warum ließ er sie dann in der Schlucht von Acentejo umkommen? Doch hatte nicht die Seuche im Gebiet von Güímar halt gemacht, wo die Heilige

Jungfrau des Lichts in der Grotte von Atbínico schützend die Hand über die hielt, die sie anbeteten?

Nein! Es konnte nicht sein! Schwäche war es, die ihn, den Starken, befallen über die grause Ernte, die der Tod um ihn her hielt. Ein Kreuz? Was war ein Kreuz? Auflachend schlug er auf den Knauf seines Schwertes: es diente dazu, den Degen fester zu fassen und ihn zu halten. Und halten würde er ihn in seiner königlichen Hand bis zum Sieg.

Der letzte Tag des Jahres 1494 war herangekommen. Im Lager von Santa Cruz herrschte schon seit langem Fleischmangel, auch Gofio, Mehl und Käse gab es kaum noch. Der Madorra waren die Kastilier Herr geworden. Doch aus Furcht, sie erneut einzuschleppen, hatte der General-Kapitän verboten, Lebensmittel von Güímar anzunehmen. Jetzt aber sah er sich gezwungen, entweder seinen Befehl zu widerrufen oder aber eine größere Expedition auszusenden, um Viehherden heranzutreiben. Er entschloß sich zu letzterem.

An die Spitze des Unternehmens stellte er die beiden unzertrennlichen Freunde, die Hauptleute Gonzalo de Castillo und Fernando de Trujillo, und gab ihnen fünfhundert Mann mit. In aller Frühe setzte sich die Truppe nach der Hochebene von La Laguna in Marsch.

Es war ein herrlicher, überklarer südlicher Wintermorgen. Zum Greifen nahe lag das Bergmassiv von Gran Canaria. Die zackigen Umrisse des Randgebirges zeichneten ihre bizarren Schatten auf die Hänge der Talmulden. Im saftigen Wintergrün reckten sich stolz die stachligen Tabaibas, vom wolkenlosen Himmel strahlte wohlig wärmend die Sonne.

An der Spitze seiner Leute, auf dem tänzelnden Berber-Schimmel, ritt Gonzalo de Castillo in den leuchtenden Morgen hinein. Frei und glücklich fühlte er sich wie ein Ritter auf

Brautfahrt, der mit seinem Troß auszog, die Herzenskönigin heimzuholen. Fest vertraute er auf die Heilige Jungfrau des Lichts, die Schutzpatronin der Insel, zu der er immer wieder betete. Sie würde seinen heißen Wunsch erfüllen und ihm die Prinzessin von Taoro zur Gemahlin geben, als Siegespreis, wenn die Guanchen unterworfen waren. »Dácil!« So triumphierend hatte er den Namen ausgestoßen, daß der Berber-Schimmel einen Satz zur Seite machte. Lachend klopfte er dem edlen Tier den schlanken Hals.

Trotz der Neckereien seines Freundes Trujillo hatte er heute sein bestes Wehrgehänge angetan. Leuchtend funkelte die federgeschmückte Sturmhaube um die Wette mit den jugendfrischen Augen, die unter dem hochgeschlagenen Visier hervorschauten. Die Goldborten seines Waffenrockes glänzten, wie flüssiges Silber gleißte sein spiegelnder Harnisch. Vor sich, auf das linke Knie gestützt, hielt er den länglichen Schild: auf blauem Grunde schimmerte schneeig das weiße Kreuz, das Zeichen seiner Bruderschaft.

Friedlich dehnte sich die Hochebene vor den Augen der kastilischen Soldaten. Buntgefiederte Vögel jubilierten, weit und breit war keine Menschenseele zu sehen. Und wenn die bleichenden Skelette der Gefallenen und die überall auf der Felshalde verstreuten Knochen nicht gewesen wären, die zwischen dem frischen Grün hervorlugten, niemand hätte geglaubt, daß hier vor wenigen Wochen eine grausige Schlacht getobt.

Trujillo suchte mit seinen Armbrustschützen die umliegenden Höhen nach Guanchenhöhlen ab, um sich etwaiger Vorräte zu bemächtigen. Außer ein wenig Gofio und Käse fanden sie nichts. Leer, verlassen, ausgestorben starrten ihnen die Eingänge wie tote Augen entgegen.

Schon wollten sie unverrichteter Dinge umkehren, als auf der Spitze eines turmhohen Felsens ein Guanchen-Weib erschien. Gleich züngelnden Schlangen hingen die Haare um ihren Kopf, ihr zerfetztes Fellhemd flatterte im Bergwind, hoch hob sie den Arm und schwenkte ihn weit im Kreis. Wie die Göttin der Rache stand ihr dunkler Schattenriß gegen den leuchtenden Himmel. Schrill und verzweifelt klang ihre Stimme an das Ohr der Kastilier: »Was zaudert ihr noch, Christen! Kommt und nehmt unser Land! Keiner ist mehr da, der euch entgegenträte!« Dann war sie wie eine Erscheinung verschwunden.

War es wirklich so, wie das Weib gesagt hatte? Trujillo überlegte. Dann gab er Befehl, nach der Cumbre hin aufzubrechen.

Plötzlich drang aus der Tiefe einer Grotte Schluchzen an ihr Ohr. Fünf Mann mit gespannter Armbrust traten ein. In der Mitte der Höhle hockte ein ehrwürdiger Alter mit langem, weißem Bart, um ihn her zwei Knaben und ein junges Mädchen. Zwischen ihnen lag der noch nicht erkaltete Leichnam der Mutter, die die Knochenhand der Madorra vor wenigen Augenblicken erwürgt haben mochte.

Bereitwillig, teilnahmslos, mit stieren Augen beantwortete der Alte die Fragen der Spanier. Unweit von hier, in der Schlucht von Tegina, waren die Viehherden zusammengetrieben.

Sofort beschloß Trujillo, sich der Schafe und Ziegen zu bemächtigen und sie ins Lager von Santa Cruz zu treiben.

Schon nach kurzer Zeit hörten die Christen das Blöken und Meckern aus der sich zu ihren Füßen windenden Schlucht. Erschreckt flohen die wenigen Hirten beim Anblick der Feinde. Mühelos war die Herde in ihre Hände gefallen.

Trotz der reichen Beute stiegen einige Soldaten zum Grat zurück, um den Alten und die Kinder zu fangen, denn hoch standen Guanchen-Sklaven im Preis.

Doch welch gräßliches Schauspiel bot sich ihren Augen! Bei ihrem Eintritt in die Höhle hatte der Alte sein am Boden liegendes Obsidian-Messer ergriffen und blitzschnell den Kindern den Hals durchschnitten. Und ehe noch die Söldner es hindern konnten, stieß er sich eine Lanze in den Bauch, die griffbereit am Felsen lehnte.

»Unseliger Mörder!« rief ihm ein Kastilier zu. »Warum hast du das getan?«

Mit röchelnder Stimme antwortete der Alte: »Lieber sollen meine Enkel mit mir sterben, als in der Sklaverei umkommen!«

Dann rollte er den Spaniern vor die Füße.

Von einem Hirten, der bei dem Überfall auf die Herde gefangengenommen wurde, erfuhr Trujillo, daß Zebensui, der Fürst von Tegueste, und Mencey Acaimo von Tacoronte mit zwölfhundert Kriegern jenseits der Höhen lagerten.

Um einem überraschenden Angriff der Guanchen begegnen zu können, ließ er das spanische Heer in folgender Ordnung marschieren: voran einige Armbrustschützen, dann das Gros der Infanterie in fünf Kolonnen, zwischen ihnen das aufgeteilte Vieh. Die Nachhut führte Gonzalo de Castillo mit seinen Reitern.

Trujillo schien es am besten, die Herde so schnell wie möglich hinter die schützenden Lagerwälle von Santa Cruz zu bringen. Aus diesem Grund schlug er den kürzesten Weg ein, der über den ostwärts gelegenen Paß von Las Pañuelas führte, wie die Spanier jene steile Talmulde nannten.

Inzwischen waren die entkommenen Hirten in das Lager

Zebensuis geeilt und hatten ihn vom Raub der Herde benachrichtigt. Sofort brach er mit Acaimo und seinen Kriegern zur Verfolgung der Feinde auf: mit den Tieren würden die Kastilier nur langsam vorwärtskommen. Deshalb beschloß er, sie im Eilmarsch zu umgehen und ihnen am Ostpaß den Weg zu verlegen.

Langsam, die Herde zwischen sich, näherten sich die Kastilier der Talmulde. Nirgendwo war ein Feind zu sehen. Schon wollte Trujillo über das glückliche Gelingen seines Unternehmens triumphieren, als ein schauerlicher Pfiff die friedliche Stille zerriß. Zebensui selbst hatte ihn ausgestoßen: es war das Zeichen zum Angriff für seine Krieger, die jetzt hinter den Felsen aufsprangen.

Fürchterlich war der Zusammenprall der beiden Heerhaufen, und für die Spanier wäre es schlecht ausgegangen, wenn Trujillo nicht vorgebaut hätte. Durch die Schlacht von Acentejo gewitzigt, wo ihnen die Herde zum Verderben wurde, hatte er, wie wir wissen, die Schafe und Ziegen zwischen die fünf Kolonnen verteilt. So konnten die erschreckten Tiere nach beiden Seiten hin ausbrechen. Nach dem Sieg blieb Zeit genug, sie wieder zusammenzutreiben.

Und ein vollständiger Sieg über die Guanchen wurde es. Während die drei ersten Kolonnen dem wuchtigen Stoß des Gegners standhielten, erklommen die beiden anderen die Höhen und fielen dem Feind in den Rücken. Grausig war das Gemetzel, und nach wenigen Minuten befanden sich die Guanchen in voller Flucht. Doch ehe sie die schützenden Berghalden erreichten, brachen die kastilischen Reiter wie ein Sturmwind über die Fliehenden herein. Allen voran wehte der Federbusch der funkelnden Sturmhaube des Hauptmanns Gonzalo de Castillo.

Die Schlacht war gewonnen. Nur zwölf Kastilier verloren

ihr Leben, über neunzig Guanchen lagen erschlagen auf der Talmulde.

Der Hauptmann Trujillo ließ zum Sammeln blasen. Das Vieh wurde von den Hängen herabgetrieben, als man ihm meldete, daß sein Freund Gonzalo de Castillo verschwunden war. Sofort schickte er Streifen über das Schlachtfeld: die Toten wurden umgedreht, die verstreuten Waffen gesammelt, nirgendwo leuchtete der längliche Schild mit dem weißen Kreuz auf blauem Grunde.

Endlich kamen drei Armbrustschützen zurück und meldeten: tot lag der Berber-Schimmel zwischen einer Gruppe von Pinien. Eine Lanze aus Tea-Holz steckte tief in seiner Brust. Von dem Reiter fehlte jede Spur.

Allen voran war der Hauptmann Gonzalo de Castillo den fliehenden Feinden nachgestürmt. Spielend, wie im Flug, nahm sein edler Hengst die Felsen, Sträucher und Wasserrinnen, die in seinem Weg lagen. Die anderen weit hinter sich lassend, sauste er mitten durch die erschreckten Feinde auf eine Gruppe von Pinien zu. Der Hauptmann, im Glauben, seine Reiter folgten ihm auf dem Fuße, wandte nicht ein einziges Mal den Kopf. Unweit der Bäume hatte er den flüchtenden Zebensui erkannt, und eigenhändig wollte er ihn gefangennehmen. Wenige Sätze seines Berber-Schimmels noch, und er konnte ihn mit der Hand greifen.

Da drehte sich Zebensui um. Sein schriller Pfiff ließ die Guanchen erkennen, in welcher Gefahr sich ihr Fürst befand. Fünf, sechs sprangen herzu. Sausend fuhr dem sich bäumenden Hengst eine Lanze zwischen den Vorderbeinen in die Brust. Sein Todeswiehern erstickte im Blutstrahl, der seinem aufgerissenen Maul entquoll. Kopfüber stürzte Castillo aus dem Sattel.

Im Nu war er von den Guanchen umringt, entwaffnet und halb benommen von dem schweren Fall in eine Seitenschlucht gezerrt, die hinter den Pinien bergan führte.

Blitzschnell überlegte er: Widerstand war nutzlos und würde seinen sofortigen Tod zur Folge haben. Doch so lange er lebte, bestand die Möglichkeit, aus der Gefangenschaft zu entfliehen. Willig folgte er seinen Überwindern auf schmalen Ziegenpfaden, an schwindelnden Abgründen entlang über die Cumbre nach Tegueste.

Der große Reiterführer, der die windesschnellen, gefürchteten Tiere befehligte, war gefangen! Vergessen waren die am Ostpaß Gefallenen. In den Augen des Volkes wandelte sich die Niederlage zum Sieg. Frauen und Kinder bestaunten den geheimnisvollen Fremden, der frei und ungefesselt, allen sichtbar, im Tagoror mitten unter ihnen stand. Vom Gesicht des Gefangenen war nichts zu sehen, hinter zwei Schlitzen hervor nur leuchteten seine Augen. Vorsichtig befühlten sie den Brustpanzer, die Beinschienen, die Goldborten seines Waffenrocks.

Zebensui hatte die Edlen zusammengerufen, um sich mit ihnen zu beraten. Was sollte mit dem Gefangenen geschehen? Ihn zu töten, kam ihnen jetzt nicht mehr in den Sinn. Ihrer edlen Denkungsart erschien es wie Mord. Doch hatten die Christen nicht den großen Tinguaro ermordet, der sich ihnen schwer verwundet gefangen gab? Gut, mochte Mencey Bencomo über den Fremden bestimmen. Man beschloß, ihm unverzüglich den feindlichen Reiterführer zuzusenden.

Noch am selben Nachmittag brach Prinz Teguaco, der Sohn Zebensuis, mit zwanzig Kriegern und dem Gefangenen nach Taoro auf.

Hinter der Punta de Teno versank langsam die Sonne im Meer, rot glühte der schneeige Kegel des Echeyde im Widerglanz ihrer letzten Strahlen, melodisch rauschte das leise wogende Meer.

Auf einsamer Felsklippe saß Prinzessin Dácil und träumte in die Dämmerung hinein. Welch herrlicher Tag ging zu Ende, und welche Trauer lag über dem weiten Tal von Arautápala! Wieviel Tränen hatte sie vergossen über die vielen, die, von der unergründlichen Krankheit dahingerafft, den letzten Weg zu den Höhlen der Toten angetreten.

»An vielen Gräbern wirst du klagend weinen ...« Wie schnell waren die prophetischen Worte der göttlichen Priesterinnen aus dem Heiligtum von Taganana in Erfüllung gegangen! Die tapferen Krieger von Taoro waren geschlagen worden, und sie, die Tochter des Königs, liebte einen fremden Fürsten, einen Feind ihres Volkes. Unverständlich schien es ihr, wie dieser geheimnisvolle Zauber über sie gekommen. Tag und Nacht sah sie das junge, frische Gesicht vor sich, den erstaunten Blick, als seine Augen sie am Quell neben dem Oleanderbusch gewahrten. Und doch! Konnte sie je die Frau des Fremden werden? War es nicht Verrat an ihrem Vater, an ihrem Volk, an dem göttlichen Blut der Königin der Sonnentöchter, das in ihren Adern rollte?

Wie oft hatte sie zu Acorán gebetet, die martervollen Gedanken aus ihrem Herzen zu reißen und ihr den unbekümmerten Frieden wiederzugeben! Wie oft hatte sie mit heimlicher Scheu das blitzende Kreuz des Verräters Añaterve betrachtet und doch nicht gewagt, es von der Klippe ins Meer zu werfen? – Nur der Tod konnte sie aus ihren Zweifeln erlösen. Doch die schreckliche Krankheit, die grausige Ernte unter dem Volk hielt, ging an ihr vorüber, als wollte sie das Schicksal aufsparen für etwas, an das sie selbst nicht zu glauben wagte. Aufschluchzend schlug sie die Hände vors Gesicht.

So fanden sie die Dienerinnen, die herbeieilten, ihrer geliebten Herrin eine freudige Botschaft zu überbringen: soeben war Prinz Teguaco von Tegueste mit zwanzig Kriegern eingetroffen. Sie brachten einen Feldherrn des Feindes, der nach siegreichem Gefecht am Ostpaß in ihre Hände gefallen.

Dácil hob ihr tränenüberströmtes Antlitz: »Ein feindlicher Feldherr?« Dann durchfuhr sie ahnungsvoll ein Schreck. Sollte es ...?

Schnell sprang sie auf und eilte wie gehetzt zum Tagoror. Hinter ihr her jagten die Dienerinnen. Sie kam gerade noch zurecht, wie der Fremde in die Höhle gebracht wurde, die als Gefängnis diente.

Durch die Volksmenge brach sie sich Bahn. Da wandte sich der Gefangene um. Ein gellender Schrei entfuhr ihren Lippen. Trotz der Dunkelheit hatte sie auf dem länglichen Schild das weiße Kreuz erkannt: das weiße Kreuz auf blauem Grunde.

Ohnmächtig schwankte sie. Prinz Teguaco sprang hinzu und fing die Stürzende in seinen Armen auf.

Am Lager der Fiebernden saß Mencey Bencomo. Herrisch hatte er die Dienerinnen aus der Höhle gewiesen. Er wollte mit seiner Tochter allein sein. Niemand sollte den Schmerz sehen, der ihm das Herz zerriß.

Wenn Dácil starb, was bedeuteten dann noch seine Pläne? Für wen sollte er dann noch das Reich Tehinerfes aufrichten? Zusammenfallen würde es nach seinem Tode wie ein Feuerbrand, der verglimmt. Was vermochte er, der Staubgeborene, gegen den göttlichen Willen? Hatte Acorán wirklich die Guanchen vergessen und dem neuen Gott das Feld geräumt?

Vom Fieber geschüttelt, wälzte sich Dácil hin und her. Wie ein Hammer schlug ihr Herz unter dem seidenweichen Tamarco, stöhnende Laute entwichen dem zähneklappernden Mund. Unzusammenhängende Sätze drangen an des Vaters Ohr. Angstvoll lauschte er ihren Worten. Sollte ihm die Fiebernde das Geheimnis enthüllen, das ihm die Gesunde verbarg? Dreimal hatte sie gerufen: »Das weiße Kreuz!« und erschreckt auf den flackernden Kienspan gedeutet. Was mochte es damit auf sich haben? Immer wieder das Kreuz, das unheimliche Zeichen der Feinde, für das sie starben und für das sie siegten.

Allmählich begriff er den Zusammenhang. Dácil liebte den Gefangenen, den fremden Reiterführer, der morgen sterben mußte. Eigenhändig wollte er ihm den Kopf abschlagen und ihn ins Lager der Feinde senden, wie man es mit dem Haupt seines Oheims getan. Auge um Auge, Zahn um Zahn, so heischte es das Gesetz des Guanchen-Volkes. Und sollte auch der Schwertstreich, der das Haupt des verhaßten Feindes zu Boden rollen machte, gleichzeitig der Todesstreich für das eigene Kind sein, er, der König, durfte sich nicht schwach zeigen morgen im Tagoror vor dem Volke.

Ein Weinkrampf erschütterte jetzt den sich aufbäumenden Körper der Prinzessin. Behutsam drückte sie der Vater auf das weiche Fellager zurück. Langsam beruhigte sie sich und fiel in tiefen Schlummer.

Erste Sonnenstrahlen röteten den Eingang der Höhle. Immer noch saß Mencey Bencomo in schwere Gedanken versunken an der Seite seiner Tochter und hielt die Hand der ruhig Schlummernden. Gleichmäßige Atemzüge hoben und senkten die jungfräuliche Brust. Ein leichtes, glückliches Lächeln spielte um ihre schön geschwungenen Lippen, als hätte ihr ein glückverheißender Traum einen Ausweg aus dem Wirrsal gezeigt.

Langsam schlug sie die Augen auf; noch schien ihre Seele in einer lichteren Welt zu schweben. Dann kam wie ein Schauder die Wirklichkeit über sie. Erschreckt fuhr sie in die Höhe. Aus traumumschatteten Augen starrte sie ihren Vater an wie eine Erscheinung. Aufschluchzend warf sie sich an seine Brust.

Auf einmal begann sie zu sprechen; erst stockend, zögernd, dann freier, schneller. Sie erzählte von dem Kreuz, das ihr Añaterve gegeben, von der schauerlichen Prophezeiung der heiligen Magades, von der Begegnung am Quell von Aguere, von ihrer Liebe zu dem fremden Fürsten, und wie sie gestern den Gefangenen an seinem Schild wiedererkannt. Es war eine vollständige Beichte, die dem Vater das Letzte enthüllte.

Zum Schluß sprang sie auf, riß das Kreuz unter dem Tamarco hervor und schleuderte es gegen die Felswand. Klirrend fiel es zu Boden. Und noch ehe der Vater begriffen, was geschehen, hob sie einen schweren Feldstein auf und zerschmetterte es.

Mencey Bencomo hatte sich erhoben. Auge in Auge standen sich Vater und Tochter gegenüber. Mit fester Stimme sagte sie: »Ich liebe den Fremden und werde ihn ewig lieben. Laß ihn zu den Seinen zurückkehren. Ich aber will alle bösen Weissagungen zuschanden machen und meine Liebe dem großen Volk der Guanchen opfern. Wenn der Feind von der Insel vertrieben, gehört meine Hand dem Prinzen Badenol!«

Erschüttert schloß Mencey Bencomo seine Tochter in die Arme. Das reine Blut seines edlen Geschlechts hatte sich nicht verleugnet.

Frei sollte der Gefangene ausgehen, der ihm Sohn und Tochter wiedergab.

Die Unzertrennlichen Zwölf

Fast alle Menschen stellen sich, wenn sie von Söldnern hören oder lesen, Leute vor, denen Arbeitsscheu, Rauflust, Streitsucht, abenteuerlicher Geist, hier und da wohl auch ein Verbrechen das Schwert in die Hand gedrückt haben. Viele glauben vielleicht auch an ungestillte Habgier, Plünderungslust oder die Lockung des klingenden Soldes und vergessen dabei, daß von allen Handwerken das des Krieges zu jeder Zeit das mühseligste, gefährlichste und am schlechtesten bezahlte gewesen ist.

Wenn auch meist nicht Vaterlandsliebe, Überzeugung für eine große Idee oder Eintritt für ein zugefügtes Unrecht die Triebfeder gewesen ist, die aus dem und jenem statt einem ehrsamen Bürger einen trinkfesten Söldner machte, dessen Faust mit derselben Wucht den Würfelbecher auf den Tisch hieb, als gälte es, den Kopf eines Feindes abzuschlagen, so darf man ihnen allen nicht die Begeisterung absprechen, mit der sie sich stets für einander, die gemeinsame Sache und ihren Feldherrn einsetzten, wer es auch immer sein mochte. Und wenn sie heute schrien: »Hie Welf!« und morgen: »Hie Waiblingen!«, wenn sie heute mit dem einen Condottiere fochten und morgen mit dem anderen, so waren es nicht die wenigen Heller oder Soldi, die den Unterschied ihrer Löhnung ausmachten, sondern immer die neue Begeisterung für die neue Sache, die die Ruhelosen von einer Seite auf die andere trieb. Je mehr Feldherren, unter denen sie gedient, je mehr Schlachten, die sie geschlagen, je mehr Narben ihre wettergebräunten Gesichter durchfurchten, desto zugänglicher die Marketenderinnen.

Wie viele bedeutende Führer sind aus einfachen Söldnern hervorgegangen! Wie viele Heldentaten wurden von Namenlosen ausgeführt, und nur das Geschehnis an sich verbuchte die Geschichte!

Hier und da aber sind uns die Namen dieser einfachen Helden erhalten geblieben, so auch im Krieg der Spanier gegen die Guanchen. Hier sind sie: Rodrigo de Barrios, Diego Fernández Manzanilla (das Äpfelchen), Alonso Gallego (Pius), Juan Méndez, Juan de Guzman, Juan de Llarena, Francisco Melian, Francisco de Portillo, Gonzalo Muñoz, Diego de Solis, Lope de Fuentes und Rodrigo de Burgillos.

Wir kennen sie bereits als die Unzertrennlichen Zwölf.

Mildes Frühlingswetter hüllte die Insel wie in wohlig weiche Daunen. Der Schnee auf dem Echeyde war geschmolzen und die Ginsterregion mit den duftenden weißen Blütentrauben der Retama-Sträucher übersät. Lorbeerbäume grünten in verschwenderischer Pracht zwischen baumartigen Heidekräutern, am Rande der riesigen Kiefernwälder spielten junge Wildkaninchen in der warmen Märzsonne.

Untätig lag das kastilische Heer in der Torre de Santa Cruz und wartete auf den Befehl des General-Kapitäns, erneut auszurücken gegen die Heiden jenseits des Nordhangs. Was Don Alonso Fernández de Lugo eigentlich davon abhielt, den durch die Madorra geschwächten Gegner erneut anzugreifen und vollends zu vernichten, war nicht recht erfindlich. Man konnte nicht glauben, daß er nach seinem letzten großen Sieg bei La Laguna den Feind sonderlich fürchtete, und nichts lag näher, als jetzt eine Entscheidungsschlacht herbeizuführen. Doch Tag um Tag verging, ohne daß Anstalten zu einem neuen Feldzug getroffen wurden.

Und die späteren Ereignisse gaben dem Zauderer Lugo recht. Gerade wenn es die Guanchen am wenigsten erwarteten, würde er über sie kommen mit Feuer und Schwert, es sei denn, daß sie sich inzwischen, von der Ruhe des Gegners zermürbt, ergaben.

Den Soldaten im allgemeinen gefiel das faule Lagerleben. Der Sold ging weiter, und über die Gedanken ihres Feldherrn zerbrachen sie sich nicht den Kopf. Was der »Schiefmäulige« tat, war gut. Wer konnte wissen, was ein General-Kapitän für Pläne in seinem Schädel wälzte!

Anders stand es mit den Unzertrennlichen Zwölf. Sie langweilten sich zu Tode, der Wein schmeckte ihnen nicht mehr, und das war ein böses Zeichen. Mürrisch schlenderten sie durch die Lagergassen und knufften zum Zeitvertreib die Kanarier, die die Madorra verschont hatte.

Mit Schrecken dachten sie an den heißen Sommer an der steinigen Küste, den sie nur noch zu gut in Erinnerung hatten. Am meisten vor der Hitze fürchtete sich das Äpfelchen und beobachtete mit scheelen Blicken, wie die Sonne täglich höher und höher stieg.

Als ihre schlechte Laune auf dem Siedepunkt angelangt war und zum erstenmal ernster Streit zwischen ihnen auszubrechen drohte, der ihrem Namen für alle Zeiten Unehre gemacht hätte, kam über Rodrigo de Barrios eine Eingebung.

Ohne seinen Kameraden ein Wort zu sagen, war er vor den General-Kapitän getreten und erlangte von ihm die erbetene Erlaubnis. Welchen Wunsch hätte Lugo seinen Lebensrettern ausgeschlagen?

Mit großem Hallo umringten ihn seine Kumpane am abendlichen Lagerfeuer, als er ihnen die frohe Botschaft mitteilte. Ja, das war eben Rodrigo de Barrios! Der Schiefmäulige hatte seine Einwilligung gegeben, daß sie allein auf Streife zogen, wohin es ihnen beliebte.

Neidisch sahen ihnen die anderen nach, als sie beim Morgengrauen den Weg zum Paß einschlugen.

Das Äpfelchen war wie umgewandelt. Obgleich es bergauf ging, gröhlte er ein zotiges Soldatenlied in den milchig schimmernden Himmel, in dessen Kehrreim die anderen jedesmal einfielen. Erschreckt flüchteten bunte Kanarienvögel in die dichten Kronen der Dattelpalmen, wilde Bergziegen flohen in weiten Sätzen und verloren sich hinter Felsblöcken.

Den Mittag über lagerten sie am Ufer des Sees unter einem breitästigen Erdbeerbaum. Bald war ein Feuer entzündet, Wildkaninchen schmorten am Spieße, während sich die Biederen einen Schluck aus dem xeresgefüllten Schlauch gönnten. Der Wein schmeckte ihnen wieder, das alte, gute Einvernehmen machte sie froh und heiter, kein Offizier behelligte sie mit Befehlen, frei und ungebunden waren sie, ganz auf sich selbst gestellt – so recht nach ihrem Herzen – und, obgleich mitten in Feindesland, fühlten sie sich doch als Herren der Insel.

Nach einer gehörigen Rast setzten sie sich gemütlich nach der nahen Cumbre in Marsch. Die erste Nacht wollten sie auf dem Grat in einer der verlassenen Guanchen-Höhlen zubringen, um am frühen Morgen ins Tal von Ygueste und weiter nach Taganana vorzudringen, fahrenden Rittern gleich, die unbekannten Abenteuern entgegenzogen.

Die Sonne war noch nicht im Meer versunken, als sie den passenden Unterschlupf für die Nacht bereits gefunden hatten: eine geräumige Höhle, dicht unter dem Grat, die leicht zu verteidigen und schwer anzugreifen war. Außerdem befürchteten sie keinen nächtlichen Überfall. Auf dem ganzen Weg war ihnen nicht ein einziger Insulaner zu Gesicht gekommen.

Nach dem Abendessen saßen sie, die Waffen griffbereit neben sich, am glimmenden Lagerfeuer vor dem Eingang, sahen hinauf in das leuchtende Firmament südlicher Sterne und genossen die angenehme Frische der kühlen Bergnacht.

Der hagere Pius, der am wenigsten von ihnen sprach und daher auch am wenigsten von ihnen fluchte, was ihm den Namen »der Fromme« eingetragen hatte, stieß das Äpfelchen an. Dieses wußte auch ohne lange Erklärungen, was das bedeutete: sie wollten eine seiner im ganzen Heer berühmten Geschichten hören. Nun gut, heute wie nie war er in der Laune, zu erzählen. Er ließ seine Augen im Kreise schweifen. Auf dem Jüngsten, Francisco Melian, den er gut leiden mochte, blieben sie hängen. Wie war es doch gleich gewesen? Richtig! Ein spitzbübisches Lächeln flog über sein breites Bäckergesicht: der Beiname würde dem Jungen gut stehen.

»Den Helden meiner Geschichte«, begann er umständlich, wie es seine Art war, »will ich Paco nennen. Paco ist ein schöner Name und mindestens ebenso gut wie irgendein anderer. Doch da zu jeder anständigen Geschichte auch ein anständiger Titel gehört, so soll sie ›Die List des Bartlosen‹ heißen.

Es war zu der Zeit, als die Ausrufer des Grafen Medina Sidonia die Gassen Sevillas durcheilten und an den Ecken mit lauter Stimme verkündeten, daß jeder, der sich für einen Mann hielte und ›cojones‹ hätte, ohne Unterschied der Kaste, in die ›Santa Hermandad‹, die heilige Bruderschaft, eintreten sollte, um nach Canarias zu ziehen, die Heiden den Katholischen Königen zu unterwerfen.

Der Lebenslauf des jungen Burschen ist schnell erzählt und wohl nicht so sehr verschieden von denen der meisten, die nachher tüchtige Soldaten wurden. Kurz und gut, er war vom Elternhaus und aus der Lehre fortgelaufen, um Abenteuer zu erleben, wie sie einem richtigen Kerl im Blute stecken. Zwei Golddoublonen aus der Lederkatze, die nachts am Kopfende des väterlichen Bettes hing, hatte er mitgehen heißen, und so kam er gut über die ersten Wochen in der großen Stadt am Guadalquivir hinweg. Doch dann wurde es schwieriger, der Wirt weigerte sich, ihm weiter zu borgen, etwas mußte geschehen, wenn er nicht früher oder später in den Schuldturm wandern wollte.

Verzweifelt ging er eines Morgens in die kleine Kapelle, die in der Nähe seines Gasthauses lag, und betete zu der Virgen de la Esperanza, der Hoffnungsreichen. Als er aus der Pforte trat, hörte er die Stimme des Ausrufers. Wahrhaftig, die Jungfrau hatte ihm den Weg gewiesen.

Sofort machte er sich nach dem Palast des Grafen auf und gelangte gerade zur Frühstückszeit an das Haus des Pförtners.

Zaghaft zog er an der Glocke, einmal, zweimal, dreimal. Nichts rührte sich. Jetzt läutete er stärker. Da stieß ein graubärtiger Mann den Laden auf und fragte unwirsch nach seinem Begehr.

Paco, eingeschüchtert von dem rauhen Ton des Alten, nahm allen Mut zusammen und erklärte, was ihn hergeführt hatte.

›Lausejunge!‹ schrie ihn der Pförtner an. ›Mach, daß du heim zur Mutter kommst, oder geh Ziegen hüten! Gegen die Heiden will so ein Bürschchen kämpfen!‹ Und mit lauter Lache schlug er den Laden zu.

Beschämt und wütend auf den Alten, kehrte Paco nach

dem Gasthaus zurück. Auf dem Wege trat er wieder in die kleine Kapelle, kniete vor der Hoffnungsreichen nieder und bat sie, ihn mit nach Canarias ziehen zu lassen.

Dann saß er den ganzen Morgen in seiner Dachkammer und grübelte. Hier half nur List! Koste es, was es wolle: er mußte mit nach dem geheimnisvollen Lande mit dem klingenden Namen, das irgendwo im Weltmeer lag, wie der Ausrufer gesagt hatte.

Der erste Einfall kam ihm, als er das Hasenfell sah, das der Wirt am Tage zuvor seinem vierbeinigen Besitzer über die Ohren gezogen hatte und das nun zum Trocknen auf dem Boden hing. Mit viel Mühe verfertigte er sich aus der Wolle des bereits Verspeisten einen schön geschwungenen Schnurrbart, den er kunstgerecht an der Oberlippe festklebte. Als er sich dann im Wasser des Waschbeckens betrachtete, stellte er stolz fest, daß sein Bart dem des Wirts nichts nachgab. Und das brachte ihn auf den nächsten Gedanken.

Nach dem Essen pflegte der Wirt Siesta zu halten. Das war der Augenblick, seinen Plan auszuführen. Leise schlich er sich in die Kammer seines Gläubigers, öffnete den Kleiderspind und entnahm ihm den besten Anzug, den der Wirt nur an hohen Festtagen zu tragen pflegte. Auf seinen Kopf stülpte er den runden, abgekrempelten Hut, wie ihn die Bürger Sevillas bevorzugen, und drückte ihn tief in die Stirn. Dann machte er sich erneut nach dem Palaste des Grafen auf.

Diesmal klopfte er dreimal mächtig mit dem eisernen Schläger gegen das Tor des Pförtnerhauses. Sofort erschien der Kopf des Alten am Fenster. Als er den feinen Herrn erblickte, verbeugte er sich dienstbeflissen, und kurz darauf kamen eilig schlürfende Schritte über den Kiesweg. Das Tor sprang auf, und unter tiefen Bücklingen geleitete der Pförtner unseren Helden in seine beste Stube, wo er ihn auf dem

Sofa Platz nehmen ließ. Trotz aller Ehrerbietung des Alten oder gerade deswegen war dem Paco schwül zumute. Er wußte nicht recht, wie er sein Anliegen vorbringen sollte, und so nahm das Gespräch einen ganz anderen Verlauf, als er sich hatte träumen lassen.

Auf die Frage, wer er sei und was ihn hergeführt habe, schwieg er zunächst. Doch die auf ihn gerichteten Augen des Alten erheischten Antwort und so begann er drauflos zu lügen.

Eigentlich tue sein Name wenig zur Sache, meinte er und strich sich seinen Hasenbart. Es genüge, wenn er ihm mitteile, daß er ein kleines Gasthaus habe, unten am Hafen, wo Reisende und ehrsame Bürger zu übernachten pflegten. Natürlich käme es manchmal auch vor, daß sich ein hoher Herr in sein bescheidenes Haus verirre, meist begleitet von einer schönen Maurin oder einer tiefverschleierten Kastilierin, der man an der Kleidung sofort den gesellschaftlichen Stand ansähe.

Hier schwieg er, so als dächte er nach. In Wirklichkeit wußte er nicht weiter. Da bemerkte er, wie der Pförtner unruhig auf seinem Stuhle hin und her rückte und ihn forschend unter seinen dichten Brauen hervor ansah. Wie ein Blitz aus heiterem Himmel kam ihm die Erleuchtung. Kaum konnte er sich das Lachen verhalten: seit er zu der Hoffnungsreichen gebetet, ging alles wie am Schnürchen.

Vertraulich legte er dem Alten die Hand auf die Schulter und sagte: ›Es mag wohl eine Woche her sein oder auch zwei, da übernachtete auch der Herr Graf bei mir.‹ Ob mit oder ohne der üblichen Damenbegleitung, das konnte der Pförtner aus seinem diskreten Augenzwinkern entnehmen, wie er wollte.

Da ertönte die Torglocke. Vier Männer begehrten Einlaß, sich anwerben zu lassen.

Schnell stand der Alte auf, trat auf den vermeintlichen Wirt zu und deutete auf einen Sack, der halbverdeckt hinter einem Vorhang in der Ecke lehnte. ›Nehmen Sie, was Sie brauchen,‹ flüsterte er, ›aber halten Sie Stillschweigen von wegen des Herrn Grafen.‹ Dabei legte er den Finger auf den Mund: ›Es ist vom Handgeld der Bruderschaft.‹

Paco glaubte seinen Augen nicht zu trauen. Voll bis oben war der Sack mit Golddoublonen gefüllt. Dreimal griff er hinein und füllte sich die Taschen. Dann schob ihn der Pförtner durch eine Seitentür ins Freie.

Es dunkelte schon, als er im Gasthaus ankam. Eilig schlüpfte er aus den Sachen des Wirts und hängte sie wieder in den Kleiderspind. Niemand hatte etwas bemerkt. Den Hasenbart nahm er ab und steckte ihn in die Tasche. Dann ging er hinunter, seine Rechnung zu bezahlen. Vergessen waren der Ausrufer, das geheimnisvolle Land Canarias, der Graf und der Pförtner. Was blieb, waren die blitzenden Golddoublonen und ein lustiges Leben für die nächste Zeit.

Ja, ich kann es euch versichern, unser Paco ließ es sich in den folgenden Wochen nicht schlecht gehen. Jeden Abend tat er seinen Hasenbart an und verbrachte die Nächte mit schönen Maurinnen bei lustigen Trinkgelagen.

Doch er hatte die Rechnung ohne die Virgen de la Esperanza gemacht! Nicht umsonst bat er sie in der kleinen Kapelle, seinen sehnlichsten Wunsch zu erfüllen und ihn mit nach Canarias ziehen zu lassen.

Eines Nachts, auf dem Nachhausewege – der feurige Xeres hatte ihn frühzeitig müde gemacht –, wurde er von der Ronde aufgegriffen und halb gezogen, halb getragen nach dem Guadalquivir geschleppt.

Wie erstaunte Paco, als er am Morgen aus seinem Rausch erwachte! Er befand sich an Bord einer Karavelle unseres General-Kapitäns, die mit geblähten Segeln den Fluß abwärts gen Canarias zog. Sein Wunsch war in Erfüllung gegangen, ohne daß er etwas dazu getan hatte.

Um seinen hämmernden Schädel zu erfrischen, füllte er einen Eimer, tauchte den Kopf hinein und kühlte die brennenden Augen. Dann schüttete er das Wasser in den Fluß. Dabei beugte er sich über die Reling: was dort auf der lehmiggelben Flut schwamm und langsam versank, war der schöne Hasenbart, dem er alles zu danken hatte.«

Das Äpfelchen sah sich im Kreise um. Seine Kameraden mochten eine saftigere Geschichte erwartet haben, wie die von der dicken Bäckerin aus Sanlucar mit den Melonenbrüsten, die er letzthin erzählt hatte. Immerhin, jetzt deutete er auf Francisco Melian und sagte: »Da sitzt der mit dem Hasenbart!«

Schallend lachten die anderen auf. »Der mit dem Hasenbart!« Der Beiname blieb dem Jüngsten der Unzertrennlichen Zwölf bis zu seinem Tode, und der Chronist erhielt ihn uns bis auf den heutigen Tag. Denn als der General-Kapitän nach der Eroberung der Insel das Land unter die Konquistadoren verteilte, machte der Schreiber Juan Rodríguez folgende Eintragung in das Grundbuch: »... zugeeignet dem tapferen Francisco Melian«, und dahinter in Klammern: (»El del bigote de liebre!«) Der mit dem Hasenbart ...

Das Frühlicht sah die Unzertrennlichen Zwölf bereits auf dem Abstieg jenseits des Grats. Ein schmaler Fußweg führte durch den im saftigen Grün prangenden Laubwald. Schweigend gingen sie einer hinter dem anderen, denn hier war Vorsicht geboten. Voran schritt wie immer Rodrigo de Barrios, den Schluß machte Lope Fuentes.

Nach zwei Stunden Marsch lichtete sich der Wald; vor ihnen dehnte sich das Tal von Ygueste. Weit und breit war kein Mensch zu sehen; auch hier schien die ganze Gegend wie ausgestorben.

Auf halber Höhe des Hangs rückten sie weiter und weiter vor. Schon winkte drüben das Meer. Drei riesige Felsen standen wie Schildwachen vor der neuen, tief eingeschnittenen Mulde, die sich jetzt ihren Blicken darbot. Das mußte das Tal von Taganana sein, dessen merkwürdige Geschichte ihnen ein Gefangener erzählt hatte. Aus einer Höhle an der Spitze eines der drei gewaltigen Zacken zog leichter Rauch: kein Zweifel, das war der Magojes, auf dem das Tamo gantem Acorán, das heidnische Gotteshaus, lag.

Zur Vorsicht bekreuzigten sie sich. Denn wenn auch unsere Helden den Leibhaftigen selbst nicht fürchteten und ihn oft genug herausgefordert hatten, besser war besser. So ganz sicher fühlten sie sich trotz ihrer Musketen, Hellebarden und Toledaner Klingen den höllischen Mächten gegenüber doch nicht. Ein »Apage Satanas!« war immerhin am Platze. Barrios kniete nieder, und die anderen folgten seinem Beispiel.

Neu gestärkt und den Teufel verspottend, zogen sie weiter. Jetzt konnte ihnen nichts mehr geschehen. Ihre Zuversicht stieg, als sie kurz darauf das lieblich in ihren Ohren klingende Blöken einer Schafherde vernahmen. Friedlich weidete sie, nur von sechs Hirten bewacht, in einer kleinen Seitenschlucht, in der saftige Kräuter sproßten.

»Eine gute Beute für das stets hungrige Lager von Santa Cruz!« rief der hagere Pius, während ihm das Wasser im Munde zusammenlief. Da hatte Rodrigo de Barrios schon seine Muskete abgedrückt.

Als sich der Pulverdampf verzog, war von den Hirten nichts mehr zu sehen. Blöde starrten die Schafe den Abhang hinauf, dann weideten sie ruhig weiter.

Mit ein paar Sätzen waren die Unzertrennlichen Zwölf auf der Talsohle angelangt und begannen nun, die Tiere die Schlucht hinaufzutreiben. Dann schlugen sie den Weg zur Küste ein. »Es ist besser, wir ziehen am Meer entlang«, hatte das Äpfelchen gemeint. Seit der Schlacht von Acentejo wurde es ihm unheimlich zumute, wenn sich zu beiden Seiten Felsen türmten. Die anderen stimmten ihm zu.

Sehr angenehm war die Kletterei über die Schroffen der Steilküste gerade nicht. Doch kamen sie gut vorwärts, da es hier kein Weideland gab und die Schafe willig vorausliefen.

So leichten Kaufs, wie sie dachten, sollten sie aber nicht davonkommen. Als sie sich dem Tal von San Andrés näherten, standen ihnen plötzlich, wie aus dem Boden gewachsen, mehr als zweihundert Guanchen gegenüber. Es war Mencey Beneharo selbst, der ihnen mit seinen Kriegern von Anaga den Weg verlegte, um ihnen die geraubte Herde wieder abzunehmen.

Die Lage der Unzertrennlichen Zwölf war so gefährlich, wie sie nur irgendwie sein konnte: vor ihnen der vielfach überlegene Gegner, hinter ihnen die Steilklippen, die senkrecht ins Meer abstürzten.

Doch nicht einen Augenblick dachten sie an Gefahr oder Tod. Je mehr Feinde, desto größer das Heldentum. Nur wer das Sterben fürchtete, kam um. Und wenn auch der eine oder andere fiel, die Überlebenden würden ihn rächen.

Eng schlossen sie sich zusammen, wie sie zu fechten gewohnt waren, Schulter an Schulter. Rodrigo de Barrios aber, der Hüne, trat vor das kleine Häuflein der Mutigen. Mit der Linken auf seinen mächtigen Zweihänder gestützt, hob er die rechte Faust und schrie den Guanchen zu: »Ergebt euch, Barbaren! Wir kennen eure Zahl und wissen, wieviel Köpfe jeder von uns abschlagen muß!«

Erstaunt blickte Beneharo auf die Zwölf. Was der Große da gerufen, hatte er nicht verstanden. Unbekannt war ihm die Sprache der Fremden. Doch eins entnahm er aus der entschlossenen Haltung des Häufleins: kämpfen wollten diese Wahnsinnigen.

Ein mitleidiges Lächeln lief über das Gesicht des Fürsten: Mord war das, gemeiner Mord, der edlen Guanchen unwürdig. Um ihre Freiheit fochten sie, um die Freiheit ihres Landes, nicht aber um diese kleine Anzahl Todverachtender abzuschlachten. Mut war für Beneharo die höchste Tugend des Mannestums, Mut verdiente Achtung und Schonung. Deshalb rief er seinen Vasallen zu: »Nehmt ihnen die Herde und laßt die Tapferen ziehen! Schamlos wäre es, unsere Hände mit dem Blut dieser Helden zu beflecken!«

Das Äpfelchen hatte die Worte verstanden. Die Herde wollten sie ihnen nehmen und den Unerschrockensten des kastilischen Heeres den Ruhm rauben, auf daß die anderen Söldner fürderhin mit Fingern auf sie zeigten? Lieber wollte er von zehn Lanzen durchbohrt an einen Baum genagelt werden.

»Was zaudern wir noch!« schrie er seinen Kameraden zu. »Wollt ihr mit leeren Händen ins Lager von Santa Cruz zurückkehren, ohne mindestens die Hälfte dieser Heiden gebunden mit euch zu führen?«

Da hob Rodrigo de Barrios den Zweihänder und schwang ihn über dem Kopf. Sausend flogen die Klingen der Unzertrennlichen Zwölf aus der Scheide. »Santiago y a ellos!« Wie rollender Donner brach sich ihr Kriegsruf an den Basaltfelsen. »Santiago und los auf sie!« Geschlossen stürmten sie mitten in den verdutzten Feind hinein.

Und wenn sie bereits in vielen Schlachten ihren Heldenmut bewiesen hatten, wenn es außer Zweifel stand, daß sie die

Tapfersten der Tapferen des kastilischen Heeres waren, durch das Gefecht im Tal von San Andrés wurden sie unsterblich. In allen Werken der zeitgenössischen Geschichte prangen ihre Namen, und der Poet Viana singt in schön gereimten Versen das hohe Lied von »der Heldentat der Zwölf«.

So gewaltig war der Anprall, so wuchtig hieben, stachen und schlugen sie um sich, so schauerlich gellte den Guanchen ihr Kriegsgeschrei ins Ohr, daß sie Hals über Kopf durch das Tal flüchteten.

Mencey Beneharo hatte, aus einer Schulterwunde blutend, einen hohen Felsen erklommen. Vergeblich sah er sich nach seinen Kriegern um. Wie ein Recke aus grauer Vorzeit stand seine hohe Gestalt gegen den lichtdurchfluteten Himmel. Geschwächt vom Blutverlust, war die mächtige Keule seiner Hand entfallen. Waffenlos, den Feinden ausgeliefert, würden sie ihn morden wie Tinguaro, oder ihn in die Gefangenschaft führen. Und Gefangenschaft war für ihn, den Freien, schlimmer als Tod.

Nein, einen Fürsten der Guanchen schlachtete man nicht, und ihn fing man nicht. Nicht einmal seinen Leichnam sollten sie schänden. Furchtlos schaute er in den Abgrund, der hinter ihm klaffte.

Schon näherten sich die Sieger. Hoch hob der Fürst die Arme gen Himmel. Wie Bentaguaya, der kanarische Freiheitsheld, weihte er sich dem göttlichen Wesen: »Atis Tirma!« Dann warf er sich rücklings vom Felsen …

Hunger

Auf dem Kraterrand des Echeyde saß der Guayote und grinste auf die ausgedörrte Insel herab. Versiegt waren die Quellen, spärliche Rinnsale rieselten über die vertrockneten Felder. Tag für Tag schoß die Sonne unbarmherzig ihre Glutpfeile vom wolkenlosen Himmel: die schleichende Madorra hatte der Hunger abgelöst.

HUNGER! Leichter wird ihn der Starke ertragen als der Schwache, der Bedrängte als der Unbedrängte: die Geschichte beweist es vom grauen Altertum bis in die jüngste Zeit. Ganze Völker hat er erwürgt, unzählige Menschen in den Freitod getrieben, noch heute fallen in den Steppen Asiens jährlich Hunderttausende von seiner Hand.

Was nützte den Guanchen alle Tapferkeit, aller Heldenmut, aller Siegeswille, wenn ER seine Krallen in die Leiber der Ermatteten schlug? Einst hatte er sie aus dem Eislande nach Mauretania und auf die Glückliche Insel getrieben. Doch wie sollten sie ihm hier entfliehen? Ausgeliefert waren sie seiner Macht wie wilde, im Zwinger schmachtende Tiere, denen der Wärter die Nahrung vorenthält.

Statt der wogenden Kornfelder im Tal von Arautápala starrten dürre, verbrannte Halme auf den spärlich bebauten Feldern in den flimmernden Sonnenglast. Versengt dehnten sich die Viehweiden an den Höhen des Tigaiga, die mageren Schafe und Ziegen fielen dem scharfen Obsidian-Messer zum Opfer. Aufgebraucht waren die Vorräte.

Auch die Fische schienen die Insel zu fliehen. Hier und da nur gelang ein größerer Fang. Überall sah man Guanchen bis zur Brust im Wasser, die die Klippen nach Schalentieren absuchten, während die Frauen im Walde Farnwurzeln ausgruben.

Heldenhaft trug das Volk sein furchtbares Los: jenseits des Nordhangs drohte der Feind, hier würgte der Hunger. Doch die fanatisch leuchtenden Augen Mencey Bencomos, ihres Königs und Herrn, richteten die Verzweifelten immer wieder auf. Ungebeugt ging er unter ihnen umher, schwertgegürtet, ein Siegerlächeln um die zusammengepreßten Lippen. Täglich versammelte er sie im Tagoror und verteilte gleichmäßig unter Edle und Geringe die schmale Beute des Meeres, die wenigen Feldfrüchte. Glückliche Tage würden für alle kommen, wenn sie zu ihm hielten und ihm vertrauten. In leuchtenden Farben malte er die Zukunft der Guanchen. Vor ihren Augen entstand das große, geeinte Reich Tehinerfes, das unbesiegbar für alle Zeiten dem stärksten Feinde trotzen würde. Seine Tochter Dácil hatte sich dem Prinzen Badenol verlobt! Fortbestehen würde sein Geschlecht, wie es bisher bestanden seit Anbeginn der Welt. Hunger? Was war Hunger, wenn sie an das große Ziel dachten, das vor ihnen lag!

Auch Prinzessin Dácil spürte keinen Hunger, obwohl sie noch bleicher und schmaler geworden war. Wenn sie auch nicht die Liebe zu dem fremden Ritter aus ihrem Herzen reißen konnte, so erfüllte sie doch die Aufgabe, die sie freiwillig übernommen hatte, mit neuem Lebensmut. Vorgezeichnet lag der Weg vor ihr nach ihrem Willen, nicht nach den Prophezeiungen der Magades. Sie selbst hatte ihr Schicksal in die Hand genommen und das verliebte, träumerische Mädchen der königlichen Prinzessin geopfert. Dieses Opfer aber rettete ihr Volk, – was bedeutete daneben ihr Herzenswunsch?

Und doch! Wenn sie den Kopf zurücklegte und mit halbgeschlossenen Lidern in die Sonne blinzelte, erschien ihr der feurige Ball als schmales, weißes Kreuz auf dem blauen Grunde des Himmels. Dann tauchten wieder die Gedanken auf, die sie mit eigener Hand in den tiefen, dunklen Brunnen des Vergessens geworfen hatte ...

Das Gerücht von dem großen Sieg bei La Laguna, der glückliche Streifzug Gonzalo de Castillos und nicht zuletzt die Heldentat der Unzertrennlichen Zwölf ist über Gran Canaria nach Fuerteventura und Lanzarote gedrungen.

Ein Freund des General-Kapitäns, ein gewisser Diego de Cabrera, der auf diesen Inseln ausgedehnte Ländereien besitzt, entfacht die Begeisterung unter der Bevölkerung derart, daß sich an die zweitausend Mann zusammenscharen, die eines Tages in See stechen, um am Endsieg über die Guanchen teilzuhaben.

Don Alonso will seinen Ohren nicht trauen, als ihm an einem Julimorgen der Segelwald zahlreicher Brigantinen gemeldet wird, die auf die Bucht von Santa Cruz zu halten. Dann springt er erfreut auf: es können nur Hilfstruppen sein, und Hilfstruppen kann er immer gebrauchen. Doch gleich darauf zieht eine schwere Sorgenfalte über seine Stirn. Wo soll er den Sold hernehmen für ein so großes Heer? Erschöpft ist seine Kriegskasse, und wenn seine alten Leute sich auch hinhalten lassen, die Ankömmlinge werden sich nicht mit Versprechungen begnügen.

Und der Proviant! Längst verzehrt ist die Herde, die die Unzertrennlichen Zwölf im Tale von Taganana erbeuteten, das Mehl ist knapp, das letzte Vieh, das Añaterve geliefert hat, geht seinem Ende entgegen. Neue Zuwendungen von Güímar kann er nicht mehr erwarten. Auch dort herrscht Hungersnot. Neue Streifen auszusenden ist zwecklos. Die Guanchen von Anaga, Tegueste und Tacoronte haben ihre Höhlen verlassen und im Gebiet von Taoro Schutz gesucht. Ihre Herden weiden auf den unerreichbaren Höhen des Tigaiga oder sind in unwegsamen Schluchten versteckt. Doch vielleicht bergen die dickbäuchigen Brigantinen, die sich schnell nähern, reichlich Lebensmittel in ihren Eingeweiden, die ihn aller Sorge entheben.

Die Soldaten stehen am Strande und winken von den Wällen den Ankommenden entgegen. Bunte Tücher flattern am Bug der Schiffe, wo sich die Abenteurer drängen. Ein Böllerschuß rollt übers Meer. Vom hohen Turm antwortet donnernd die Keusche Elvira.

Segel werden gerefft, Ankerketten rasseln, Boote stoßen von den Brigantinen ab und nähern sich mit schnellen Ruderschlägen. Die sehnigen Gestalten der Insulaner springen an Land und werden mit lauten Rufen begrüßt. Musketen, Arkebusen, Armbrüste, Streitäxte, Morgensterne, Schwerter und Hellebarden türmen sich am Strand. Doch kein Sack Mehl, kein Mais, kein Käse, kein Vieh kommt zum Vorschein. Zum Schluß werden ein paar Pinten Wein ausgebootet: ein Geschenk Diego de Cabreras für den General-Kapitän. Das ist alles.

Kopfschüttelnd liest Lugo den überschwenglichen Brief seines Freundes, der ihn zum Sieg beglückwünscht. Zweitausend Mann! Wie soll er Lebensmittel für so viele herbeischaffen! Zurückschicken will er sie auch nicht. Eine ganze Reihe Kanarier sind der Madorra erlegen, sein Heer allein ist zu schwach, eine Entscheidungsschlacht gegen Bencomo zu führen.

Harte Entschlossenheit steht in den Augen des General-Kapitäns, als er jetzt seinen Offizieren die notwendigen Befehle erteilt.

Lugo hatte sofort erkannt, daß nur strengste Manneszucht die Ordnung im Lager aufrechterhalten konnte. Um sie stets unter Aufsicht zu haben, gliederte er die Insulaner den Verbänden seines Stammheeres an. Während die einen militärische Übungen abhielten, mußten die anderen das Lager erweitern und ausbauen. Die Schanzen wurden verstärkt, der Außenwall mit Steinen untermauert, eine Hafenmole in Angriff genommen. Hart war der Dienst für Mannschaft und Offiziere, hart die Strafen für die kleinsten Vergehen, immer knapper wurden die zugeteilten Rationen.

Nach Tegueste, Tacoronte und Anaga ausgesandte Streifen kehrten erfolglos zurück. Ein paar wilde Bergziegen waren die einzige Beute. Ende August mußten sich die Soldaten mit sechs getrockneten Feigen und einer Handvoll Gerstenmehl täglich begnügen.

Eisern hielten die alten Leute zu ihrem General-Kapitän und ertrugen den würgenden Hunger mit zusammengebissenen Zähnen. Doch die Insulaner begannen zu murren, warfen scheele Blicke auf die Offiziere und fluchten heimlich dem Schiefmäuligen. Es kam zu Gehorsamsverweigerungen, an einem Morgen war eine Brigantine mit über hundert Mann verschwunden, unterirdisch schwelte der Aufruhr, der jeden Tag zur lodernden Flamme aufschlagen konnte.

Seit der Ankunft der Leute aus Fuerteventura und Lanzarote hatte der General-Kapitän seine Leibwache verstärkt. Er kannte die Insulaner nur zu genau und wußte, daß ihn die kleinste Unvorsichtigkeit das Leben kosten konnte. Jeden Tag ließ er Soldaten, die murrten oder sich den Befehlen der Offiziere widersetzten, öffentlich auspeitschen oder krummschließen.

Da geschah das erste Verbrechen, das eine abschreckende Strafe notwendig machte, wenn Lugo das Heer in der Hand behalten und seine Befehlsgewalt nicht verlieren wollte: das Pferd des Hornisten Antonio Pilas aus Salamanca war geschlachtet worden.

Augenblicklich wurde eine Untersuchung eingeleitet. Einen Teil des Fleisches fand man in einer Höhle unweit des Lagers. Eine ausgebrannte Feuerstätte und herumliegende Knochen zeigten an, daß hier ein Mahl stattgefunden hatte. Fünf Majoraten einer Zeltgemeinschaft, wie die Einwohner des nördlichen Teils von Fuerteventura genannt werden, wurden als Täter überführt. Bei sinkender Sonne tagte das Kriegsgericht unter Vorsitz des General-Kapitäns. Auf seinen Antrag hin wurden die fünf wegen Hochverrats zum Tod durch den Strang verurteilt.

Im Beisein des gesamten Heeres fand am nächsten Morgen die Hinrichtung statt. Den ganzen Tag über baumelten die Leichen als abschreckendes Beispiel an dem hohen Galgen, den Lugo nach seiner zweiten Landung auf der Insel hinter dem Altar hatte errichten lassen.

Am Strand, abseits vom Lager, sitzen auf verstreuten Felsen um ihren General-Kapitän die Offiziere des kastilischen Heeres. Er hat sie hierher beordert zum Kriegsrat. Wieder steht Lugo vor der Frage, ob er nach Gran Canaria zurückkehren soll, um im nächsten Jahr eine dritte Landung auf Teneriffe zu versuchen. Klar und mit einfachen Worten faßt er noch einmal die gegenwärtige Lage zusammen. Sold kann er nicht mehr zahlen, wie es mit den Lebensmitteln steht, weiß ein jeder. Über den Nordhang kommt er mit den vor Hunger erschöpften Leuten nicht mehr.

»Ich weiß«, fährt er fort, »daß viele von euch der Meinung sind, wir müßten unter diesen Umständen den Krieg für den Augenblick aufgeben, nach El Real de las Palmas zurückkehren und im nächsten Frühjahr mit neuen Kräften unseren Kreuzzug fortsetzen. Ich muß euch beichten, daß auch in meinem Herzen jener feige Ausweg Platz greift, wenn ich meinen traurigen, entkräfteten, mutlosen, hungrigen Soldaten in die Augen sehe. Wenn ich aber auf meine Ehre, den Ruf meiner Offiziere und die stolze kastilische Fahne blicke, die drüben vom hohen Turm weht, dann gibt es für mich nur eine Überlegung: Ausdauer, Beharrlichkeit, Mut und eiserner Wille sind die einzigen Verdienste großer Feldzüge!«

Einen Augenblick herrscht Schweigen unter den Offizieren. Dann springen sie auf, umringen ihren General-Kapitän und schütteln ihm die Hände. Nur der Tod soll sie zwingen, ihr Unternehmen aufzugeben. Aus der Scheide fliegen die Degen, einen neuen Eid zu schwören auf Sieg oder Untergang.

Nun ergreift Lope Hernández de Guerra das Wort. Der Augenblick ist gekommen, sein gegebenes Versprechen einzulösen. Heute noch wird er nach Gran Canaria segeln. All seinen Besitz will er opfern, ihm, Don Alonso de Lugo, der großen Sache, der Ehre des Allmächtigen.

Dankbar umarmt der General-Kapitän den treuen Freund. Erleichtert atmet er auf, ein Stein ist ihm vom Herzen gefallen. Er muß an die Begegnung mit Sankt Petrus denken im heiligen Dämmer der hohen Kathedrale von Sevilla. Und auf dem Fleck, auf dem er steht, gelobt er eine Kapelle zu errichten zu Ehren der »Virgen de la Consolación«, der Trostreichen, wenn Tenerife unterworfen ist.

Ins Lager zurückgekehrt, läßt Lugo das gesamte Heer antreten. Mit bewegten Worten gibt er das heldenhafte Anerbieten seines Freundes bekannt. Funken sprühen aus seinen Augen, als er die Kastilier auffordert, die kurze Spanne noch auszuhalten bis zur Rückkehr ihres Retters.

Hoch auf richten sich die ausgemergelten Gestalten der Söldner, neue Hoffnung glimmt in ihren Herzen, das alte Vertrauen zu ihrem Führer ist wieder da. Laut schallt ihr Ruf: »Viva Don Alonso Fernández de Lugo! Viva Lope Hernández de Guerra!«

Dann tönt die Stimme Maninidras über den Platz: »Es lebe der Schiefmäulige!« »Quijada rota« ist ein Ehrenname geworden.

Herbststürme pfiffen durch die Zeltgassen und wirbelten den feinen schwarzen Lavasand in die kärgliche Suppe der Söldner, in der ein paar Seemuscheln oder auch der saugnäpfige Fühler eines Tintenfisches schwamm. Mit hängenden Köpfen saßen sie vor ihren Zelten und löffelten stumpfsinnig das heiße Meerwasser in sich hinein. Denn mit Meerwasser wurde gekocht: kein Korn Salz fand sich in den leeren Säkken.

Vierzig Tage waren seit der Abreise von Lope Hernández vergangen, und noch immer zeigte sich kein Segel am Horizont. Die Begeisterung war geschwunden, hoffnungslos starrten trübe Augen über die See. Fünf Mann starben in der letzten Woche an Entkräftung, einer, wahnsinnig geworden, hatte sich von hoher Klippe ins Meer gestürzt. Aufstand war nicht mehr zu befürchten, kraftlos dämmerten sie dem Tode entgegen.

Da befahl der General-Kapitän, die Hälfte der abgemagerten Pferde zu schlachten. Ein bis zwei Wochen konnten sie vielleicht noch aushalten. Wenn Lope dann nicht kam ...?

Und die erste Woche verging ...

Zermürbt hatte der Hunger das gesamte Heer. Auch die Unzertrennlichen Zwölf konnten sich kaum noch auf den Beinen halten. Das dicke Äpfelchen war zum Skelett zusammengeschrumpft, und der hagere Pius glich, wie Barrios fluchend meinte, einem wandernden Kleiderständer. Die Haut auf seinem Schädel schien eingetrocknet, wie schwülstige Striemen krochen die hervortretenden Adern über Stirn und Schläfen. Martín Buen-Día spuckte nicht mehr durch die Zahnlücke: der Speichel war ihm ausgegangen.

Doch was der Hunger nicht vermocht hatte, was keiner der Kastilier im geheimsten Winkel des Herzens zu denken wagte, die Rache sollte es planen.

Der Tag, an dem das letzte Pferdefleisch verzehrt wurde, ging zur Neige. Kurz nach Sonnenuntergang zog sich der General-Kapitän in sein Zelt zurück. Suchend glitt sein Auge umher, als gälte es, ein Versteck mit Lebensmitteln zu finden. Da blieb sein Blick auf den Pinten mit Wein haften, die ihm sein Freund Diego de Cabrera gesandt hatte. Unberührt standen sie in der Ecke, halbverdeckt von einem Wandschirm.

Er nahm einen Becher vom Tisch, ging hinüber und füllte ihn. Wohlig rieselte der feurige Xeres die Kehle hinab: der würde ihm die Kraft geben, seine letzten Aufzeichnungen zu machen.

Er klatschte in die Hände, der Posten trat ein.

»Maninidra!« sagte er kurz.

Gleich dann stand der Führer der Leibwache vor ihm. Seine breite, sonst blutunterlaufene Narbe – das Andenken an den Sturm auf die Caldera – lief heute schmal und bleich über das faltige Gesicht. Traurig und fragend blickte er in die fiebrigen Augen seines General-Kapitäns.

»Maninidra!« Lugo legte ihm die Hand auf die Schulter. »Dir und meinen Getreuen von der Leibwache will ich eine Freude machen. Der Wein dort ist euer, trinkt ihn auf mein Wohl!«

Der General-Kapitän sitzt an seinem Schreibtisch. »Somos los guerreros del bravo General ...« Noch klingt das Lied der Leibwache in seinen Ohren. Jetzt liegen sie draußen in tiefem Schlaf. Deutlich hebt sich das pfeifende Schnarchen Maninidras von dem Rauschen des Meeres ab. Mögen sie ruhen, er bedarf ihrer nicht mehr.

Sinnend blickt er in die flackernde Wachskerze. Seine Jugend steigt vor ihm auf, das väterliche Haus, das alte Maurenschloß, auf dessen Stufen er sich mit einer Holzlatte gegen seine Altersgenossen verteidigte. Die Gedanken des Zwölfjährigen kehren wieder: wäre es nicht besser, das Wort Gottes, dessen höchstes Gebot die Nächstenliebe ist, durch Predigt und Beispiel zu verbreiten, als durch Feuer und Schwert? Er beginnt an seiner Mission zu zweifeln. Nur sein Glaube hält ihn davon ab, Hand an sich zu legen. Die Schwäche ist verflogen, seit er den Wein getrunken hat. Und doch fühlt er, daß ihn irgendwie der Tod umlauert.

Ein leises Kratzen an der Zeltwand läßt ihn aufhorchen. Es mögen Ratten sein, die der Hunger hergetrieben. Nachdenklich taucht er die Feder ein und beginnt zu schreiben.

Es ist lange nach Mitternacht, als er den letzten Satz seines Berichts noch einmal überliest: »... und wenn Euch, Großmächtigste Könige und Erhabene Herrscher des Spanischen Weltreiches, die Ihr die Kronen zum Schutz und Schirm der Heiligen Römischen Kirche und des wahrhaftigen Glaubens tragt, dieses Schreiben zu Ohren und Augen kommt, bitte ich Euch, in der Kathedrale von Toledo vom Cardenal Don Pedro González de Mendoza eine heilige Messe für meine Seele lesen zu lassen.«

Noch hat der General-Kapitän nicht seinen Namen unter das Schriftstück gesetzt, da gewahrt er Bewegung hinter dem Wandschirm. Deutlich malt sich auf dem Zelt der Schatten eines Mannes, dessen Hand ein langes Messer hält.

Blitzschnell reißt Don Alonso seine Pistole aus dem Gürtel und drückt ab. Ein Aufschrei! Dann ist der Schatten wie ein Spuk verschwunden. Mit gezogenem Degen stürzt der General-Kapitän in die Ecke und reißt den Schirm beiseite. Eine klaffende Öffnung im Zelt zeigt ihm, welchen Weg der Meuchelmörder genommen.

Der Schuß hat die Leibwache geweckt, als erster stürzt Maninidra herein. Tumult erhebt sich im Lager, Waffen klirren. Der Hornist Antonio Pilas aus Salamanca bläst mit übermenschlicher Anstrengung Alarm. Vom Tisch geweht, in den Sand getreten, von Söldnerstiefeln zerfetzt, liegt der Bericht Don Alonso Fernández de Lugos.

Nach einer Stunde wird dem General-Kapitän Meldung erstattet: ein Majorate fehlt, es ist der Bruder eines der fünf Gehenkten.

Der Name des Meuchelmörders blieb der Nachwelt nicht erhalten, wohl aber sein Andenken. Eine Woche später fand eine Streife seine Leiche. Sie hing an einer kanarischen Kiefer in der Schlucht, die die Guanchen Tabana nannten. Heute kennt man sie nur noch als »Barranco del Ahorcado«, die Schlucht des Gehenkten.

Golden dämmert der Morgen nach der Schreckensnacht herauf, in der der General-Kapitän wie durch ein Wunder dem Mordstahl entging. Noch ist das Zwielicht nicht gewichen, da rollt die Stimme der Keuschen Elvira über den Strand. Erschreckt fahren die Schläfer aus unruhigem Schlummer, in dem noch Nachtgespenster spuken. Im Laufschritt besetzen die Söldner die Wälle, dem Feinde zu wehren.

Doch kein Feind ist zu sehen. Vom hohen Turm winkt der Posten und deutet übers Meer. Dort enttauchen dem Morgennebel sechs Brigantinen und eine dickleibige Galeone, die tief im Wasser liegt.

Ein Freudentaumel erfaßt Offiziere und Mannschaften. Böllerschüsse donnern aus den Falkonetten, Musketen und Arkebusen klingen auf, die Unzertrennlichen Zwölf haben einen Kreis gebildet und tanzen um ihren General-Kapitän. Andere sinken in die Knie und beten.

Jetzt stürzen sie alle zum Strand hinunter. Jeder will der erste sein, die Ankommenden zu umarmen. Boote stoßen ab, Rufe tönen herüber und hinüber. Als sie Lope Hernández im vordersten erkennen, springen einige von der Leibwache ins Wasser und tragen ihren Retter an Land.

Gerührt schließt der General-Kapitän den treuen Freund in seine Arme.

Alle Not ist zu Ende. Säcke mit Gerstenmehl, Mais, Biskuit, riesige Bündel Salzfische, pralle Weinschläuche, dickbäuchige Rumfässer, Ziegen, Schafe, Hühner kommen zum Vorschein. Ganz zum Schluß werden zehn blitzende Kartaunen und dreißig Pferde ausgeladen.

Ein feierlicher Dankgottesdienst findet statt. Als der Kanonikus Samarinas das Vaterunser spricht, beten alle laut mit. Wie ein gewaltiges Rauschen tönen die Worte der Ergriffenen über den Strand.

Mit zusammengepreßten Lippen steht der General-Kapitän. So voll ist sein Herz des Dankes, daß er nicht mehr sprechen kann. Er muß an die letzte Nacht denken, an den Schatten auf der Zeltwand, an den zerfetzten Bericht. Der Glaube an seine Sendung ist wieder da: Gott hat ihn ausersehen, die Heiden zu unterwerfen.

Das Vaterunser ist verklungen. Da kniet der General-Kapitän noch einmal vor dem Altar nieder. Laut und deutlich vernehmen alle seine inbrünstigen Worte:

»Herrgott, ich danke dir!«

III.

DER UNTERGANG DER GUANCHEN

»... Nie mehr wird das tapfere Volk der Guanchen erstehen,
nie mehr ihm die goldene Magec der Freiheit leuchten!
Doch möge die Kunde von seinem Untergang als
warnender Ruf über Zeit und Raum dringen, und sich ewig
die Wahrheit in die Herzen jedes heldischen Volkes graben:
Es gibt nur Sieg oder Tod!«
(Vae Victis!)

Victoria

Kulturen werden von Zivilisationen zerstört, Zivilisationen von Kulturen. Menschen, Völker, Epochen scheinen einem sinnlosen Würfelspiel unterworfen, das der Zufall allein regiert. Und doch ist dem nicht so: es gibt ein Gesetz, nach dem die Weltgeschichte gelenkt wird.

Jedes Volk hat unzählige Kriege gewonnen und verloren. Warum ist das eine untergegangen und überdauerte das andere die schwersten Niederlagen, um, wie der Phönix aus der Asche, zu neuem Glanze aufzusteigen? Größerer Mut und fanatischere Todesverachtung allein haben fast nie den Ausschlag gegeben.

Dagegen war es immer die Größe der Idee, für die ein Volk stritt, die den Endsieg davontrug. Die Guanchen fochten für Freiheit und Vaterland, doch nur noch die Edelsten. Das Volk war zermürbt durch die Madorra und den Hunger. Die

Kastilier kämpften für das spanische Weltreich und für das Kreuz. Und das Kreuz war es, das ihnen die Überlegenheit gab. Denn es spukte bereits in den Köpfen der Guanchen, der Glaube an Acorán war erschüttert, heimlich schon beteten viele zu dem neuen Gott.

Täglich liefen neue Gerüchte über den Nordhang: Ohnmächtig schien der Guayote gegen die, die an Christum glaubten! Hatte nicht die Heilige Jungfrau des Lichts in Güímar die vor der Madorra beschirmt, die ihr anhingen? Ruhig konnten sie ihre Felder bebauen, und der Hunger hatte keine Macht über sie. Waren die Spanier überhaupt Feinde, die man fürchten mußte? Was verlangten sie denn? Nichts als Unterwerfung unter ihre Könige und Anerkennung ihres Gottes!

Der Zweifel am Zweck des Krieges war aufgestanden, und Zweifel bedeutete zu allen Zeiten Untergang ...

Der Tod Guayanémes hatte die Siegeszuversicht der Guanchen vollends erschüttert. Das schauerliche »Hihi« des alten Zauberers tönte immer noch in ihren Ohren. Unvergessen blieb ihnen sein höhnischer Sterbegesang.

Und wenn sie auch die flammenden Ansprachen Mencey Bencomos immer wieder aufrichteten, im Unterbewußtsein saß der giftige Stachel des Zweifels: »Was der da euch sagte, ist eitler Wahn ... «

Heimliches Flüstern lief durch die nächtlichen Höhlen. Einer raunte es dem anderen ins Ohr: Für sich allein kämpfte Bencomo, für SEINE Macht! Hatte er nicht selbst gesagt, daß er das Reich Tehinerfes wieder aufrichten wollte? Lebten nicht die Guanchen von Güímar unter dem Schutz der spanischen Feuerwaffen besser als sie? Was war denn Vaterland, was Freiheit? Das gab es nur für die Fürsten! Sie hatten nichts zu verlieren. Dem Volk konnte es gleich sein, ob es die Abgaben an den oder jenen entrichtete! Unbekannt war ihnen das vernichtende »Vae Victis!« vom Sieg berauschter Feinde.

Mencey Bencomo wußte genau, wie es um seine Vasallen stand. Und was keinem der anderen Fürsten gelungen wäre, ihm, dem König, gelang es. Wenn er auch den Glauben an Acorán nicht mehr aufrichten konnte, den Glauben an sich selbst hatte er ihnen zurückgegeben.

Die Natur war ihm dabei zu Hilfe gekommen. Fruchtspendender Regen rieselte am Nordhang, emsig wurden die Felder bestellt, es wimmelte von Fischen in der Bucht. Mit der Arbeit und dem reichlichen Essen kehrten Mut und Kraft zurück. Langsam gesundete die Volksseele.

Den ganzen Herbst über wurden erneut Waffenübungen abgehalten. Kriegsspiele, gemeinschaftliche Heldengesänge und Wettkämpfe im Tagoror machten die Weissagung des alten Zauberers vergessen. Dafür hatte ihnen Mencey Bencomo mit seinen leuchtenden Königsaugen immer wieder eingehämmert:

Das Tal von Arautápala war die Heimat aller. Hier hatte der Sohn des Großen seinen Fuß an Land gesetzt, hier reiften die wogenden Kornfelder der goldhaarigen Sonnentöchter, hier würden sie den Feind erwarten und ihn schlagen, wenn er es wagen sollte, über den Nordhang zu kommen ...

Nach der Ankunft der rettenden Brigantinen hatte der General-Kapitän sofort eine ärztliche Untersuchung aller Mannschaften und Offiziere angeordnet. Dienst und Kost wurden je nach Gesundheitszustand geregelt, und schon nach wenigen Wochen waren auch die Schwächsten wiederhergestellt.

Mitte Dezember fand am Strande von Santa Cruz eine glänzende Heerschau statt. Stolz ritt Lugo auf dem tänzelnden Halcon die langen Reihen ab. Wohlgefällig glitt sein Auge über die waffenstarrenden Söldner. Nahezu dreitausend Mann waren es, ohne die vierhundert Guanchen aus Güímar, die Añaterve am Vortage geschickt hatte.

Das Leuchten in den Augen der Offiziere und Mannschaften übertraf noch das Blitzen und Funkeln der Wehrgehänge. Alle wußten: jetzt geht es zur Entscheidungsschlacht über den Nordhang ins Herz der Hölleninsel.

Am rechten Flügel neben der Leibwache standen die Unzertrennlichen Zwölf. Lugo mußte lächeln, als er sie gewahrte. Der Hüne Rodrigo de Barrios, auf seinen großen Zweihänder gestützt, sah aus wie Roland der Riese. Neben ihm streckte das Äpfelchen seinen bereits wieder rundlichen Bauch heraus, als wollte es sagen: »Hier bin ICH!« Der hagere Pius war trotz der guten Kost so hager wie immer. Nur seinem strahlenden Blick sah man an, daß er die alte Kraft wiedererlangt hatte.

Verträumt saß Gonzalo de Castillo auf seinem rotbraunen Fuchs, den er aus den von Lope Hernández mitgebrachten Pferden ausgewählt hatte. Er wußte, daß er sein Leben und seine Freilassung allein der Fürsprache der Prinzessin Dácil verdankte. Der Sigoñe, der ihn bis zum Paß geleitete, hatte es ihm erzählt. Sie liebte ihn also, und das erfüllte ihn mit froher Hoffnung. Und doch herrschte Zwiespalt in seinem männlichen, edeldenkenden Herzen: er war noch einmal gezwungen, mit denen die Waffen zu kreuzen, die ihm großmütig das Leben geschenkt hatten. Denn hier galt es ein höheres Ziel! Heiden waren es, die von ihrem Unglauben befreit und in den segnenden Schoß der Heiligen Römischen Kirche geführt werden sollten. Gott selbst hatte ihm die Waffen in die Hand gedrückt, und für seine Ehre mußte er fechten.

Am Abend versammelten sich die Offiziere zum Festessen im Zelt des General-Kapitäns. Es gab Hühnerbrühe mit Einlage, frisch gefangene Seezungen, knusprigen, am Spieß gerösteten Zickelbraten, Schafkäse aus Güímar und goldenen Xeres-Wein. Nach dem Mahl wurde in kleinen Gläschen Cazalla-Likör gereicht. Lope Hernández hatte das Lieblingsgetränk des General-Kapitäns nicht vergessen.

Dann gab Lugo den Offizieren seinen Plan bekannt. Unter der Führung geländekundiger Guanchen wollte er den Weg über die Höhen nehmen, den ihn damals die Heilige Jungfrau des Lichts geführt und die seit diesem Tage bei den Spaniern »Los Montes de la Esperanza«, die Berge der Hoffnung, hießen. So gelangten sie am leichtesten auf die Nordseite der Insel, konnten die Schlucht von Acentejo oberhalb Tacoronte überschreiten und von da ins Tal von Arautápala vorstoßen.

Im Lager sollte nur eine kleine Besatzung unter Alarcon zurückbleiben. Sämtliche Artillerie war mitzuführen außer der Keuschen Elvira. In der nächsten Neumondnacht würden sie aufbrechen. Auf starken Widerstand von Bencomo rechnete er nicht mehr.

Auch in den Zelten der Söldner ging es heute lustig her. Xeres und Cazalla gab es zwar nicht. Dafür aber hatte ihnen ihr General-Kapitän ein paar Pinten Rum gestiftet. Und Rum war nach der Meinung des Äpfelchens das einzige Getränk, das dem Hintern eine gesunde Gesichtsfarbe verlieh.

Maninidras breite Narbe leuchtete rot wie ehedem, und Pedro Martín Buen-Día spuckte wieder so treffsicher durch die Zahnlücke, daß es eine helle Freude war. Diesmal formte sein Speichel zur Belustigung der Zuschauer einen kleinen Affen mit Ringelschwanz an die Zeltwand. Händeklatschen der Umsitzenden belohnte ihn. Das Äpfelchen aber kratzte sich nachdenklich den Kopf.

»Ein Affe«, sagte er anerkennend, »stimmt genau! Da fällt

mir eine Geschichte ein, – sie handelt aber von zwei Affen.«

Gespannt blickten ihn die Söldner an, da fuhr er fort:

»Wer von euch hat Eustaquio gekannt? Ich meine den verrückten Eustaquio Rodríguez, der in der Leibwache von Pedro de Veradiente? Na, kurz und gut: Eustaquio hatte dem Grafen Medina Sidonia geholfen, Melilla zu nehmen und von Afrika zwei Affen mit nach seiner Heimatstadt Málaga gebracht. Dort bewohnte die Mutter Eustaquios ein kleines Häuschen unweit des Hafens. Er hatte Urlaub genommen und quartierte sich mit seinen beiden Tieren bei ihr ein.

Die alte Frau fürchtete sich vor den Affen, und auch Eustaquio hatte seine liebe Not mit ihnen. Sie verunreinigten die Zimmer, und ihr Lieblingsspiel war, sich gegenseitig mit allem zu bewerfen, was ihnen gerade in die Hände kam

Eustaquio überlegte, was er machen sollte. Er wollte die Affen gern verkaufen, aber wie einen Käufer finden?

Da hatte er einen glänzenden Gedanken. Neben der Wohnstube lag ein kleines Gelaß mit einem vergitterten Fenster nach der Straße hin. In dieses sperrte er die Tiere und stellte nichts hinein als zwei Stühle, damit die Affen das Klettern nicht verlernten. Hier konnten sie keinen Unfug machen und von der Straße aus gesehen werden.

Eustaquios Affen wurden in Málaga bald stadtbekannt. Den Tag über drängten sich Kinder und Erwachsene vor dem Fenster und staunten die Tiere an. Jedes saß trübsinnig auf seinem Stuhl und schien in tiefes Nachdenken versunken. Was sollten sie in dem leeren Gelaß auch anfangen?

Abends pflegte Eustaquio in die Kantine am Hafen hinüberzugehen. Bevor er das Haus verließ, gab er den Affen zu fressen, zog den Vorhang vor und stellte eine brennende Kerze in die Ecke. Denn im Dunkeln fingen sie an zu kreischen und störten den Schlaf seiner alten Mutter.

Als er eines Nachts spät nach Hause kam, sah er zu seinem Erstaunen, daß sich eine vielköpfige, lachende Menge vor dem Affenfenster versammelt hatte. ›Nanu!‹ dachte er, ›ich habe doch den Vorhang vorgezogen?‹

Er drängte sich durch die Schaulustigen und mußte losprusten, als er sah, was drinnen vor sich ging. Die brennende Kerze warf die Schattenrisse der beiden Affen deutlich auf den weißen Vorhang. Und was glaubt ihr wohl, was sie taten?«

Fragend sah sich das Äpfelchen im Kreise um. »Ja, was können sie wohl gemacht haben«, meinte Barrios, »wenn es nichts im Zimmer gab?«

Triumphierend blickte das Äpfelchen die Zuhörer an. »Nun«, sagte er dann seelenruhig, »jeder saß auf seinem Stuhl, drückte sich mit der einen Hand den Bauch, und was hinten herauskam, knetete er geschickt zu einer Kugel, um den anderen damit zu bewerfen. Sie hatten ihr Lieblingsspiel wieder aufgenommen ... «

Ein strahlender Wintertag ging im Tal von Arautápala zu Ende. Die Hälfte der Sonne stand noch über dem Meer, als Läufer in Taoro eintrafen. Atemlos meldeten sie Mencey Bencomo, daß der Feind die Ostkette überstiegen und auf der Hochebene von Acentejo diesseits der Schlucht, ein Lager aufgeschlagen hatte.

Bencomo dachte einen Augenblick nach: die Spanier hatten es also doch gewagt, in sein ureigenstes Gebiet einzubrechen. Gut! Dann sollten sie hier ihren Untergang finden: morgen bei Morgengrauen.

Noch schwebte späte Dämmerung über der Insel, da war er bereits mit seinem Heer auf dem Marsch. Fünftausend Krieger führte er zum ruhmreichen Sieg über die Fremdlinge. Und dann? Dann war das Reich Tehinerfes sein! Aus der Lederscheide zog er den Toledaner Degen. Leise sang er den letzten Vers des Schwertliedes vor sich hin:

»Funkelnd ziehst du voran
Den mutigen Kriegern Taoros,
Und beim Siegesfest
Glänzt du im Tagoror ...«

Das Tal von Arautápala lag hinter ihnen. Was sich dort in der mondlosen Nacht breitete, war die sanft abfallende Hochebene von Acentejo. Drüben lagerte der Feind. Mehr als zwei Meilen mochten sie von den Kastiliern trennen. Doch deutlich unterschieden die Guanchen ein seltsames Schauspiel, das sie sich nicht zu erklären vermochten.

Was war es, das dort geschah? Eine lange Reihe von Lichtern zog langsam einen großen Kreis. Jetzt schienen sie zu stehen, jetzt bewegten sie sich, einmal schienen sie näher, einmal ferner. Kienspäne mochten es sein oder Fackeln aus Tea-Holz. Oder hatte ihr Gott ihnen Sterne vom Himmel geliehen, die sie ihm zu Ehren hocherhoben über dem Haupte trugen? Abergläubisch blickten die Guanchen zum Firmament auf: es war wirklich so, als ob heute weniger leuchteten als in anderen Nächten.

Auch Mencey Bencomo stutzte. Unbegreiflich, was dort drüben vor sich ging ... »Halt!« befahl er. Am Morgen würden keine geheimnisvollen Lichter seine Krieger schrecken. Die göttliche Magec würde ihrem Siege leuchten.

Gemäß dem Plan des General-Kapitäns hatte sein Heer die Montes de la Esperanza überschritten, die Schlucht von Acentejo durchquert und lagerte auf der Hochebene, die hinüberführte ins Tal von Arautápala. Bei sinkender Sonne wurden eilig Feldschanzen aufgeworfen, die Artillerie in Stellung gebracht und in dreifacher Büchsenschußweite Vorposten ausgestellt. Die Losung für diese Nacht lautete »Niño Jesus«, Kind Jesus, denn es war Heiliger Abend.

Eine große Prozession fand im Lager statt. Mehr als dreitausend Fackeln erleuchteten taghell das geräumige Rund, in dessen Mitte sich auf einem Felsblock der Feldaltar erhob, der mit der brombeerfarbenen Fahne Kastiliens bedeckt war.

Um Mitternacht wurden die drei Weihnachtsmessen gelesen. Sämtliche Kastilier beichteten. Als die Predigt des Kanonikus Samarinas durch die Nacht scholl, lagen alle auf den Knien und beteten. Gehorsam gelobten sie der Heiligen Jungfrau des Lichts. Für Christus, den Gottessohn, würden sie kämpfen, bis das schöne Land von den Ungläubigen nicht mehr befleckt war: für Christus und die gebenedeite Mutter Gottes.

Noch standen die Sterne am Himmel, als Lope Hernández de Guerra einen Erkundungsritt unternahm. Ganz allein trabte er nach Westen, dem Tal von Arautápala zu.

Er mochte wohl eine halbe Stunde unterwegs sein, als die Dämmerung heraufkam. Plötzlich sprangen hinter einem Busch fünfzehn Guanchen hervor, deren schrilles Pfeifen ihm die Gefahr kündete, in der er sich befand.

Blitzschnell riß er seinen Hengst auf der Hinterhand herum und galoppierte ein Stück zurück. Er wollte die Feinde auf eine nahe Wiese locken, wo sie keine Deckung fanden.

Die List gelang. Nun warf er sein Pferd von neuem herum und drang auf die Überraschten ein. Sechs von ihnen streckte er mit Pistolenschüssen nieder, die anderen verjagte er mit der Lanze, einen hatte er niedergeritten.

Behend sprang er aus dem Sattel, band ihm die Hände zusammen, schlang sich das Ende des Stricks um den Arm und brachte den keuchenden Gefangenen in schnellem Trab zum Lager.

So erfuhr der General-Kapitän, daß Bencomo mit fünftausend Kriegern im Anmarsch war. Sein Heer hatte er in zwei Teile geteilt: einen führte er selbst, den anderen Mencey Acaimo von Tacoronte und dessen Bruder, Prinz Badenol.

Unverzüglich zog Lugo dem Feind mit seinem gesamten Heer entgegen. Er und seine Leute brannten vor Kampfeslust: heute würde die Entscheidung fallen. Der General-Kapitän befehligte den linken Flügel, sein Freund Lope Hernández den rechten. Dabei war der große Vorteil der Kastilier, daß die Guanchen gegen die Sonne fechten mußten, die gerade über die Ostkette stieg.

Donnernd prallten die feindlichen Heerhaufen aufeinander. Wie immer rissen die Feuerwaffen der Spanier grausige Lücken in die Reihen der Krieger Bencomos. Doch schnell sprangen andere für die Gefallenen ein. Ihre Behendigkeit, ihr Heldenmut, die Wucht und Raschheit ihrer Bewegungen brachten die Kastilier bald ins Gedränge.

Sausend wirbelten Keulen durch die Luft, Schilde splitterten, Lanzen drangen durch Harnische und Wattepanzer, Todesschreie mischten sich mit Kriegsgebrüll und Schlachtenlärm.

Drei Stunden schon tobte der Kampf, da kam der linke Flügel der Guanchen ins Wanken. Prinz Badenol war gefallen: die Lanze von Pedro Benitez hatte ihm den Hals durchbohrt. Rot spritzte das Blut aus der Schlagader seinem Überwinder ins Gesicht.

Doch Acaimo brachte seine Leute wieder zum Stehen. »Rächt meinen Bruder!« rief er ihnen zu, und todesverachtend stürzten sie sich erneut den Kastiliern entgegen.

Da wurde Mencey Bencomo schwer verwundet. Ein Schwertstreich hatte ihm den linken Oberarm bis auf den Knochen durchschlagen. Kraftlos entfiel der Drachenschild seiner Hand. Zwei seiner Krieger trugen ihn aus dem Getümmel.

Gleich darauf erhielt Mencey Acaimo einen Schuß in die Hüfte. Auch ihn brachten seine Getreuen in Sicherheit.

Ihrer Führer beraubt, fochten die Guanchen regellos, ein Durcheinander entstand, die Mitte wich, keilförmig drangen die Kastilier nach.

Da ließ sich Mencey Bencomo von neuem aufs Schlachtfeld tragen. Es galt zu retten, was zu retten war.

Nach fünfstündigem, blutigem Ringen gelang es ihm, einen geordneten Rückzug ins Tal von Arautápala zustande zu bringen. Erst dort erfuhr er, daß Prinz Badenol gefallen war. Ohnmächtig brach er zusammen.

Fast die Hälfte der Guanchen war auf der Walstatt geblieben, während die Kastilier trotz des zähen Kampfes nur vierundsechzig Tote zählten. Doch gab es mehr als tausend Leichtverwundete.

Es war der glänzendste Sieg, den der General-Kapitän je errungen hatte. Und obgleich ihm der untadelige Oberst Bartolomé de Estupinian im Gedenken an die Schlacht von Cannae zurief: »Vincere scis, victoria uti nescis!« (Zu siegen verstehst du, doch nicht den Sieg zu nützen!), Lugo dachte nicht daran, den geschlagenen Feind zu verfolgen.

Die Söldner aber fielen, wo sie gingen und standen, auf die Knie und dankten Gott und dem heiligen Erzengel Michael für den herrlichen Sieg.

Ein Tedeum wurde abgehalten. Schauerlich hallte den sterbenden Feinden der Lobgesang zur Ehre Gottes und zur Freude über das in Strömen geflossene Heidenblut ins Ohr. Aus dem Mund der Soldaten aber tönten immer wieder die nicht endenwollenden Rufe: »Victoria! Victoria!«

Deshalb gelobte der General-Kapitän, hier der Königin der himmlischen Heerscharen eine Kirche zu errichten, die den Namen »Reina de los Angeles de la Victoria« tragen sollte. Und Victoria heißt heute der Ort, der sich später um diese Kirche schloß.

Neun Tage noch blieb der General-Kapitän im Lager von Acentejo, das er am Weihnachtsabend bezogen hatte. Die Toten wurden begraben, die Verwundeten gepflegt. Dann führte er sein Heer ins Winterquartier an den Strand von Santa Cruz zurück.

Zu allen Zeiten haben Militärsachverständige diesen unbegreiflichen Rückzug Don Alonsos bemängelt und ihm Unentschlossenheit vorgeworfen. Auch den zeitgenössischen Chronisten blieb das Verhalten des General-Kapitäns unverständlich. Lugo mußte wissen, daß die Guanchen so gut wie aufgerieben waren. Es konnte ihm nicht unbekannt sein, daß sie mindestens vierzehn Tage benötigten, um sich einigermaßen von der Niederlage zu erholen. Auch hatte er erfahren, daß Mencey Bencomo und Acaimo schwere Wunden davongetragen hatten. Deshalb wäre es das Natürlichste gewesen, wenn er sofort ins Tal von Arautápala nachstieß, um so ins Herz des Feindeslandes zu dringen. Für die meisten stand es außer jedem Zweifel, daß der Feldzug in wenigen Tagen sein Ende gefunden hätte.

Und doch mußte der General-Kapitän gewichtige Gründe haben, allen diesen Überlegungen entgegen zu handeln. Vielleicht dachte er an die fortgeschrittene Jahreszeit, die die Insel manchmal wochenlang in Nebel und Regen hüllte. Oder fürchtete er das unbekannte, gebirgige Gelände und die abgründigen Schluchten, die seinen ganzen Erfolg zunichte machen konnten? Von Gefangenen wußte er, daß sich zwischen

Arautápala und Taoro ein breiter Streifen Urwaldes zum Meer zog, durch den nur ein schmaler Pfad führte, der leicht zu sperren war. Sollte er sich einem Hinterhalt aussetzen und dem Feinde die Möglichkeit geben, ihm den Rückzug abzuschneiden?

Wie aber auch die Historiker darüber urteilen mögen, eins war sicher: seine Soldaten hießen alles gut, was ihr General-Kapitän befahl. Ihr Vertrauen zu seiner Führung blieb wie immer unbegrenzt. Was der »Schiefmäulige« tat, war richtig. Mit Nachdenken gaben sie sich nicht ab. Ein für allemal stand es bei ihnen fest: wer konnte wissen, welche Pläne ein General-Kapitän in seinem Schädel wälzte ...?

Händler und Helden

Bekannt genug ist der Ausspruch Napoleons, daß zum Kriegführen drei Dinge nötig sind: Geld, Geld und nochmals Geld. Wieviel Feldzüge scheiterten, wieviel gewonnene Schlachten verwandelten sich in Niederlagen, weil die Bürger ihre Geldsäcke zuhielten und ihr persönliches Wohl über das des Vaterlandes stellten. So machte der Krämergeist der Karthager den Siegeszug Hannibals zuschanden, und die Enkel mußten den Dolchstoß der Großväter mit Tod und Sklaverei bezahlen.

Was nutzt aller Feldherrngeist, was Mut, Treue, Ausdauer und Todesverachtung der Soldaten, wenn die Opferwilligkeit der Heimat versagt? Jeder erinnert sich an das Wort Lloyd Georges von den Silbernen Kugeln. Und wenn es auch nur im gewissen Grade stimmt, immer dann gab das Geld im Ringen der Völker den Ausschlag, wenn es im entscheidenden Augenblick den siegreichen Truppen vorenthalten wurde.

Und in einem solchen Augenblick befand sich Don Alonso Fernández de Lugo, dessen Mittel im Feldzug gegen die Guanchen von Anfang an ungenügende waren. Niemand nahm mehr Anteil an ihm und seinem Schicksal, seit sich aller Augen nach dem Dorado West-Indien gerichtet hatten. Geschickt verstanden habgierige Levantiner, den Löwenanteil des Raubes in ihren Besitz zu bringen. Ein Taumel hatte sie erfaßt, in ihren Ohren hämmerte es Tag und Nacht: Gold, Gold, Gold ... Mochten Dummköpfe ihr Leben einsetzen und sich für Christus und die Heiligen abschlachten und verstümmeln lassen ... wenn sie nur im Golde wühlen konnten ...

Heute war Montag, und der Montag war dem alten Manolo mehr verhaßt als irgendein anderer Tag der Woche. Nicht, daß er an diesem Tag just viel zu tun gehabt hätte. Nein, über seinen Dienst als Bürodiener bei dem reichen Nicolas Angelotti konnte er sich wirklich nicht beklagen. Heute aber mußte er, wie immer zu Anfang der Woche, Tinte mischen, und das war keineswegs so leicht, wie es sich Don Nicolas einbildete. Er sollte es nur selbst einmal versuchen! Immer hatte er etwas auszusetzen. Mal war sie ihm zu dick, mal zu dünn. Dann wieder roch sie ihm zu sauer, obgleich er immer dieselbe Menge Essig dem Ruß, Eisenspänen, Pulver und Vitriol beimischte. Und die Hände! Bis man sie wieder sauber hatte, war der nächste Montag herangekommen.

»Porca Madonna!« fluchte er vor sich hin. Überhaupt war es mit seinem Herrn in der letzten Zeit nicht mehr auszuhalten. Was mochte bloß in ihn gefahren sein? Wahrscheinlich gingen die Geschäfte schlecht. Aber wozu brauchte ein so großer Herr überhaupt Geschäfte zu machen? Warum saß er hier in El Real de las Palmas und rackerte sich ab?

Der alte Manolo mußte an seine schöne Vaterstadt denken. Würde er das weißleuchtende Genua jemals wiedersehen? Einmal nur möchte er noch durch die breiten Prachtstraßen wandern und zu den hohen, marmornen »Palazzi« der Granden aufschauen, oder im kühlen Schatten der stolzen Zypressen der Villa Nera sitzen und die weißen Tauben füttern, die gurrend über den grünen Rasen liefen.

»Tutti i Santi!« Jetzt hatte er wirklich zu viel Ruß in den Mörser getan. Da half nur Essig, um es wieder gutzumachen. Mißmutig schüttelte er den Kopf über den Unverstand seines Herrn und tippte sich gegen die Stirn: Essig war eben Essig und konnte nicht nach Veilchen duften. Dann füllte er die hölzernen Tintenfässer, spitzte mit zitternder Hand die Federn und stellte die Streusandbüchsen zurecht.

Schritte und erregte Stimmen dröhnten über den Gang. Die Tür ging auf und herein stürmten die »Großen Vier«, wie sie überall auf Gran Canaria genannt wurden.

Angelotti, klein, dick und beweglich, ließ sich schwer auf einen Stuhl fallen. »Per Bacco!« schrie er und fuhr sich mit den kurzen, schwülstigen, ringbesetzten Fingern durch das schwarze, wellige Haar: »Es ist immer dasselbe!«

Manolo glaubte, es handle sich um die Tinte und verschwand schleunigst aus dem Zimmer.

»Nun«, meinte Guillermo Bianco beruhigend, »man muß alles erst prüfen.«

Francisco Palomares und Matheo de Viña nickten. Sie kannten das heiße Blut ihres Freundes und wollten sich ihn erst einmal gehörig austoben lassen.

Wer die vier da so sitzen sah, den aufgeregten, zappligen Angelotti, der mit Händen und Füßen auf den hageren Guillermo Bianco einredete, dessen Hakennase wie ein Geierschnabel aus dem Gesicht vorsprang, während die beiden anderen gespannt den sich überstürzenden Worten des rollenden genuesischen Dialekts lauschten, hätte in ihnen trotz aller Verschiedenheit sofort die Levantiner erkannt, die alle Geschäfte in Händen hielten.

Ja, sie mußten ihm recht geben, dem dicken Angelotti mit seinen schlitzäugigen Mandelaugen, die Feuer zu sprühen schienen. Wie stets, wenn er in Wut war, vergaß er sich und rief Jehova an. Nun, hier hörte es ja keiner, und im übrigen galt er als frommer Katholik. Erst kürzlich hatte er wieder der Kirche eine Madonna gestiftet, und außerdem versäumte er keine Messe.

»Erst die Nachricht von dem großen Sieg!« wetterte er weiter. »Und jetzt dieser Brief!« Dabei hieb er ein längsgefaltetes Pergament auf den Tisch.

Es war wirklich unverständlich, was dieser Lugo dort drüben auf der Hölleninsel eigentlich anstellte! Er hatte die Guanchen aufs Haupt geschlagen, und statt sofort die Verfolgung aufzunehmen, führte er das Heer ins Winterquartier. Drei Jahre saß er nun schon drüben, und immer noch trotzten ihm die Heiden. Wenn das so weiterging, würden sie die Eroberung Tenerifes nicht mehr erleben. Vor einem halben Jahr erst hatte er Zuzug von zweitausend Insulanern aus Lanzarote und Fuerteventura erhalten! Lope Hernández, der Esel, verkaufte seine beiden Zuckermühlen, seine Häuser, seine Sklaven, sein Vieh, seine Landgüter. Na, die Großen Vier hatten ja dabei nicht schlecht abgeschnitten, und was der Hauptmann mit seinem Besitz tat, ging sie nichts an. Aber ihre schönen, baren Golddoublonen waren verloren! Was gab es schon da drüben auf dieser verdammten Insel! Steine, nichts als Steine! Und die paar Heiden, die man vielleicht als

Sklaven verkaufen konnte, starben an der Madorra, oder der General-Kapitän schlug sie tot.

Angelotti raufte sich das Haar. Da waren doch in West-Indien andere Geschäfte zu machen! Jedes halbe Jahr kamen mit Gold beladene Galeonen von drüben. Kein Wunder, da steckte eben ein Genuese dahinter, der wußte, worauf es ankam, und nicht ein schiefmäuliger Spanier, der daherstolzierte wie ein Hahn und sich für einen Feldherrn hielt.

Und jetzt schrieb er schon wieder um Pulver und Lebensmittel! Ja, glaubte er denn, sie fänden ihr Geld in der Gosse? Nein, keinen Maravedi würde er mehr geben, keinen drekkigen Maravedi mehr, diesem Hungerleider. Sollte er selbst sehen, wie er mit den Guanchen fertig wurde.

Die Tür öffnete sich, der graue Kopf Manolos lugte herein. »Der Coronel Don Bartolomé Estupinian!« meldete er.

»Da ist er schon«, meinte Angelotti, »laßt mich mit ihm reden.« Schnell strich er sich über das wellige Haar und lehnte sich gemütlich in den Stuhl zurück, so als ob er gerade mit seinen Freunden ein morgendliches Plauderstündchen abhielte.

Im Türrahmen erschien die hohe, ein wenig vornübergebeugte Gestalt des untadeligen Obersten, der sich leicht verbeugte.

Angelotti sprang auf und schüttelte ihm die Hand. »Sieh da, der Herr Oberst in eigener Person«, meinte er und nötigte ihn, Platz zu nehmen.

Der Coronel kannte die vier nicht nur vom Ansehen. Er wußte, daß es schwer sein würde, noch einmal von ihnen Geld für den General-Kapitän zu erhalten. Doch es mußte ihm gelingen, wenn nicht der ganze Feldzug ins Wasser fallen sollte. Je höflicher dieser dicke Angelotti tat, desto unzugänglicher war er allen Vorstellungen, desto aalglatter entwand er sich. Und die anderen? Die anderen machten das, was der große Angelotti machte.

Nach Soldatenart ging der Oberst ohne alle Umschweife auf die Sache los. Große Einleitungen brauchte er nicht zu machen. Vor ihm auf dem Tisch lag das Schreiben des General-Kapitäns: die vier waren also im Bilde. Vor allem durfte er ihnen nicht gleich zeigen, wie schwierig es um die Verpflegung des kastilischen Heeres stand, das bereits wieder auf halbe Rationen gesetzt war.

»Warum ich hier bin, wissen Sie«, begann er und deutete auf das längsgefaltete Pergament. »Der Krieg drüben ist so gut wie zu Ende. Nur noch ein kleiner Vorstoß nach Taoro hin, und wir haben die Insel in der Hand.«

»Sie werden gestatten, daß ich das bezweifle«, meinte Angelotti seelenruhig und sah zu seinen Freunden hinüber, die eifrig nickten. »Wir sind zu dem Entschluß gekommen, kein Geld mehr in das Unternehmen zu stecken.«

Dann fuhr er fort, ihre Beweggründe auseinanderzusetzen. Er sprach schnell, eindringlich, mit leichtem Bedauern in der Stimme. Ja, selbst wenn sie wollten, es ging beim besten Willen nicht. Die Zeiten waren schlecht, sehr schlecht. Seit Wochen schon warteten sie auf drei Galeonen, die von West-Indien Spezereien und Sklaven bringen sollten, vielleicht auch ein wenig Gold. Ja, alles würden sie tun für die Heilige Römische Kirche, deren getreue Anhänger sie waren, aber was nicht ging, ging nicht.

Der Oberst unterbrach ihn. In glühenden Farben schilderte er die Fruchtbarkeit des Tals von Arautápala, die reichen Waldbestände, die großen Viehherden der Heiden. Was waren die ausgemergelten Indianer, die keinen Winter auf der Halbinsel überlebten, gegen die kraftstrotzenden Guanchen, die auf jedem Sklavenmarkt das Doppelte und Dreifache brachten!

Er ließ sich soweit herab, dem Levantiner vertraulich die Hand auf die Schulter zu legen. Geld? Wozu benötigten sie Geld? Die Bürgschaft der Großen Vier würde genügen, das bißchen Pulver und die paar Lebensmittel zu verladen.

Doch das bedauernde Lächeln schwand nicht von den Lippen des Genuesen. Der Aasgeier, wie Estupinian im stillen den hakennasigen Guillermo Bianco nannte, starrte mit traurigem Vogelblick vor sich hin. Die beiden anderen hielten die Hände auf dem Schoß gefaltet, als wären sie in inbrünstiges Gebet versunken.

Ein Schweigen entstand. Der Oberst dachte nach. So konnte er diesen gerissenen Genuesen nicht beikommen. Er beschloß, seine Taktik zu ändern. Vielleicht gelang es ihm, sie aus ihrer Zurückhaltung hervorzulocken. Schließlich waren es Ausländer, die vorsichtig sein mußten, wenn er Spanien, die Krone und den Waffenruhm Kastiliens ins Treffen führte. »Meine Herren«, sagte er deshalb ruhig und sah einen nach dem andern an, »die Ehre der Allermächtigsten Katholischen Könige steht auf dem Spiel. Wenn Sie uns nicht helfen, ist alles Blut umsonst geflossen.

Ein kurzes Aufblitzen in den Augen des Levantiners zeigte ihm, daß Angelotti auf diesen geraden Vorstoß nicht gefaßt war. Der schlaue Genuese hatte sofort die Falle erkannt, die der Oberst ihm stellte. Hinter einem gewinnenden Lächeln verbarg er die aufsteigende Angst, und liebenswürdig entgegnete er: »Ihre Vaterlandsliebe, Herr Oberst, ehrt Sie, wie jeden rechtlich denkenden Mann. Auch wir lieben Spanien, das uns eine zweite Heimat wurde. Über alles aber lieben wir unsere Vaterstadt Genua, die Königin der Meere, wo unsere Wiegen standen. Für sie arbeiten wir, ihr gehört unser Vermögen. Niemand wird in unserer Heimatliebe ein Unrecht erblicken können.«

Der Oberst war geschlagen. Der gerissene Levantiner hatte ihn durchschaut. Brüsk stieß er den Stuhl zurück: der Teufel sollte diese Juden holen! Mochten sie an ihrem Gold erstikken! Nicht eine Verbeugung waren sie wert.

Hocherhobenen Hauptes, grußlos, verließ er das Zimmer.

Mit langen Schritten ging der General-Kapitän auf dem Wall auf und ab und hielt Selbstgespräche, wie er es immer zu tun pflegte, wenn er vor einer Entscheidung stand. Das Heer der Guanchen war geschlagen, und noch ehe das Jahr zu Ende ging, würde er Herr der ganzen Insel sein.

Die einzige Sorge, die ihn drückte, waren immer wieder die unzureichenden Lebensmittel für seine Soldaten. Und um Lebensmittel zu kaufen, brauchte man Geld. Wenn auch Añaterve sandte, was er nur irgend konnte, dreitausend Mann waren dreitausend Mann, die verpflegt sein wollten, und mit entkräfteten Leuten konnte er den letzten Schlag nicht führen.

Deshalb hatte er den untadeligen Oberst Estupinian nach Gran Canaria geschickt, um noch einmal von den Großen Vier Hilfsgelder zu erbitten. Eine Schande war es, daß man vor diesen Juden auf dem Bauche kriechen mußte, vor diesen Halsabschneidern, die seinem Freunde Lope Hernández de Guerra den gesamten Besitz für lumpige zweitausend Golddoublonen abgenommen hatten.

An wen aber sollte er sich wenden? Vielleicht an die Katholischen Könige? Nein, die Majestäten hatten heute andere Sorgen, und der Weg zum Thron führte durch viele Vorzimmer, in denen sich Bittsteller aller Länder drängten. Wenn die Levantiner ihn aber im Stich ließen?

Erwartungsvoll glitt sein Blick übers Meer. Eben bog ums Vorgebirge von Gran Canaria die Fregatte, die Estupinian und die Antwort der Genuesen brachte.

Schnell eilte er zum Turm und sprang die Stufen empor, die zur Plattform führten. Doch wie sehr er auch seine Augen anstrengte: auf dem Fockmast wehte nicht die weiße Fahne, die ihm schon von ferne künden sollte, daß der Oberst den Zweck seiner Reise erreicht hatte.

Da saßen nun die drei im Zelt des General-Kapitäns und berieten, während der abendliche Märzwind durch die Lagergassen summte. Finster starrte Lugo vor sich hin, Lope Hernández kaute aufgeregt an seinem Schnurrbart, und der untadelige Oberst wiederholte zum hundertsten Male die glatte Absage Angelottis.

Ja, was war da zu tun? Ihre Ehre ... der Ruf der kastilischen Waffen ... alles sollte dahin sein?

»San Pedro!« murmelte Lugo vor sich hin, »San Pedro!« Wieder stand Sevilla vor ihm auf, der Dämmer der hohen Kathedrale, der geheimnisvolle Alte mit dem wallenden Mantel ...

Plötzlich zuckte es wie ein Hoffnungsstrahl über sein Gesicht. Erstaunt blickten ihn die Freunde an. Daß er nicht eher daran gedacht hatte! Er schlug sich vor die Stirn. Natürlich, nur einer noch konnte ihnen helfen. Er würde ihre Bitte nicht abschlagen. Dann sagte er laut zu den beiden: »Der Graf Medina Sidonia ...«

Lope Hernández sprang auf und umarmte den General-Kapitän. Nun war sein Opfer doch nicht umsonst gewesen. Noch nie hatte der Graf seine Hand verschlossen, wo es galt, der kastilischen Krone einen Dienst zu erweisen. Auch der Oberst strahlte übers ganze Gesicht. Sein Freund Medina Sidonia war im Vorstand der Heiligen Bruderschaft. Und wenn er selbst das Geld nicht flüssig hatte, die »Santa Hermandad« würde einspringen.

Verzweiflung hatte der Hoffnung Platz gemacht. Lugo stand auf und ging in die Ecke hinüber. Dort beugte er sich über eine schwere, eisenbeschlagene Kiste. Er öffnete sie und entnahm ihr die letzte Flasche Cazalla-Likör. Bis zum Rande füllte er drei kleine Becher. Es war ein bedeutungsvoller Tag, an dem man sich einen Schluck gönnen durfte. Den Rest verschloß er sorgfältig. »Für die Siegesfeier über die Heiden«, wie er sagte, die nun bald bevorstand.

Noch in derselben Nacht setzte er ein langes Schreiben an den Grafen auf. Estupinian und Lope Hernández unterzeichneten mit ihm. Als Überbringer wurde der Leutnant Alonso de la Peña ausersehen. Bei Morgengrauen stach er mit einer kleinen, schnellen Brigantine nach Norden in See.

Während das Schiff Alonso de la Peñas mit geblähten Segeln der Mündung des Guadalquivir zueilte, saßen Mencey Bencomo und Acaimo, der Fürst von Tacoronte, auf der Steinbank unter der hohen kanarischen Kiefer und blickten über das sonnendurchflutete Tal von Arautápala.

Der erste Tag war es, an dem Bencomo den Arm nicht mehr in der Lederschlinge trug. Seit das Unglück über sein Volk hereinbrach, war er alt geworden. Weiße Fäden durchzogen sein dichtes, blondes Haar; der helle, siegessichere Glanz seiner Augen war einer dumpfen Ergebenheit in das Unvermeidliche gewichen. Prinz Badenol, der ihm den Sohn ersetzen sollte, war gefallen, die Hälfte seiner tapferen Krieger deckte das Schlachtfeld, traurig und gedrückt schlichen die Vasallen in weitem Bogen um die Königshöhle, den Schmerz ihres Fürsten zu ehren.

Edel waren seine treuen Guanchen. Das Unglück hatte sie nur noch fester an ihn gekettet. Und wenn er sie vielleicht auch nicht mehr zum Siege führen konnte, dann würde er eben mit ihnen sterben.

Acaimo erriet die Gedankengänge des Königs. Nachdenklich starrte er zu den steilen Höhen des Tigaiga hinauf. Das dort oben war der letzte Hort, wo sie dem mächtigen Feinde noch trotzen konnten, wenn er in Taoro einfiel.

Die Augen Bencomos belebten sich. Die Höhen des Tigaiga! Acaimo hatte recht: unerklimmbar waren sie für die Christen und ihre großen, vierbeinigen Tiere. Schmale, verwinkelte Ziegenpfade führten hinauf, schwindelnde Felsspalten galt es zu überspringen, sich an senkrechten Wänden emporzuziehen. Jeden Stein kannte er dort oben, jeden Vorsprung, der sichere Stütze gewährte, jeden Busch, dessen Wurzeln einen Mann hielten. Wie oft war er dort auf Jagd gewesen mit dem treuen Chacán, als sein Vater lebte und noch göttlicher Friede auf der Glücklichen Insel herrschte.

Sinnend sah er herab auf den uralten Drachenbaum, der im Rund des Tagoror seine mächtige Krone wölbte. Trutzig stand er da im flimmernden Sonnenglast, ein knorriger Riese, Wahrzeichen königlicher Kraft.

Mencey Bencomo richtete sich auf und reckte sich. Dann hob er den Arm, ballte die Hand zur Faust und schüttelte sie drohend gegen den Nordhang. Seine Augen flammten im alten Glanz: er würde nicht wanken und weichen wie der Hüter Taoros dort unten, der ihm den Mut wiedergegeben hatte ...

Im Schatten eines hohen Lorbeerbaumes, den brennenden Kopf in das kühle Moos gedrückt, lag Prinzessin Dácil. Seit der Unglücksschlacht und dem Tode des Prinzen Badenol, dem sie sich angelobt, war alles wieder in ihr aufgelebt, was sie tief im dunklen Brunnen des Vergessens versenkt glaubte. Acorán hatte ihr Opfer zurückgewiesen, der schauerliche Spruch der Magades war in Erfüllung gegangen. Würde sie wirklich ihre Liebe mit dem Untergang des tapferen Guanchen-Volkes bezahlen müssen?

Wieder stand vor ihr das Bild des fremden Reiterführers mit den jugendfrischen Augen, die ihr leuchtende Sterne schienen. Sie wußte, daß auch er sie liebte, die ihm das Leben gerettet hatte. Der Sigoñe, der ihn bis zum Paß geleitete, war mit seinen heißen Dankesworten zurückgekommen. Tag und Nacht klangen sie ihr im Ohr: »Ich werde Prinzessin Dácil wiedersehen, der mein Herz gehört.«

Doch war die Liebe zum Feinde nicht ein Verrat an ihrem edeldenkenden Vater, ein Unrecht am Volk, das sich bitter rächte und alles Leid erst nach sich zog? Immer wieder kämpfte in ihr die stolze Prinzessin der Guanchen mit dem jungen, schwärmenden Mädchen, das sich weit fort wünschte in den starken Arm des Geliebten, der ihr die Ruhe wiedergab. Nur der Tod konnte die Zwiespältigkeit ihres Herzens lösen. Es fehlte ihr nicht an Mut, sich von der nächsten Steilklippe in die schäumende See zu stürzen. Doch unbestimmte Hoffnung hielt sie immer wieder am Leben.

Die Gedanken des General-Kapitäns begleiteten den Leutnant Alonso de la Peña auf seiner Fahrt nach Sevilla. Seit die Brigantine seinen Blicken entschwunden, war seine Zuversicht auf die Hilfe des Grafen Medina Sidonia gewichen und hatte nagendem Zweifel Platz gemacht. Wie sehr ihn auch seine Freunde ermunterten, auf einmal schien ihm das Ganze ein verlorenes Spiel, das ihm entglitten war, und dessen Trümpfe jetzt ein anderer in der Hand hielt.

Lugo kannte den stolzen Eroberer Melillas, der zu den Edelsten Kastiliens zählte, die Tag und Nacht Zutritt zu den Katholischen Königen hatten und im hohen Thronsaal bedeckten Haupts vor den Majestäten standen, während sich die anderen nur kniend nähern durften. Er wußte, daß ein Wort des Grafen genügte, ihn beiseitezuschieben und einen anderen an seine Stelle zu setzen, der die Frucht seiner Siege erntete. »Quijada rota« würde kein Ehrenname mehr sein. Im Gegenteil, mit den Fingern würden sie auf ihn deuten und sich gegenseitig den Schiefmäuligen zeigen.

Doch während er noch für seine und seiner Söldner Zukunft bangte, waren die Würfel bereits gefallen.

Ein silberner Frühlingsmorgen wölbte sich über der schimmernden Königin Andalusiens, als der Leutnant Alonso de la Peña an der Glocke des Parkes zog, in dem der Palast des Grafen Medina Sidonia lag. Der Kopf des alten Pförtners erschien einen Augenblick am Fenster. Dann schwangen die Flügel des Tores auf.

Der Graf stand im Patio und blickte sinnend in ein breites Marmorbecken, in dem zierliche Goldfische spielten. Was Lugo da schrieb, hatte er längst vorhergesehen und eigentlich erwartet, daß er sich gleich an ihn wenden würde, nicht an diese elenden Krämer, die gierig nach Gold und Gewinn schielten. Auch er war Geschäftsmann. Seine Verbindungen reichten vom Heiligen Land bis nach West-Indien. Doch seit er seinen Fuß nach Nordafrika gesetzt hatte, fühlte er sich in erster Linie als Konquistador. Der Ruhm des Vaterlandes, der Siegeszug der brombeerfarbenen Fahne Kastiliens, die als erste über dem Weltmeer wehte, die Ehre der spanischen Nation galten ihm mehr als alles Geld.

Er klatschte in die Hände. Esteban erschien. Einen Augenblick überlegte er. Dann hallte seine befehlsgewohnte Stimme durch den hohen Patio. Auf ein dickes Pergament, das das Wappen der Medina Sidonia trug, verzeichnete der Schreiber das Diktat des Grafen: dreißig Faß Mehl, vierundzwanzig Fanegas (1 Fanega zu 55 Kilogramm) Kichererbsen, sechzig Zentner Biskuit, achtzig Arroben Öl, die Arrobe zu 16.5 Liter, zehn Faß Pulver und ... eine Kiste Cazalla-Likör. Dabei lächelte er.

»Das dürfte genügen«, meinte er zum Schluß zu Alonso de la Peña. Es waren die einzigen Worte, die er an ihn richtete. Dann wandte er sich wieder sinnend den Goldfischen zu.

Der Dank des Leutnants verlor sich im Plätschern der silbersprühenden Fontänen.

Die Höhen des Tigaiga

Am Morgen des 3. Mai gleitet die flinke Brigantine Alonso de la Peñas um das Vorgebirge von Gran Canaria. Als der Posten auf der Torre von Santa Cruz die weiße Fahne gewahrt, die lustig am Fockmast flattert, entzündet er die Lunte. Einen Augenblick später heult die Keusche Elvira ihren Willkommensgruß übers Wasser. Gleichzeitig blitzt am Bug des heraneilenden Schiffes eine Kartaune auf und wirft den Schuß vom Turm wie ein Echo zurück. Der General-Kapitän stürzt aus dem Zelt und blickt übers Meer: der Rumpf der Brigantine ist in schwarzen Pulverdampf gehüllt. Doch über ihm weht siegverheißend das glückhafte Zeichen. Andächtig sinkt er in die Knie: San Pedro hat sein flehentliches Gebet erhört ...

Lugo und die Offiziere sind an den Strand geeilt. Lope Hernández hat seinen Arm um die Schultern des Freundes gelegt, seine Augen schimmern feucht. Wortlos starren sie auf die See hinaus, als könnte ihr Blick magisch die Fahrt des Schiffes beschleunigen. Am Klüverbaum steht ein Mann und winkt. Jetzt erkennen sie ihn: es ist der Leutnant Alonso de la Peña.

Nun gleitet das Schiff in die Bucht. Ein Boot wird ins Wasser gelassen, eine Strickleiter fliegt herab, gewandt turnt der Leutnant über die Reling.

Knapp, kurz, militärisch ist seine Meldung. Nur die freudig leuchtenden Augen verraten den Stolz über die erfüllte Aufgabe. Bewegt schließt ihn Lugo in seine Arme. »Ich danke Ihnen, Herr HAUPTMANN!«

Erfreut schütteln die Offiziere die Hand ihres glückstrahlenden Kameraden.

Zwei Tage später brach das kastilische Heer auf. Wieder nahm der General-Kapitän den Weg über die »Montes de la Esperanza«, durchquerte die Schlucht von Acentejo und stand jetzt auf dem Schlachtfeld von La Victoria, wo der letzte große Kampf am Weihnachtstage getobt hatte.

Nicht ein einziger Feind war den Christen bisher zu Gesicht gekommen, wie ausgestorben lag die weite Hochebene vor ihnen. Unaufhaltsam ging der Marsch weiter. An der Spitze der langen Schlange ritten der General-Kapitän und Lope Hernández. Noch einen kleinen Höhenzug galt es zu überwinden, dann lag es vor ihnen, das blühende Tal von Arautápala.

Überwältigt von dem, was sich ihren Augen bot, zügelten die beiden Freunde gleichzeitig ihre Pferde. Halbkreisförmig umschloß der Ringkamm das wellig zum Meer hinabgleitende Rund. Jenseits über den Schroffen der langgestreckten Höhen des Tigaiga hob der Pik seinen schneeigen Kegel in den leuchtenden Frühlingshimmel. Dünner Rauch entstieg seinem Krater.

Unter ihnen blaute die sich schäumend an den Steilklippen brechende See, während vom Horizont die scharfen Zakken der Insel La Palma herübergrüßten.

Sinnend ließ der General-Kapitän seinen Blick über die majestätische Landschaft schweifen, erschüttert von der Allgewalt göttlicher Schöpfung. »Arautápala« – Goldtal –, dachte er. Hier mußte es gewesen sein, wo die Gärten der Hesperiden lagen, in denen die goldenen Äpfel ewiger Jugend reiften, die Herkules raubte. Standen nicht, knorrig und gefährlich anzuschauen, an den Klippen und Feldrainen gewaltige Drachenbäume gleich ewigen Hütern, Fremdlinge abzuschrekken? Was mochte wahr sein an der Sage aus grauem Altertum, die die Jahrhunderte überdauert hatte und ihn jetzt so geheimnisvoll in ihren Bann zog? Waren diese blonden, helläugigen Ungläubigen vielleicht doch Urenkel der goldlockigen Töchter der Hera?

Gleich durch die Lüfte segelnden, pfeilschnellen Karavellen zogen vom Ozeanus in langer Kiellinie, eine hinter der anderen, zahllose sonnenbeleuchtete Passatwolken heran. Unten sämtlich wie waagerecht abgeschnitten, wölbten sie sich nach oben in bizarren Formen zu schimmernden Fabeltieren. Dem General-Kapitän schienen es schneeige, schweifschlagende Echsen, doppelhalsige Riesenschwäne, Hirsche auf der Flucht. Jetzt zog ein tanzender Bär vorüber, der sich auf den Hinterbeinen drehte, vornüber fiel und nun einem weidenden Schaf glich. Ihm folgte ein achtbeiniges Pferd, steif wie auf einen Sockel geschraubt, ein bockshäutiger Faun, der schalmeiblasend dahersegelte, zwei im Kampf verschlungene Riesen, denen die Keulen entfallen waren ...

Der grüne Streifen, der sich von der halben Cumbre bis

zum Meer zog, mußte der undurchdringliche Urwald sein, der Taoro von Arautápala trennte. Sofort stand im Hirn Lugos der Plan fest, diesen auf der Südseite zu umgehen. Dann war das gesamte Tal in seiner Hand. Einen Augenblick beriet er sich mit den Führern, die ihm Añaterve mitgegeben hatte. Dann gab er den Befehl zum Weitermarsch.

Durch seine Späher war Mencey Bencomo vom Anrücken der Kastilier über den Osthang benachrichtigt worden. Aus der Richtung, die das Heer nahm, erkannte er die Absicht des Feindes. Es galt zu handeln, ohne Zeit zu verlieren. Eine offene Feldschlacht wagte er gegen die überlegenen Waffen der Feinde nicht mehr. Doch im Kleinkrieg im Gebirge würden seine klettergewohnten Krieger den Sieg davontragen. Acaimo hatte recht: die Höhen des Tigaiga waren der letzte Hort, wo sie dem Gegner trotzen konnten.

Die großen Muschelhörner dröhnten, schrille Signalpfiffe brachen sich an den schroffen Felsen, von allen Seiten stürzten Krieger, Frauen und Kinder herbei. Schnell füllte sich das Rund des Tagoror.

Unter dem gewaltigen Drachenbaum neben der königlichen Añepa, die ein Sigoñe hielt, standen Bencomo, Acaimo und Zebensui. Jetzt hob der Fürst von Taoro das Zepter, den heiligen, vom Fleisch entblößten Oberarmknochen des großen Tehinerfe. Lautlose Stille trat ein.

»Guanchen!« Hell und klar tönte seine Stimme über die Versammlungsstätte. »Der Feind naht, wir müssen Taoro preisgeben. Nicht Feigheit läßt mich diesen schmerzlichen Entschluß fassen, sondern die kluge Überlegung des Feldherrn. Unbesiegbar sind wir auf den Höhen des Tigaiga: unerklimmbarer Wall jedem Feind, türmte sie Acorán unserem Volke zu Schutz und Schirm!«

Noch ehe die Sonne ihren höchsten Punkt erreicht hatte, befanden sich Männer, Frauen und Kinder auf dem Marsch ins Gebirge. Auf ihrem Rücken schwankten prallgefüllte Ledersäcke mit Gofio, Mais und Schafkäse. Niemand blieb zurück. Einsam stand der Drachenbaum, das Wahrzeichen Taoros, im verlassenen Tagoror.

Lange Schatten fielen bereits über das Tal, als der General-Kapitän mit seinem Heer oberhalb der Königshöhle anlangte. Am Rande der Schlucht, die sich am Fuße des Tigaiga dahinzog, befahl er, das Lager aufzuschlagen. Ausgewichen war ihm der Feind, kampflos in seine Hände gefallen das Tal von Arautápala, das er nie wieder hergeben würde. Das Herz der Insel gehörte ihm, der große Bencomo hatte sich ohne Widerstand zurückgezogen. Siegerstolz erfüllte den Feldherrn.

Hoch oben auf den steilen Schroffen jenseits der Schlucht hoben sich deutlich gegen den purpurnen Abendhimmel die Vorposten der Guanchen ab. Einen Angriff für diese Nacht brauchte er nicht zu fürchten, und morgen würde man weiter sehen.

Erste Sonnenstrahlen spielten auf dem Ringkamm, als Lugo seine Offiziere zusammenrief. Am Abend noch hatte er sich mit den ortskundigen Guanchen beraten und eingesehen, daß es unmöglich war, die Höhen des Tigaiga zu nehmen, um den Feind von dort zu vertreiben. Doch ein unfehlbares Mittel gab es, Bencomo zum Frieden oder zur Entscheidungsschlacht zu zwingen: Hunger! Es war wie damals im Kampfe gegen Bentaguaya, den letzten Helden von Gran Canaria.

Einstimmig wurde beschlossen, zur Belagerung zu schreiten.

Auch Bencomo beriet sich mit den Menceys von Tacoronte und Tegueste. Alle drei wußten, daß sie hier oben vor dem Feind sicher waren und er ihnen nicht folgen konnte. Wie aber, wenn er nicht von der Stelle wich und jenseits der Schlucht ein befestigtes Lager aufwarf? Schon waren die großen Feuerwaffen in Stellung gebracht, ein kreisrunder Steinwall begann sich zu türmen, in der Mitte des Lagers ragte ein riesiges Holzkreuz empor, das geheimnisvolle Zeichen des neuen Gottes. Einige Monde konnten sie es aushalten, bis ihre Lebensmittel zu Ende gingen. Und in dieser Zeit mußte etwas geschehen, sonst waren sie verloren.

Einen einzigen Ausweg gab es! Lange sah Bencomo seine Freunde an, bis er ihnen den Plan enthüllte. Er war bereit, auf die Wiedererrichtung des großen Guanchen-Reiches zu verzichten und sich mit dem alten Pelicar von Icod auszusöhnen. Gelang ihm dies, dann würden ihn auch die Menceys von Adeje, Daute und Abona mit ihren Truppen unterstützen. Das bedeutete ein gewaltiges Heer, dem der Feind nicht standhalten würde. So allein konnten sie ihn vernichtend schlagen.

Acaimo und Zebensui wollten von einer Versöhnung mit dem hochmütigen Alten nichts wissen, doch dann gaben sie den Vorstellungen Bencomos nach. Noch am selben Tage wurde ein Sigoñe als Unterhändler nach Icod entsandt.

Vor seiner Höhle saß der greise Pelicar und strich den langen weißen Bart, wie er immer tat, wenn er nachdachte. Ohne ein Wort zu entgegnen, hörte er den Sigoñe an. Sein innerliches Frohlocken verbarg er hinter dem zu Boden gerichteten Blick. Der große Bencomo! Jetzt war er gekommen, seine Hilfe zu erbitten. Was ging ihn das Schicksal von Arautápala und Taoro an! SEIN Reich war nicht in Gefahr! Niemals würde es den Spaniern gelingen, über die Höhen des Tigaiga in

Icod einzufallen. Er blieb auf seinem alten Standpunkt bestehen: jeder mochte sich verteidigen, so gut er konnte! Er sollte seine tapferen Krieger opfern und seine Macht schwächen, damit dieser Bencomo nachher die Herrschaft der Insel an sich riß?

Auf einmal lachte er hell auf. Das Ganze war nichts als eine List dieses Fürsten, der sich mehr dünkte als die anderen. Doch ihn konnte er mit seinen Versprechungen nicht betören.

Mit abschlägigem Bescheid kehrte der Sigoñe zu den Verbündeten zurück.

Am Rande des steilen Felsmassivs, das senkrecht in die schäumende See abstürzt, steht einsam Mencey Bencomo und starrt in die schaudererregende Tiefe. Mehr als einen vollen Mond sitzt er nun schon hier oben. Es beginnt bereits an Gofio zu mangeln, und der Feind scheint nicht daran zu denken abzuziehen.

Pelicar hat ihn im Stich gelassen. Alles Blut ist umsonst geflossen, aller Heldenmut vergeblich gewesen. Nie mehr wird das Reich Tehinerfes erstehen, das große Volk der Guanchen ist dem mächtigen Feinde erlegen, weil es das Vermächtnis des Ahnen nicht befolgt und den Schwur auf den heiligen Knochen gebrochen hat.

Magnetisch zieht ihn die Tiefe an. Nur ein wenig nach vorn zu schnellen braucht er sich, und alles ist zu Ende. Aber darf er sein Volk in der schwersten Stunde feige verlassen? Wenn er in der Schlacht fällt, dann ist es eben das Los des Kriegers. Doch als König muß er seinen Mann stehen und das Schicksal der Vasallen teilen.

Auf einmal kommt es ihm zum Bewußtsein, wo er sich befindet. Ein Schauder durchläuft ihn. Es ist der Ort, von dem die Mörder und Ehebrecher hinabgestürzt werden. Nicht umsonst nennt das Volk diesen Abgrund »die Tiefe des Grauens«.

Mörder! Schauerlich klingt ihm das Wort ins Ohr. Ist er nicht selbst ein Mörder, ein Mörder seines Volkes? Hat er nicht die Tapfersten auf die Schlachtbank geführt und seiner Herrschsucht geopfert? Hätte er damals die Bedingungen der Spanier angenommen, sie lebten alle noch: sein Sohn Ruimán, sein Oheim Tinguaro, der tapfere Beneharo, der blonde Prinz Badenol und die vielen treuen Vasallen, die im Kampfe geblieben waren.

Der Sieg von Acentejo hat ihn verblendet. Trotz der Niederlage des Feindes fühlte er damals schon im Innersten, daß er eines Tags seinen mächtigen Waffen unterliegen würde. Warum hat er die Worte seines Vaters in den Wind geschlagen und Gewalt zu göttlichem Gesetz erhoben? An einen gefährlicheren Abgrund hat er sein Volk geführt als den, der vor ihm dräut! Ist er nicht schlimmer als alle Mörder, die hier auf seinen Befehl ihr grausiges Ende fanden?

Er wendet sich um. Feigheit ist es, die ihn beschleicht. Was hinter ihm liegt, kann er nicht mehr ändern. Nun gilt es, die bitteren Folgen zu tragen. Sein Volk, seine Freunde, die ihn verehren, darf er nicht enttäuschen. Erst im Unglück zeigt sich die Größe eines Herrschers. Nie wird er seine Vasallen verlassen. Wie sie zu ihm gehalten, wird er zu ihnen halten und alles mit ihnen teilen: Leid, Knechtschaft und Tod.

Er schreitet zum jenseitigen Hang hinüber. Unter ihm blinken die Feuerwaffen der Feinde in der Abendsonne. Rot flammt das große Holzkreuz, es scheint wie mit Blut übergossen. Nie hat er es so gesehen. Ist es ein böses Vorzeichen oder ein gutes? Wer kann es wissen. Mit dunklen Schleiern verhüllt ist die Zukunft allen Sterblichen.

Länger wachsen die Schatten, nur noch die Spitze des Kreuzes erglänzt im purpurnen Schein. Mencey Bencomo kann den Blick nicht von dem seltsamen Schauspiel losreißen. Etwas von der neuen Lehre ist an sein Ohr gedrungen. Überläufer aus Güímar haben es ihm zugeflüstert. »Liebet eure Feinde!« raunt es in ihm. Aber wenn das das Bekenntnis der Christen ist, warum bekriegen sie ihn dann? Steht ihr Glaube nicht im Gegensatz zu ihren Taten? Haben sie nicht seinen Oheim, den edlen Tinguaro, gemordet, der sich ihnen schwer verwundet gefangen gab?

Und doch, etwas Starkes, Unheimliches strahlt von dem Kreuz aus: eine unbekannte Kraft, die jenseits menschlichen Erfassens liegt. Selbst wenn er den Feind schlägt und das Kreuz zertrümmert, wie Dácil es mit dem Feldstein zerschmettert hat, aus den Köpfen der Guanchen ist es nicht mehr wegzudenken. Irgendwie hat es sich eingefressen, und auch sein Hirn läßt es nicht mehr zur Ruhe kommen, seit seine Tochter sich ihm offenbarte.

Rätsel über Rätsel! Das »gnadenbringende« Kreuz, wie es die Christen nannten, war gleichzeitig das Zeichen des Todes, des Todes seines Volkes. Haben ihm seine Späher nicht berichtet, daß es die Feinde auf die Grabhügel der Erschlagenen pflanzen?

Hoch reckt Bencomo beide Arme zum Himmel, an dem bereits die ersten Sterne funkeln. »Acorán«, fleht er, »gib mir ein Zeichen!«

Lang steht er so, starrt nach Süden und wartet. Schaudernd gewahrt er nun, wie über dem nachtschwarzen Kegel des Echeyde fünf Sterne auftauchen: fünf Sterne, die die Form eines Kreuzes bilden.

Erschreckt wendet er sich ab. Acorán hat die Guanchen vergessen, der neue Gott sein flammendes Zeichen in den hohen Tigot gesetzt.

Sechs Wochen lagerten die Spanier nun schon an der breiten Schlucht von Taoro. Man schrieb den 24. Juli, den Vorabend von Santiago und San Cristobal. Der General-Kapitän saß in seinem Zelt und diktierte dem Schreiber Juan Rodríguez einen ausführlichen Bericht an die Allerhöchsten und Allermächtigsten Katholischen Könige, seine gnädigen Gebieter und Herren.

Da wurde der Vorhang beiseitegerissen, herein stürmte Lope Hernández. Ihm folgten auf dem Fuße der untadelige Oberst Bartolomé de Estupinian, Diego de Mesa, Ritter der Schärpe und Burgherr von Ronda, dessen Reiterschnurrbart heute mehr denn je einem Kreuzesbalken glich, der junge Gonzalo de Castillo, Alonso de la Peña und der Hauptmann der Arkebusiere Fernando de Trujillo.

Die Augen der Offiziere leuchteten. Die Taktik ihres General-Kapitäns hatte den Feind gezwungen, die unerstürmbaren Höhen des Tigaiga aufzugeben. Männer, Frauen und Kinder kamen herabgeklettert. Der Gegner, von Verzweiflung getrieben, würde angreifen und endgültig vernichtet werden.

Lugo trat vor das Zelt. Der Anblick, der sich ihm bot, war wunderlich genug. An den breiten Hängen glitten von allen Seiten sehnige Gestalten herab. Kinder wurden an Lederschlingen heruntergelassen, Frauen turnten gewandt über mannshohe Felsblöcke. Bei zunehmender Dunkelheit schien es, als ob ein Geisterheer aus Felsschatten tauchte, um in Felsschatten zu verschwinden.

Auf Befehl des General-Kapitäns wurden längs der Schlucht riesige Wachtfeuer entzündet und die Posten verdoppelt. In dieser Nacht durfte niemand die Waffen aus der Hand legen.

Rosenzüngig leckte die Morgensonne über den Osthang und spielte auf den Harnischen der Kastilier, die in Feuerbrand getaucht schienen. Deutlich konnten die Guanchen sehen, was bei den Christen vor sich ging. Gerade trat der General-Kapitän aus dem Zelt und schwang sich auf sein großes, vierbeiniges Tier, das ein Vasall hielt. Dann ritt er rund um das Lager. Hier und da hielt er an, sprach mit seinen Unterfeldherren und deutete zuletzt herüber.

Nur die breite Schlucht, etwa zwei Büchsenschüsse, trennte die feindlichen Heerhaufen. Von Frauen und Kindern war nichts zu sehen, sie mußten in den Höhlen der Felswand untergebracht worden sein.

Abseits vom Lager, unsichtbar den Spaniern, hatte Mencey Bencomo seine Verbündeten und die Edlen zusammengerufen. Schweigend und niedergeschlagen hockten sie um ihn. Alle wußten, daß es unmöglich war, den Feind aus seiner Stellung zu vertreiben. Und doch! Wenn ihr König es befahl, dann würden sie kämpfen bis zum letzten Mann.

Mencey Bencomo ahnte, was in ihren Köpfen vor sich ging. Doch seit er an dem schauerlichen Abgrund gestanden hatte, fühlte er sich für das Leben eines jeden seiner Vasallen verantwortlich. Wenn die Christen ihr Wort wahr machten: »Liebet eure Feinde!«, dann wollte er ihnen die Hand zum Frieden reichen. Andernfalls ...

Er stand auf und lehnte sich schweratmend gegen einen Felsen, als suchte er eine Stütze. Erwartungsvoll blickten ihn die Umsitzenden an. Zum ersten Male fiel es ihnen auf, daß sein Haar schneeweiß geworden war. Schatten lagen um seine Augen, sorgenvolle Falten durchzogen die hohe Stirn.

Nun begann er zu sprechen. Ein Zittern lief durch seine Stimme. Verhaltener Zorn kämpfte mit der Einsicht eines unentrinnbaren Schicksals.

»Meine Freunde!« Erstaunt horchten sie auf. Es schwang etwas in dem Ton, das an einen Vater erinnerte. »Meine Freunde!«

Er schwieg und sah sie der Reihe nach an. Seine blauen Augen leuchteten. Doch es war nicht der Glanz, der sonst seine kriegerischen Reden begleitete: zurückgehaltene Tränen schienen es, die darin schimmerten.

»Nicht die Feuerwaffen der Feinde«, fuhr er fort, »nicht ihre unheimlichen Tiere, nicht die Kriegskunst der Christen noch ihr größerer Mut hat uns besiegt. Nicht Krankheit, Hunger und Seuchen sind unser Untergang, sondern« – zornig flammte seine Stimme auf – »VERRAT! Añaterve machte gemeinsame Sache mit den Fremdlingen und stieß uns die meuchelnde Tabona in den Rücken. Die Menceys von Icod, Adeje, Daute und Abona brachen ihren heiligen Schwur und ließen uns im Stich. Acorán zerschmettere die Verräter!«

Seine Stimme überschlug sich. Die anderen waren aufgesprungen und umringten ihn. »Tod den Verrätern!« schrien sie und schüttelten drohend die Fäuste. Eine Handbewegung Bencomos brachte sie zum Schweigen.

»Ich weiß«, begann er von neuem, »daß ihr alle bereit seid, euer Leben für unser herrliches, einst so glückliches Land herzugeben. Doch unnützes Opfer ist es, die Schlucht mit unserem Blut zu füllen. Nicht Schwäche bringt mich, den Enkel des großen Tehinerfe zu dem Entschluß, mit den Feinden einen ehrenhaften Frieden zu schließen, sondern die Liebe zu meinem Volk. Nur so kann ich es vor Vernichtung retten.«

Jetzt wandte er sich der Sonne zu. Seine Augen schienen aufzuglühen, seherisch tönten seine Worte den Getreuen ins Ohr: »Der Tag wird kommen, an dem unsere Enkel die Fremdherrschaft abschütteln und wieder stolz und frei auf der Glücklichen Insel leben!«

Dann hob er beide Arme zum Himmel. »Geliebtes Vaterland!« rief er, »ich schwöre dir, daß ich niemals schmachvolle Bedingungen des Feindes annehmen werde. Dann, großer Acorán, will ich mit meinen Edlen an der Spitze des tapferen Guanchen-Volkes sterben!«

Die Sigoñes warfen die Arme in die Luft: »Wir schwören!« Acaimo und Zebensui aber umarmten den letzten Helden von Tenerife.

Der Spruch der Magades

»Die meuchelnde Tabona!« Mencey Bencomo hatte es ausgesprochen, was von Urzeiten an bis zur Gegenwart auch die heldenhaftesten Völker zu Fall brachte. Die Uneinigkeit der Stämme zertrümmerte die Gotenreiche, Franken kämpften gegen Sachsen, die Tlaskalteken halfen Cortés, Mexiko zu erobern. Bruderblut färbte im Dreißigjährigen Krieg die blühenden Gaue Deutschlands und verwandelte Städte, Dörfer und Anwesen in Schutt und Asche. Der Dolchstoß des Weltkrieges in den Rücken der eisernen Front vernichtete die Schlagkraft eines Zwölf-Millionen-Heeres und ließ es die Waffen strecken vor einem Feind, in dessen Reihen bereits der Aufruhr schwelte beim Gedanken an den fünften Winterfeldzug.

Doch kein Beispiel aus dem Leben der Völker gab es, das der König von Taoro den treulosen Menceys ins Gedächtnis rufen und sie aufrütteln konnte. Seit Tausenden von Jahren saßen die Guanchen auf ihrer Glücklichen Insel, waren Steinzeitmenschen geblieben und wußten nichts vom Weltgeschehen um sie her. Und wenn andere Völker Hungersnot, Seuche, Niederlage und Knechtschaft überwanden, wenn aus ihren Reihen Männer erstanden, die die höchsten und heiligsten Güter heldenhafter nationaler Überlieferungen neu in ihre Herzen pflanzten, – das kleine Guanchen-Volk war zu ewigem Untergang verdammt.

Die Hoffnung Bencomos auf die Freiheit der Enkel, auf ein stolzes Wiedererstehen des geeinten Reichs des großen Tehinerfe, sollte sich nie mehr verwirklichen. In Erfüllung sollte gehen der Spruch der Magades, der heiligen Priesterinnen aus dem Tamo gantem Acorán, dem Haus des allmächtigen Gottes, dem seit langem kein Opferrauch mehr entstieg. Ein Erdrutsch hatte den Eingang verschüttet, vor dem Dácil gekniet, der steile Pfad war von Farnkräutern überwuchert, unkenntlich den Blicken der Sterblichen. Trutzig reckte der Magojes sein zackiges Haupt über das vereinsamte Tal von Taganana: zum Hüter war er bestellt, und hüten würde er das Geheimnis der heiligen Stätte für alle Zeiten …

Längs der breiten Schlucht von Taoro, hinter dem hohen Steinwall, standen Musketiere, Arkebusiere und Armbrustschützen mit geladenem Gewehr. Kartaunen und Basilisken schoben drohend ihre Leiber über die Befestigungen in Erwartung des Gegners. Der Hornist Antonio Pilas aus Salamanca lugte scharf aus, um bei der ersten verdächtigen Bewegung des Feindes Alarm zu blasen. Doch drüben rührte sich nichts.

Hinter einem Felsen tauchten jetzt drei Männer auf. An den sich eng an den Körper schmiegenden, sorgfältig gegerbten Tamarcos, der stolzen Haltung und dem furchtlosen Blick sah man sofort, daß es Edle waren. Keiner trug Waffen.

Einer von den dreien trat dicht an den Abgrund, legte beide Hände an den Mund und rief etwas herüber.

Im Augenblick war Guillen Castellano, das Sprachrohr, zur Stelle und fragte zurück. Eine kurze Unterhaltung über die Schlucht hin entspann sich. Neugierig umdrängten die Soldaten den Dolmetscher. »Unterhändler!« sagte er kurz und eilte zum Zelt des General-Kapitäns.

Auf dem freien Platz, vor dem großen Holzkreuz, stand Don Alonso Fernández de Lugo im Kreise seiner Offiziere und erwartete die Abgesandten Bencomos. Heute trug er sein Galakleid mit den breiten Goldborten, ein dunkelbrokatenes Wams, schwarzseidene Kniehose, weiße Strümpfe und silberne Schnallenschuhe. Seinen Kopf zierte ein dunkelrotes Barett, das ein leuchtender Reiherbusch krönte. Spielerisch hielt seine Linke den ziselierten Goldknauf des kurzen Ehrendegens, ein Geschenk Pedro de Veras.

Die Offiziere hatten blitzende Harnische angelegt und die federgeschmückten Sturmhauben auf den Kopf gestülpt. An ihren Füßen blinkten silberne Reitersporen.

Geführt von Guillen Castellano, näherten sich ehrerbietig die drei Sigoñes. Als sie dicht vor dem General-Kapitän halt machten, berührten sie mit der rechten Hand den Boden und grüßten ihn mit dem königlichen Gruß »Zahaniat Guayohec!«

Schweigend hörte Lugo die Botschaft an, die Guillen Wort für Wort übersetzte. Von allem verstand er nur eins: Mencey Bencomo, der König von Taoro, der Sieger von Acentejo, bat um Frieden. Ehrenvolle Bedingungen sollte er ihm und seinen Untertanen zugestehen. Lugo überlegte. Noch galt es, den westlichen Teil der Insel zu unterwerfen, und das war nur mit Hilfe ortskundiger Guanchen möglich.

Als der Sprecher geendet hatte, schritt der General-Kapitän auf ihn zu und legte ihm die Hand auf die Schulter:

»Sage dem Mencey, daß ich mich freue, den Krieg mit ihm beenden zu können. Freiheit sichere ich allen zu, die sich meinen Bedingungen unterwerfen. Diese aber sind: Gehorsam und Treue den Katholischen Königen, Annahme der einzigen und wahrhaftigen christlichen Religion und Stellung von Hilfstruppen gegen die Menceys von Icod, Adeje, Daute und Abona.«

Kaum waren die Sigoñes über die Schlucht zurückgekehrt, da erdröhnte dreimal der langgezogene Ton eines Muschelhorns. Dann kündete von drüben eine Stimme den Besuch Bencomos und seiner Verbündeten.

Noch stand der General-Kapitän mit den Offizieren in lebhaftem Gespräch zusammen, als sich der Zug der Guanchen-Fürsten näherte. Neben Bencomo schritten Acaimo und Zebensui. Ihnen folgten zwanzig Unterfeldherren, geführt von dem jungen Prinzen Teguaco, der einen länglichen, in einen Tamarco gehüllten Gegenstand trug.

Langsam, gemessen, ernst nahten sich die Besiegten. Das schneeweiße Haar Bencomos, das ihm bis auf die Schultern fiel, der lang herabwallende Bart gaben dem Aufzug etwas Feierliches, Ehrwürdiges. Von allen Seiten strömten Söldner herbei und bestaunten die hohen, kräftigen Gestalten der edlen, urwüchsigen Natursöhne. Auch Lugo und die Offiziere konnten sich der majestätischen Erhabenheit der unterworfenen Feinde nicht entziehen. Tiefe Trauer spiegelte sich in den Augen des Königs, als er jetzt zu sprechen anhub. Doch schnell trat der General-Kapitän auf ihn zu und umarmte den großen Helden. Er verstand, was diesem Mann die Tränen in die Augen trieb. Einzig die Liebe zu seinem Volk war es, die ihn den aussichtslosen Kampf vermeiden ließ. Dieser da fürchtete den Tod nicht! Den schwersten Sieg hatte er errungen, den ein Mensch überhaupt erringen kann: den Sieg über sich selbst.

Langsam machte sich Bencomo aus der Umarmung frei. In seiner klaren Stimme schwang ein zitternder Ton, den auch seine eiserne Beherrschung nicht ganz verbergen konnte.

»Mächtiger Fürst!« so redete er den General-Kapitän an, »ich und meine Krieger sind trostlos darüber, Euch und Eure Mannen solange als Todfeinde bekämpft zu haben. Doch jetzt, wo Ihr uns Eure Bedingungen genannt habt, wollen wir gern Vasallen der edlen Katholischen Könige Spaniens werden, uns unter ihren Schutz stellen und ihnen Gehorsam schwören. Sie sollen die Nachfolger unseres Ahns, des großen Tehinerfe, werden und sein Reich aus unserer Hand nehmen. Auch wollen wir Christen werden und Euren Gott anbeten. Gleichzeitig bitten wir Euch, uns zu schwören, bei dem, was Euch am heiligsten ist, daß weder wir noch unsere Kinder und Kindeskinder Sklaven werden und Ihr uns nie des Rechts unserer Freiheit beraubt.«

Zum zweiten Male umarmte Don Alonso de Lugo den einstigen Feind. Wieder drückte das dunkelbrokatene Wams das seidenweiche Fellhemd des edelmütigen Neffen Tinguaros, dessen Haupt Lugo ihm einst auf der Spitze einer Lanze zugesandt.

Dann befahl der General-Kapitän einem Kaplan, ein Meßbuch zu bringen. Schwer legte er seine Hand auf das geprägte Kreuz des Deckels und schwur den heiligen Eid, nie die Versprechungen zu brechen, die er dem König der Guanchen gegeben.

Mencey Bencomo hatte sich umgewandt. Suchend glitt sein Blick über die Söldner, die den Platz umdrängten. Sein

Blick hellte sich auf, als er den Mann erkannte, den er noch unter den Lebenden zu finden hoffte.

Zum Erstaunen der Offiziere winkte er ihn heran. Dann ließ er sich vom Prinzen Teguaco das Fellhemd reichen und wickelte es langsam auf. Zum Vorschein kam die blitzende Toledaner Klinge, die ihm Martín Cevallos am Morgen nach der Schlacht von Acentejo überreicht hatte.

Dem tapferen Krieger traten die Tränen in die Augen, als er das Erbstück seines Vaters wiedererkannte, der als Offizier im Kampf gegen die Sarazenen gefallen war. Dankbar umklammerte er die Knie Mencey Bencomos, der ihm wortlos den Degen überreichte.

Kaum hatte sich die Nachricht von dem Friedensschluß und der nicht erhofften Unterwerfung Bencomos und seiner Verbündeten im Lager verbreitet, als ungeheurer Jubel unter den Soldaten ausbrach. Immer wieder zogen Trupps von Söldnern vor das Zelt des General-Kapitäns, auf dem die brombeerfarbene Fahne Kastiliens wehte. Laut tönten die Viva-Rufe der Begeisterten durch die Lagergassen. Unentwegt sang die Leibwache ihr Lieblingslied: »Somos los guerreros del bravo General ...«

Alonso de Lugo hatte die Guanchen-Fürsten und ihre Begleiter zum Festmahl geladen. Kaum reichte das Zelt, sie und seine Offiziere zu bergen. Die Flaschen mit Cazalla-Likör kreisten. Und wenn heute alle draufgingen, die der Graf Medina Sidonia geschickt hatte, was tat es? Die Insel Tenerife war erobert, was blieb, war mit Hilfe der ortskundigen Guanchen nichts als eine Polizeistreife. Er würde sie dem Hauptmann Jorge Grimon übertragen.

Die Stimmung stieg. Prinz Teguaco hatte sich bereits mit Gonzalo de Castillo angefreundet, der als einziger der Offiziere

»Rendición de Gran Canaria«, Manuel González Méndez, 1906
Öl auf Leinwand, 240x120 cm, Parlament, Santa Cruz de Tenerife

die Guanchen-Sprache fließend beherrschte. Alte Bekannte waren sie. Hatte ihn doch der Prinz damals als Gefangenen von Tacoronte nach Taoro gebracht. Arm in Arm saßen sie auf einer Kiste und flüsterten miteinander. Die scharfen Ohren des General-Kapitäns hatten deutlich das Wort »Dácil« vernommen.

Auch Acaimo und Zebensui taten den Offizieren gehörig Bescheid. Wohlig rieselte der süße, dickflüssige Likör durch ihre Kehlen. Sie verstanden auf einmal nicht mehr, warum sie diese Fremdlinge bekämpft hatten, die so herrliche Getränke zu bereiten wußten. Was war gegen dieses hier der Fruchtsaft vom Erdbeerbaum, den sie beim festlichen Guatativoa bisher so hoch geschätzt hatten?

Mencey Bencomo nippte nur an dem kleinen Glase. Auch ihm mundete der Trank. Doch der Sinn stand ihm nicht nach Fest und Festlichkeit. In Gedanken versunken saß er da, aß ein wenig von der gebratenen Hammelkeule und antwortete höflich auf die Fragen des General-Kapitäns, die Guillen Castellano verdolmetschte.

Das frohe, natürliche Wesen Lugos besiegte allmählich seinen Ernst und seine Befangenheit. Er vertraute dem Schwur des fremden Fürsten. Im Grunde genommen war es das beste gewesen, Frieden zu schließen. Acorán hatte die Guanchen vergessen, von nun an würde sie der neue Gott beschützen.

Daß er Hilfstruppen gegen die Menceys von Icod, Adeje, Daute und Abona stellen sollte, machte ihm kein Kopfzerbrechen. Im Gegenteil, es erfüllte ihn mit stiller Freude. Mochten der alte Pelicar und seine Freunde, die ihn schnöde im Stich gelassen hatten, jetzt sehen, wie sie sich aus der Schlinge zogen. Nein, ihnen würde er keine Träne nachweinen, sie waren entartet und mochten untergehen.

In seine Gedanken hinein ertönte der Ruf eines Muschelhorns. Kurz darauf wurde der Vorhang des Zeltes beiseitegeschoben. In der Öffnung stand hochaufgerichtet Mencey Añaterve, der Fürst von Güímar. Auf seiner Brust blitzte an silberner Kette ein funkelndes Kreuz.

Erschreckt, als sähen sie ein Gespenst, waren die Guanchen aufgesprungen. Vor ihren vom Alkohol umnebelten Augen begann sich das Zelt zu drehen. »Der Verräter!« murmelte Prinz Teguaco vor sich hin und griff unwillkürlich nach der Seite, wo sonst die scharfgeschliffene Tabona steckte.

Deutlich hatte Añaterve die Worte vernommen. Doch lächelnd wie ein Ehrengast, der sich verspätete, schritt er auf den General-Kapitän zu und verbeugte sich tief. Dabei berührte das Kreuz die Erde.

Dann trat er einen Schritt zurück. Laut und deutlich schwang seine Stimme durch das atemlose Schweigen:

»Ich bin gekommen, um am heutigen Tage mein Reich, mich und meine Vasallen feierlich den Großmächtigen Herrschern Spaniens zu unterstellen und Frieden zu schließen mit meinen Brüdern, die ich nur bekämpfte, um ihnen die Segnungen Christi und seiner hehren Gottesmutter, der Heiligen Jungfrau des Lichts, zu bringen.«

Er hob das Kreuz an den Mund und küßte es.

Auch zwischen den Söldnern und den Guanchen-Kriegern fand ein Verbrüderungsfest statt. Scharenweise kamen sie über die Schlucht ins Lager der Spanier, bestaunten die Zelte, Waffen und Pferde, strichen mit der Hand über die glatten Harnische, betasteten vorsichtig die wattegefütterten Wämse und ließen sich willig in die Kantine ziehen.

Heute kam das Äpfelchen nicht dazu, eine seiner berühmten Geschichten zu erzählen. Die schönste Geschichte, die es gab, spielte sich da vor ihren Augen ab.

Zaghaft traten die Guanchen in das geräumige Doppelzelt, aus dem ihnen wüster Lärm entgegenscholl, wurden von den Nächststehenden sofort unter den Arm genommen und zur Theke geschleppt. Ein Schluck aus der Rumflasche tat das übrige. Schnell tauten sie auf, begannen Kriegsgesänge zu singen und schmachtende Liebeslieder. Und wenn die Söldner auch nicht den Sinn verstanden, sie konnten sich totlachen über die Grimassen, die ihre neuen Freunde schnitten, über die seltsamen Sprünge, die sie vollführten, über das ohrenbetäubende Geschrei, das sie ausstießen.

Nun begannen einige auch in schrillen Tönen zu pfeifen. Und was gestern in den Ohren der Söldner noch schauerlich und todkündend klang, schien ihnen heute Sphärenmusik, infernalisch genug, den Teufel aus seiner eigenen Hölle zu vertreiben.

Genau wie damals im Lager von Santa Cruz, beim ersten Besuch Añaterves, war der Mummenschanz in vollem Gange. Maninidra schwankte in viel zu großen Fellstiefeln einher, die Guanchen hatten Sturmhauben aufgestülpt und versuchten vergebens, die zu engen Harnische umzuschnallen. Engumschlungen hielten sich die neuen Freunde und versicherten sich immer wieder ihre Zuneigung, ohne sich gegenseitig zu verstehen.

Eine Woche lang dauerte der Freudentaumel der noch vor kurzem so erbitterten Gegner. Kampfspiele wurden abgehalten, bei denen Guanchen und Kastilier ihre Geschicklichkeit zeigten, Geschenke ausgetauscht, die gegenseitigen Einladungen nahmen kein Ende. Auch Frauen und Mädchen überquerten die Schlucht und führten im Lager der Spanier heimatliche Tänze vor, die von den Kastiliern begeistert beklatscht wurden.

Kindliches Vertrauen brachten die Guanchen ihren Überwindern entgegen. Keine warnende Stimme eines Laokoon weckte sie aus ihren Träumen. Niemand rief ihnen zu: »Quidquid id est, timeo Danaos et dona ferentes!« Fürchte die Danaer, auch wenn sie Geschenke bringen ...!

Das Fest war verrauscht.

An dem großen, rohen Holztisch, der noch die Spuren der verflossenen Feiern trug, standen der General-Kapitän und Jorge Grimon über die Karte der Insel gebeugt und besprachen die Lage.

Der Hauptmann war ein sehniger, schlanker Mann in mittleren Jahren, der Lugo um Haupteslänge überragte. Sein blondes Haar und die blauen Augen ließen sofort erkennen, daß seine Wiege nicht in Spanien gestanden hatte. Als Jüngling war er aus Burgund nach der Halbinsel gekommen und ins Heer Ferdinands von Aragonien eingetreten. Ob seiner Tapferkeit wurde er schnell zum Offizier befördert, und beim Sturm auf Granada holte er sich die Hauptmannssterne. Später trieb ihn sein Abenteurerblut nach Gran Canaria, gerade als Lugo seine zweite Expedition gegen Bencomo ausrüstete. Der General-Kapitän hatte ihn in sein Heer eingereiht, dem Hauptmann Pedro Vergara unterstellt und ihn schnell wieder vergessen. Erneut fiel er ihm erst auf beim Überschreiten der Montes de la Esperanza, wo der Hauptmann während der Rast einen turmhohen Felsen erklomm, um – wie er sagte – »ein wenig Ausschau zu halten«. Bewundernd sahen Offiziere und Mannschaften der tollkühnen Kletterei zu, und auch Lugo konnte sich eines leichten Schauders nicht erwehren, als er auf der Spitze stand und lächelnd herunterwinkte. Das war der richtige Mann für den Feldzug gegen die Bergstämme.

Zunächst galt es, diesen Pelicar von Icod zu unterwerfen und recht viele Gefangene zu machen. Nach wie vor standen

Guanchen-Sklaven hoch im Kurs. Und was Mädchen anbetraf? Lugo lächelte: die Söldner würden ihm, Jorge Grimon, ein Denkmal setzen, wenn er recht viele mitbrachte.

Bestimmte Richtlinien konnte er ihm natürlich nicht geben. Er selbst mußte sehen, wie sich das Unternehmen anließ, und dementsprechend handeln. Die Karte war sehr ungenau und der westliche Teil der Insel der schluchtenreichste und zerklüftetste. Immerhin, auf die Guanchen von Taoro konnte er sich verlassen, und Guillen Castellano würde mit dabei sein, damit er wegen der Verständigung keine Schwierigkeiten hätte. Lugo selbst blieb mit seinem Reiterhauptmann Castillo, der ihm jetzt als Adjutant Dolmetscherdienste leistete.

Die Vorbereitungen zum Abmarsch wurden getroffen. Sorgfältig wählte Jorge Grimon seine Leute: klettergewohnte Kanarier aus Gáldar, Söldner aus der Sierra de Nieves und den andalusischen Küstengebirgen, Bergbewohner, die in den Pyrenäen beheimatet waren. Mencey Bencomo, Acaimo und Zebensui stellten fünfhundert ihrer besten Krieger.

Jeder erhielt einen langen Strick, um sich notfalls anseilen zu können. Kurzstielige Äxte wurden verteilt, mit denen man Stufen in die zerwitterten Lavablöcke schlagen konnte. Ein Teil der Guanchen war mit langen Kletterstangen ausgerüstet, die, an die Felsen gelehnt, als Leitern dienten.

An einem Augustmorgen brach Jorge Grimon mit seinen Leuten auf. Schon gegen Mittag hatten sie die Höhen des Tigaiga erklommen und lagerten nun am Rand einer Quelle. Die Söldner kochten ab und streckten sich dann unter den schattigen Lorbeerbäumen aus. Doch drüben lockten fruchtstrotzende Brombeerhecken, ein paar Kastilier standen auf, sich einen wohlschmeckenden Nachtisch zu pflücken. Als ein Arkebusier den Busch zur Seite bog, gähnte ihm der Eingang einer Höhle entgegen. Er winkte die anderen heran, und kurz entschlossen traten sie ein.

Schnell gewöhnten sich die Augen an das Halbdunkel. Da sahen sie in der Ecke einen Guanchen sitzen, unbeweglich wie ein Steinbild, der sie schreckerfüllt anstarrte. Kein Zweifel, dieser Mann mußte ein Späher Pelicars sein, und damit hatte er sein Leben verwirkt. Sie griffen zu, zerrten ihn ans Tageslicht und schleppten ihn vor ihren Hauptmann.

»Unser Mencey hat uns hierhergesandt«, redete ihn Guillen Castellano an, »um die Stämme dieses Teils der Insel zu unterwerfen, die noch der Allmacht unserer erhabenen Könige trotzen.«

»Ich kenne euren Mencey«, unterbrach ihn der Guanche. »Er ist der Fremdling mit dem roten Tamarco, und rot hat er den Boden meines Vaterlandes mit dem Blut meiner Brüder gefärbt. Doch ich hasse ihn nicht, nein. Es war der Wille Acoráns.«

»Gut, und woher kennst du ihn?«

»Es war in der Schlucht von Acentejo. Ein Steinwurf hatte ihm seine Kinnlade zerschmettert, er stürzte von seinem großen, vierbeinigen Tier, das über ihm, von einer Lanze durchbohrt, zusammenbrach. Im Nu hatten wir ihn umringt, ihn gefangen zu nehmen. Da durchbrachen eure Krieger unsere Reihen, zogen ihn hervor und trugen ihn vom Kampfplatz. In diesem Augenblick tat ich einen Sprung, riß aus meinem Lederbeutel sorgsam getrocknete Wundkräuter und warf sie ihm zu, sein Leiden zu lindern. Unbemerkt tauchte ich hinter einem Felsblock unter. Ich fürchtete, meine Mildtätigkeit mit dem Leben bezahlen zu müssen, wenn mein Mencey davon hörte. Er mußte mich für einen Verräter halten, und ein Verräter bin ich nicht.«

»Du bist also kein Späher Pelicars?«

»Nein, meine Heimat ist das Tal von Arautápala.«

»Gut, du bleibst bei uns und begleitest uns.«

Kurz darauf gab Jorge Grimon das Zeichen zum Aufbruch. Willig folgte der Gefangene in der Nachhut. Bald erreichten sie den Ort, an dem bisher die Mörder gerichtet wurden. Schauerlich klaffte der gähnende Abgrund.

In den Augen des Gefangenen blitzte es auf: frei wollte er sein, kein Knecht dieser Fremden. Ehe die anderen wußten, was vor sich ging, jagte er mit mächtigen Sätzen über die Halde. Einen Augenblick blieb er am Rande der Schlucht stehen, wandte sich um und hob drohend die Faust. Dann schnellte er sich kopfüber hinab.

Er war der ERSTE Guanche, der an dieser Stätte freiwillig seinen Tod fand, und der LETZTE, dessen Körper in der »Tiefe des Grauens« zerschellte.

Hoch oben, auf den Bergen von Icod, am Fuß des Echeyde, liegt eine kleine Höhle. Eine junge, blühende, hochgewachsene Frau schreitet aufrecht über den schmalen Felspfad, der an schwindelnder Schlucht zu ihr hinüberführt. Auf dem Kopf trägt sie einen binsengeflochtenen Korb mit Schafkäse. Jetzt verschwindet sie im Eingang.

Ein schwelender Kienspan erhellt die Grotte mit mattem Licht. Auf einem Lager von Ziegenfellen ruht ein Mann und lächelt der Eintretenden entgegen. Blond fällt ihm sein Haar ins Gesicht, das er mit einer müden Handbewegung beiseitestreicht. Stoßweise geht sein Atem, der von einem pfeifenden Röcheln begleitet wird.

Liebevoll beugt sich die Frau zu ihm herab, fährt ihm zärtlich mit der Hand über die heiße Stirn und drückt einen Kuß auf seinen Mund.

Dann richtet sie sich auf, nimmt einen Schafkäse aus dem Korb und legt ihn auf einen flachen Stein, der als Tisch dient.

Gewandt fährt sie mit einem zur Schnur gedrehten Darm darunter und zerteilt ihn in kleine Stücke, von denen sie dem Kranken eins herüberreicht. Trauer liegt in ihrem Blick, es steht heute schlimmer mit ihm als je.

Noch haben sie kein Wort miteinander gesprochen, da nahen sich eilige Schritte. Der Junge ist es, der ihre wenigen Ziegen und Schafe hütet. Er kommt von Icod zurück, wo er ein Kitz gegen Gofio eintauschen sollte.

Atemlos, mit leeren Händen, steht er vor der jungen Frau und berichtet. Die Guanchen von Icod sind geflohen, Fremdlinge mit feuerspeienden Waffen haben die Höhen des Tigaiga erklommen und rücken von allen Seiten heran. Männer, Frauen und Kinder nehmen sie gefangen. Wer sich widersetzt, wird getötet. »Flieht!« ruft er noch und stürzt ins Freie.

Der Mann hat sich halb von seinem Lager aufgerichtet. »Rette dich, Blume von Anaga«, sagt er mit schwacher Stimme, »mit mir geht es zu Ende.«

Ruhig und bestimmt schüttelt sie das Haupt: »Nein, Ruimán, ich verlasse dich nie. Nicht einmal der Tod kann uns trennen.«

Dankbar leuchten seine Augen auf. Sie stützt ihn, als er sich jetzt vollends erhebt. Noch einmal will er Ausschau halten von dem schmalen Pfad vor der Höhle über die Höhen des Tigaiga hinweg ins Tal von Arautápala, das Tal seiner Väter.

Guacimara hält ihn, als sie auf den kleinen Altar treten. Ihr Blick schweift in die Runde. Unter ihnen blaut das ewig flutende Weltmeer, Möven streichen über silberglitzernde Wogen. Das Haupt des Echeyde ist in weiße Wolkenschleier gehüllt, als verberge er sein Antlitz dem heranrückenden Feinde.

Nun sehen ihre Augen nur noch das sonnenbeglänzte Tal von Arautápala. Deutlich hebt sich der Ringkamm von dem dunklen Blau des sommerlichen Himmels. Wogende Kornfelder grüßen. Da ist der dunkle Streifen des Urwalds, der sich wie ein grüner Strom zur Küste zieht. Und dort, der kreisrunde Fleck, der heilige Tagoror, in dessen Mitte, dem Auge kaum wahrnehmbar, ein dunkler Punkt steht: der uralte Drachenbaum, das Wahrzeichen von Taoro.

Ein Ruf schreckt sie aus ihren Betrachtungen. Jenseits der Schlucht sind feindliche Krieger aus dem Wald getreten und brüllen etwas herüber. Die Worte verstehen sie nicht, doch sie kennen ihre Bedeutung.

Zur Flucht ist es zu spät. Lächelnd sieht Prinz Ruimán der Geliebten in die Augen: jetzt ist es soweit. Zum letzten Male schließt er sie in seine Armee. Dann stürzen sie engumschlungen ins Leere …

Der Spruch der Magades hat sich erfüllt:

»Kein Irdischer kann
Seinem Schicksal entfliehn,
Du liebst einen Prinzen
Und stirbst mit ihm …«

Der neue Gott

Der General-Kapitän hatte gelobt, an dem Ort, wo das kastilische Heer lagerte, zu Ehren des Apostels Santiago das erste Gotteshaus zu errichten. War es doch am Gedenktage des Heiligen gewesen, an dem sich Bencomo und seine Verbündeten ergaben. Die Gegend selbst nannte er Realejos, Lagerstatt. Mit dem Bau der kleinen Kapelle wurde unverzüglich begonnen.

Inzwischen rückte Jorge Grimon unaufhaltsam vorwärts. Täglich trafen Gefangene – Männer, Frauen und Kinder – im Lager ein. Die Söldner schmunzelten, räkelten sich im Schatten der Dattelpalmen, würfelten oder vergnügten sich mit den Mädchen. Mochten die Guanchen arbeiten.

Der alte Pelicar war geflohen. In einer Höhle am Westabhang des Echeyde traf er mit den Menceys von Adeje, Daute und Abona zusammen. Da saßen sie nun, von Selbstvorwürfen gepeinigt, rauften sich ihre Bärte und zitterten um Leben und Freiheit. Kein Flehen zu Acorán half. Wie sehr sie ihn auch baten, die Feinde mit seinem Blitzstrahl zu zerschmettern, er hörte sie nicht mehr. Ihren Schwur hatten sie gebrochen, aus Eigensucht das Vermächtnis des großen Tehinerfe mißachtet. Ein Entrinnen war unmöglich, ohnmächtig mußten sie die Folgen schmählicher Feigheit tragen.

Da erhob sich Rosmen, der greise Mencey von Daute. Mit tränenerstickter Stimme begann er zu sprechen. Kein Ausweg stand ihnen mehr offen gegen den Feind, der mitleidlos abschlachtete, was sich ihm in den Weg stellte. Wen er lebend fing, auf den wartete Knechtschaft, fern der Heimat. Die einzige Rettung für sie und ihre Vasallen war vielleicht nur die, sich zu ergeben wie Bencomo und seine Verbündeten. Nichts anderes blieb ihnen, als die Gnade der Sieger anzurufen.

Am Morgen des 29. September, dem heiligen Sankt-Michaels-Tag, blies der Hornist Antonio Pilas aus Salamanca Alarm. Die Höhen des Tigaiga herab bewegte sich ein langer Zug Guanchen. Verwirrung entstand: Söldner eilten durch die Zeltgassen, ihre Harnische anzulegen. Unruhig warfen die Pferde ihre Köpfe in die Höhe, schnaubten und rissen an den Strängen. Scharfe Kommandos hallten von den Wällen: die Feuerwerker sprangen an die Kanonen.

Der Zug der Guanchen hielt. Vier Männer lösten sich von der Spitze und traten mit hocherhobenen Armen an den Rand der Schlucht. Sie waren waffenlos. Als Abgesandte der Menceys von Icod, Adeje, Daute und Abona kamen sie, um Frieden zu bitten.

Ungeheurer Jubel erfüllte das Lager. Die Söldner umarmten sich, warfen ihre Waffen in die Luft, andere faßten sich bei der Hand und führten einen Rundtanz auf: der heilige Michael hatte den heidnischen Lindwurm gefällt: der Krieg war zu Ende.

Die Sonnenuhr zeigte die elfte Stunde, als Don Alonso Fernández de Lugo die greisen Menceys empfing, die sich tief vor ihm verneigten. Das Ende des Feldzuges erfüllte ihn mit Stolz und Freude. Das Klirren der Waffen, das Dröhnen der Kanonen, die Todesschreie sterbender Krieger waren für immer verstummt. »Und Friede auf Erden!« sagte er leise vor sich hin: die Insel Tenerife war seine Welt.

Mit lauter Stimme beschwor der General-Kapitän die Abmachungen. Wer gefangen war, war gefangen und hatte seine Freiheit verwirkt. Doch Gnade sollte allen denen widerfahren, die die Waffen niederlegten und sich zu dem alleinigen Gott bekannten.

Eine feierliche Messe folgte, die der Kanonikus Samarinas, unterstützt von Francisco de Ferrera, zelebrierte. Die Augustinermönche Fray Pedro de Cea und Fray Andres de Goles sangen die Responsorien, Fray Francisco Perez und Fray Juan de Villadiego amtierten als Chorknaben. Zum Schluß dröhnte aus tausend Kehlen das Tedeum zum Lenker der Schlachten auf.

Als das Echo des Gesanges in den Schluchten des Tigaiga verhallt war, reichte der Bannerträger dem General-Kapitän die buntbebänderte, mit goldenen Quasten verzierte königliche Standarte. Weit schwenkte sie Don Alonso Fernández de Lugo im Kreis. Seine Stimme tönte wie der Siegesruf einer Fanfare in das atemlose Schweigen:

»Tenerife für die Allerhöchsten und Großmächtigsten Katholischen Könige Ferdinand und Isabella, unsere Herren!«

Freudenschreie erfüllten die Luft. Gleichzeitig heulten sämtliche Geschütze auf, Musketen wurden abgefeuert, dumpf dröhnten die Arkebusen. Siegestaumel hatte die Söldner erfaßt. Die Unzertrennlichen Zwölf durchbrachen den Ring der Offiziere, die sich um den General-Kapitän drängten, hoben ihn auf die Schultern und trugen ihn rund ums Lager. Die Leibwache aber schrie unaufhörlich: »Viva Quijada rota!« Es lebe der Schiefmäulige!

Der Tag, an dem die Menceys und Edlen getauft werden sollten, war herangekommen. Dort, wo ehedem das große Holzkreuz gestanden hatte, erhob sich in schneeigem Weiß die kleine Kapelle, die erste der zahllosen, über denen sich heute der tiefblaue Himmel Teneriffas wölbt.

Unentwegt seit dem frühen Morgen läutete von dem viereckigen, hölzernen Turm die hellklingende Glocke. Erst vor einer Woche war sie von der Halbinsel eingetroffen: ein Geschenk der Katholischen Könige. Auf dem Platz vor dem Gotteshaus drängten sich Kastilier und Guanchen in fiebriger Erwartung.

Ein Trompetensignal erscholl. Aus dem Feldherrnzelt, auf dem die brombeerfarbene Fahne Kastiliens wehte, trat der General-Kapitän mit seinen Offizieren. Gold und Silber blitzte auf schwarzem und blauem Sammet. Mit gesenktem Haupt folgten die Guanchenfürsten in langen, seidenweichen Tamarcos, die bis auf die Fellstiefel reichten. Prinzessin Dácil trug ein schwarzes Tuch um den Kopf, das ihr bleiches Gesicht einrahmte und ihm etwas Madonnenhaftes gab. Verklärter Abglanz freudiger Erwartung malte sich in ihren Zügen. Ehrfürchtig wich die Menge beiseite und ließ eine schmale Gasse frei, durch die Lugo und seine Begleiter auf das Portal der Kapelle zuschritten.

Weit schwangen die Torflügel auf. Wolken süßlich duftenden Weihrauchs quollen aus dem Inneren. Langsam bewegte sich der Zug die wenigen Stufen empor. Abordnungen aller Truppenteile schlossen sich an und füllten schnell den kleinen Raum.

Vor dem einfachen schmucklosen Altar kniete der Kanonikus Samarinas, in inbrünstiges Gebet versunken. Heute war der größte Tag seines Lebens. Gott hatte ihn ausersehen als Apostel, die Seelen der armen Guanchen zu retten, sie von ihrer Irrlehre zu befreien und ihnen den Frieden des Christentums zu bringen. Unendlich war die Güte des Herrn gegen ihn, seinen Diener und Knecht.

Fanatischer Glanz lag in seinen Augen, als er jetzt das Kreuz schlug über Gläubigen und Ungläubigen. Dann sagte er mit lauter Stimme in das atemlose Schweigen hinein: »Getreu dem Gelöbnis unseres siegreichen General-Kapitäns Don Alonso Fernández de Lugo weihe ich kraft meines Amtes dieses Gotteshaus dem Schutzheiligen unseres Vaterlandes, dem Apostel Santiago.« Die frommen Franziskaner- und Augustinermönche aber stimmten den Lobgesang zu Ehren des Allmächtigen an: »Ad summam gloriam Dei ...«

Schweigend, ehrfürchtig, den Blick zu Boden gesenkt, standen die Guanchen-Fürsten. Das geheimnisvolle Halbdunkel, der ungewohnte Duft des Weihrauchs, der feierliche Gesang benahm ihnen den Atem. Da hob Mencey Bencomo sein weißes Haupt und blickte verklärt auf das kleine, goldene Kruzifix, an dem der Erlöser hing, der für die Menschheit gestorben war, – auch für sein Volk. Eine Wandlung ging in ihm vor. Wie er es von den Spaniern gesehen, kniete er nieder und hob bittend die Hände. »Großer Gott Dios«, sprach er leise vor sich hin, »laß mich ein frommer Christ werden.« Auch die anderen Fürsten sanken in die Knie, während Dácil sich neben ihren Vater auf die Steinfliesen warf und laut aufschluchzte: Der Herr hatte ein Wunder vollbracht und die Heiden bekehrt, ehe noch das geweihte Taufwasser ihre Stirnen netzte.

Inzwischen war der Kanonikus auf die kleine Kanzel gestiegen, wo er in schweigendem Gebet verharrte, bis der Choral verklungen war. Dann erhob er sich und begann zu predigen. Lang, weitschweifig, eindrucksvoll erläuterte und erklärte er das Leben des heiligen Apostels, dem das erste Gotteshaus auf dieser heidnischen Insel geweiht war, wie er als erster der Jünger sein Blut für den Herrn ließ. Schweigend lauschten die Kastilier der alten Überlieferung.

Santiago war der ältere Bruder Johannes des Täufers und hatte sich erst spät zu den Aposteln Christi gesellt. Doch seine Gottesfurcht, sein mutiger, streitbarer Geist, mit dem er für das Evangelium eintrat, sein unerschütterlicher Glaube machten ihn bald zum Lieblingsjünger des Erlösers. Feurig wie das Schwert des Erzengels Michael war sein Wort und ungestüm sein Verlangen, die Heiden zu bekehren. »Herr, lasse Pech und Schwefel regnen auf die ungastlichen Samariter!« rief er seinem Meister zu, als jene ihm Obdach verweigerten. Doch mild lächelnd ritt Jesus weiter den Weg gen Jerusalem, wo sich sein Schicksal erfüllen sollte.

Das Blut des Erlösers war geflossen und hatte die Erde Golgathas getränkt. Die Jünger aber zogen hinaus in die

Welt, die Heilige Lehre zu verbreiten. »Wer Ohren hat, der höre ...«

Auch der Apostel Santiago machte sich auf den Weg, bestieg im Hafen von Palästina ein Schiff und gelangte so nach der Iberischen Halbinsel.

Er bereiste Valencia, Chinchilla, Tortosa, predigte in Numancia, Zaragoza und Iria, in Merida, Braga und Coimbra. Überall, wohin er kam, vollzog er die heilige Taufe, und seine Adepten folgten ihm nach.

Da rief ihn eine Botschaft nach Jerusalem zurück, wo auch ihn sein Schicksal erreichen sollte. Bei der Ankunft wurde er verraten und vom König Herodes Agrippa als Volksaufwiegler zum Tode durch das Schwert verurteilt.

Als man ihn zur Richtstätte führte, geschah ein Wunder, wie es Gott den Menschen so oft offenbart. Durch die Menge der Gaffer drängte sich ungestüm ein Mann. Wirr hing ihm das Haar ins Gesicht, struppig war sein Bart, in wildem Glanz leuchteten seine Augen. Die Zenturionen stieß er beiseite, stürzte vor Santiago auf den Boden und umklammerte die Knie des Gefesselten. »Ich habe ihn verraten!« schrie er, »steinigt mich!« Dann sprang er auf und bekannte sich laut vor allem Volk zu dem Alleinigen, Wahrhaftigen Gott. Da ergriffen ihn die Henker, banden ihn und zerrten ihn mit sich. Als das Haupt Santiagos in den Sand gerollt war, schlug man auch ihm den Kopf ab.

Die Freunde des Apostels aber bemächtigten sich des heiligen Leichnams und brachten ihn unter vielen Mühen und Gefahren nach Hispania zurück, wo er das Evangelium gepredigt hatte. Dort begruben sie ihn an geheimer Stätte, die sie Liberodunum nannten.

Jahrhunderte vergingen, Kriege brausten über die Halbinsel, blutige Wirren zerrissen das Land, niemanden gab es mehr, der den Ort des Grabes künden konnte. Doch endlich gefiel es Gott, unter dem König Alfonso el Casto, die Weisen alte Schriften finden zu lassen, die eine Deutung der Heiligen Stätte zuließen. Und siehe da, das Grab wurde gefunden. Den Ort aber nannte man von dieser Zeit zur Ehre des Allmächtigen »Campus stellae« (Compostela).

Andächtig lauschten die Kastilier der heiligen Legende, während die Guanchen nur die weiten Armbewegungen und die mächtig hallende Stimme des Kanonikus in sich aufnahmen, ohne ein Wort zu verstehen. Gebannt hingen ihre Blikke an der goldverbrämten, faltenreichen Stola, die ihnen das flatternde Gewand einer Traumgestalt schien. Weissagte der Priester des Gottes Dios? War es ein Dankgebet, das er jetzt mit zurückgebeugtem Kopf gen Himmel schrie?

Auf einmal wurde es totenstill. Der Kanonikus betete, mit ihm sanken die Gläubigen auf die Knie. Dann stieg er gemessenen Schrittes von der Kanzel herab.

Der Höhepunkt des Gottesdienstes war herangekommen. Aller Augen richteten sich auf die Guanchen, die jetzt getauft werden sollten. Als Paten fungierten Lugo und seine Offiziere, die sich neben ihre Schutzbefohlenen stellten. Die heilige Handlung nahm ihren Anfang.

Guillen Castellano fragte die Guanchen im Namen des Priesters, ob sie dem falschen Acorán abschwören und sich zu dem wahren Glauben bekennen wollten. Dann tauchte der Kanonikus seinen Daumen in das heilige Öl und salbte ihre Stirnen. Einzeln traten sie nun an das grünglasierte Taufbekken, in dem das geweihte Wasser ihrer harrte. Tief beugten sie den Kopf darüber, während der Priester dreimal ihr Haupt besprengte. Dazu sprach er die Worte: »Ego te baptizo in nomine Patris et Filii et Spiritus Sancti. Amen!« Zum Schluß hing er jedem eine Kette mit einem kleinen silbernen Kreuz um den Hals: das Patengeschenk.

Mencey Bencomo erhielt den Namen Cristóbal, Acaimo Ferdinand, Zebensui Anton, Pelicar Blas Martín, Perinor Diego, Rosmen Gonzalo, Adjona Kaspar, Prinzessin Dácil aber Doña Mencia, denn heute schrieb man den 13. Dezember, den Todestag der Heiligen.

Ein allgemeines Vaterunser beendete den weihevollen Gottesdienst.

Schnell leerte sich die kleine Kapelle unter dem Freudengeläut der hellklingenden Glocke. Als letzte traten hinter dem General-Kapitän die neuen Christen aus dem Halbdunkel in das flimmernde Sonnenlicht. Auf ihrer Brust blitzten die silbernen Kreuze, das Zeichen des neuen Gottes, dem sie sich kindlich vertrauend geweiht hatten. Die Menge aber brach bei ihrem Anblick in den jubelnden Ruf aus: »Viva Cristo Rey!« Es lebe Christus, der König!

An der langen Festtafel, die im Zelt des General-Kapitäns aufgeschlagen war, saß Prinzessin Dácil neben ihrem Vater, in tiefe Gedanken versunken. Wie schnell hatte sich alles gewandelt! Nun war sie eine Christin, durfte das Kreuz offen auf der Brust tragen und bat Dios im stillen um Verzeihung, daß sie sein Zeichen damals in aufflammendem Zorn zerschmettert hatte.

Sie fühlte, wie sie immer wieder die Blicke Gonzalo de Castillos streiften, der drüben neben dem General-Kapitän saß, und errötete. Doch jetzt schaute sie auf und sah ihn voll an, während ein glückseliges Lächeln über ihr Gesicht lief. Die Augen des jungen Hauptmanns strahlten. Liebe stand darin und etwas wie Erwartung auf irgendein Ereignis, das kurz bevorstand.

Mencey Bencomo bemerkte die stumme Zwiesprache zwischen den beiden. Ja, seine kleine Dácil hatte den Fremden nicht vergessen. Sie liebte ihn mit ihrer ganzen kindlichen Seele und dem heißen Blut ihrer Mutter, die so früh dahingeschieden war. Erinnerungen an die glückliche Jugend des unbekümmerten Königssohns, der er einst gewesen, zogen wie lebende Bilder an ihm vorbei. Heute hatte er alles verloren: sein Vaterland, seinen Gott, seine Frau, seinen Sohn, seinen Namen. Das Letzte, was ihm noch zu verlieren blieb, war seine Tochter. Und vielleicht war es so das beste. Wenn sie den Fremden mit den klaren Augen heiratete, dann waren die ersten Bande geschlungen mit den Eroberern. Sein Volk würde sich mischen mit den Fremdlingen und in Frieden und Eintracht leben unter dem Schutz ihrer mächtigen Waffen. Kein Feind mehr würde den Boden der Glücklichen Insel betreten, auf der der neue Gott bereits sein erstes Tamogantem errichtet hatte.

In seine Überlegungen hinein klang der helle Schlag an das Glas des General-Kapitäns, der sich jetzt von seinem Sitz erhob. Auch Guillen Castellano war aufgestanden, seine Rede Wort für Wort zu übersetzen. Aller Augen richteten sich erwartungsvoll auf Lugo, dem der Schreiber Juan Rodríguez ein dickes Pergament überreichte.

Langsam entrollte der General-Kapitän den Bogen und begann zu lesen. Es war eine Proklamation an seine Offiziere und Soldaten, die noch heute durch Ausrufer im Lager bekanntgegeben werden sollte. Sie besagte, daß alle freien und getauften Guanchen dieselben Rechte hatten wie die Spanier. Als Mitbürger und Freunde sollten sie sich gegenseitig betrachten und die Wunden vergessen, die ihnen der Krieg geschlagen hatte. Der Aufruf schloß mit den Worten: »Offiziere und Soldaten des stolzen kastilischen Heeres! Der Krieg ist zu

Ende. Großmut und Rechtlichkeit ist das edelste Gut des Siegers. Aus Guanchen und Spaniern wird ein neues Volk entstehen, dessen Heimat diese herrliche Insel ist!«

Das Hoch auf den General-Kapitän war noch nicht verklungen, als er sich räusperte. Der Ernst, der eben noch auf seinem Gesicht gestanden hatte, machte jetzt einem gewinnenden Lächeln Platz. Sein »Diplomaten-Lächeln«, wie es die Offiziere unter sich nannten, das er immer dann aufsetzte, wenn es galt, das Herz eines Menschen für sich zu gewinnen. Spannung lag in der Luft: jeder, der Lugo kannte, wußte, daß etwas Ungewöhnliches bevorstand.

Mit einer leichten Verbeugung wandte er sich jetzt zu Mencey Bencomo.

»Edler König der Guanchen!« redete er ihn an. Es war das erste und das letzte Mal, daß er ihn so nannte. »Ich spreche heute zu dir nicht als Vertreter unserer Erhabenen Katholischen Könige, sondern als Freund zum Freunde, als Christ zum Christen. Vor dir steht nicht der General-Kapitän des kastilischen Heeres, sondern ein Bittsteller, der bei dir für seinen jungen Freund, den tapferen Reiterführer Don Gonzalo de Castillo, um die Hand deiner Tochter anhält. Das Freundschaftsbündnis, das unsere Völker miteinander geschlossen haben, wird am besten durch die Bande des Bluts vertieft. Diese Ehe mag unseren Vasallen ein Beispiel sein, auch den letzten Funken ehemaliger Feindschaft löschen und ihn in Liebe wandeln.« Er hob sein Glas und rief: »Es leben die gemeinsamen Enkel unserer heldenhaften Völker!«

Alle waren aufgesprungen und taten dem General-Kapitän mit leuchtenden Augen Bescheid. Mencey Bencomo aber führte Dácil dem jungen Reiterführer zu und legte wortlos ihre Hände ineinander. Dabei murmelte er: »Mein Sohn . . .«

Ein langer Zug bewegt sich von Realejos den steilen Nordhang hinauf. An der Spitze marschieren der General-Kapitän, die spanischen Offiziere, die Fürsten und Edlen der Guanchen. Ihnen folgt die unabsehbare Schlange ihrer Vasallen, Männer, Frauen und Kinder einträchtig neben den Söldnern des kastilischen Heeres. Das ganze Tal von Arautápala scheint auszuwandern.

Ein Pilgerzug ist es zur Grotte von Atbínico, zur Virgen de la Candelaria, zur Heiligen Jungfrau des Lichts, der Patronin dieser Insel, die von nun an ihre Hand schützend über Spanier und Guanchen hält.

Beschwerlich ist der Weg, und manchen der Söldner faßt ein Schauder, wenn er in die schwindelnden Schluchten blickt, die sich wie riesige Adern überall zu Tal ziehen. Der General-Kapitän sendet ein stilles Gebet zum Himmel bei dem Gedanken, was aus ihm und seinem Heer geworden wäre, hätten sich die Guanchen in Einigkeit zusammengeschlossen. Mehr als je kommt ihm in dieser Stunde zum Bewußtsein, daß er seinen Sieg allein dem unerforschlichen Ratschluß Gottes verdankt, der in seiner Weisheit Zwietracht unter den Fürsten der Heiden säte. Aus dem kühnen Eroberer ist wieder der fromme Christ geworden, der, wie als Zwölfjähriger, das Heil der Welt in der friedlichen Verbreitung der göttlichen Lehre sieht, für die das Blut des Erlösers geflossen ist.

Am Morgen des zweiten Tages öffnet sich den staunenden Augen der Kastilier das im Wintergrün prangende Tal von Güímar, das sanft vom Südhang abfällt. Wie das von Arautápala umgürtet es ein halbkreisförmiger Ringkamm, doch die Natur scheint eine andere. Herrscht dort Lorbeer-, Laub- und Kiefernwald vor, so regieren hier schlanke Dattelpalmen, stachlige Feigenkakteen und Batatilla-Farne (Filia ramosa

Canariensis). Ruhig blaut das Meer zu ihren Füßen, weißer Strand schimmert. Drüben grüßt das Bergmassiv von Gran Canaria.

»Agaeta!« sagt der General-Kapitän zu Lope Hernández und deutet in der Richtung. Der Freund versteht ihn: Alonso de Lugo denkt an seine Frau, an die glücklichste Zeit seines Lebens.

Am Strande von Güímar herrschte reges Leben. Kastilier und Guanchen bauten Ehrenpforten, die mit Palmenwedeln und bunten Bändern umwunden wurden. Noch heute sollte der Bischof Don Diego de Muros aus El Real de las Palmas eintreffen, und morgen die feierliche Prozession stattfinden, die erste seit der wundersamen Ankunft der Heiligen Jungfrau des Lichts, die goldflügelige Engel nächtens selbst dahergetragen.

Immer wieder schweiften die Blicke von der Arbeit übers Meer, doch noch zeigte sich kein Segel. Endlich ertönte der Ruf: »Argijon!« Die scharfen Augen eines Guanchen hatten den kleinen Zweimaster entdeckt, der eben ums Vorgebirge von Gran Canaria bog und jetzt wie ein schneeiger Streif unter der dunklen Küste dahinlief.

Mehr und mehr schrumpfte er zusammen und schien nur noch ein kleiner Punkt. Doch schnell vergrößerte er sich wieder: das Schiff hatte Kurs auf die Bucht von Güímar genommen.

Bald erkannte man deutlich auf dem prallgefüllten Vordersegel ein großes schwarzes Kreuz, um das rote Flammen züngelten. Am Heck wehte im steten Passat die brombeerfarbene Fahne Kastiliens.

Immer dichter drängte sich die Menge am Strand. Die Vordersten standen bereits bis an die Knie im Wasser. Kein Auge wandten die Guanchen des Nordens von dem schwarzen Vogel mit den weißen Flügeln, der am Kopf das flammende Zeichen des neuen Gottes trug.

Näher und näher kam das stolze Schiff. Schon konnte man deutlich die Menschen an Deck unterscheiden. Da dröhnte ein Böllerschuß übers Wasser. Erschreckt schrien Frauen und Kinder auf. Doch schnell beruhigten sie sich wieder. Es waren ja Freunde, die kamen, und ihre mächtigen Waffen dienten von nun an auch ihrem eigenen Schutz.

Die kleine Grotte von Atbínico, in der heute der Bischof Don Diego de Muros die Messe zelebrierte, faßte nur einen geringen Teil des Volkes, das sich vor ihr drängte.

Die Responsorien waren verklungen, als der Bischof sich jetzt an die getauften Guanchen wandte, ihre Konfirmation vorzunehmen. Im Chor, laut und deutlich, sprachen sie das Vaterunser, das ihnen die frommen Mönche beigebracht hatten. Seltsam klangen ihnen die fremden Laute in den Ohren, deren Sinn den meisten unverständlich blieb.

Nun fragte der Bischof die Paten nach den Taufnamen der Konfirmanden. Dann bestrich er ihre Stirn, Brust und Rükken mit dem heiligen Öl und sagte salbungsvoll: »Signo te signo crucis et confirmo te chrismatae salutis. In nomine Patris et Filii et Spiritus Sancti. Amen!« Er streckte die Hand aus und ehrfürchtig küßten die Konfirmierten den großen, goldenen Bischofsring. Zum Schluß erhielt jeder von der Hand des Seelsorgers einen leichten Backenstreich, begleitet von den Worten: »Pax tecum!« Friede sei mit dir! Diese sinnbildliche Handlung sollte zeigen, daß der Konfirmant bereit ist, auch Schläge zu erdulden im Namen Christi, des Herrn …

Am Spätnachmittag fand die feierliche Prozession statt. Den Konfirmierten wurde die Ehre zuteil, die Heilige Jungfrau des Lichts zu tragen.

Als sie aus der Grotte traten, fiel die Menge auf die Knie und wagte kaum aufzublicken zu der hohen Lade, auf der von Wachslichtern umstanden die Virgen thronte, den holdselig lächelnden Jesusknaben im Arm.

Langsam ging es zum Strand hinunter. Die Dunkelheit kam rasch. Kerzen und Fackeln aus Tea-Holz beleuchteten den weit sich dehnenden Zug. Wie ein feuriger Lindwurm schob er sich Schritt für Schritt durch die zunehmende Finsternis. Die Mönche aber stimmten den frommen Gesang an: »Nunc dimittis servum tuum ... « Nun lässt du deinen Knecht in Frieden gehen ...

Am 2. Februar, dem Gedenktage dieser Prozession, ertönt heute das Lied zu Ehren der Heiligen Gottesmutter in der gesamten Katholischen Christenheit. Das Fest aber nennt man bei uns »Mariä Lichtmeß«.

Vae Victis!

Drehen wir das Rad der Weltgeschichte einen Augenblick zurück auf das Jahr 387 v. Chr., um uns dann erneut einzureihen in die Ereignisse, die dem Friedensschluß zwischen Spaniern und Guanchen folgten.

Die Schlacht an der Allia war für die Römer verlorengegangen. Verfolgt von den siegreichen Galliern strömten sie in wilder Flucht der Tiberstadt zu. Doch nicht stark genug war der Rest des geschlagenen Heeres, die langen Mauern, die die sieben Hügel umgürteten, zu verteidigen. Nur eine Rettung gab es: das Kapitol.

Männer, Frauen und Kinder flüchteten auf die sichere

Burg. Achtzig Greise aber blieben in der Stadt im Vertrauen auf ihr Alter und die Großmut der Sieger. Doch Brennus, der Anführer der Gallier, kannte keine Gnade. Er drang in Rom ein, ließ plündern, sengen und morden. Alle achtzig fielen unter den Schwertern der Barbaren. Das Kapitol aber trotzte ihrem Sturm. Da entschloß sich Brennus zur Belagerung. Einen besseren Verbündeten als den Hunger konnte er nicht finden.

Ein Monat verging, ein zweiter, ein dritter. Kein Bote kam von der Burg, um Frieden zu bitten. Da versuchten die Gallier in mondloser Nacht die Felsen des Kapitols zu erklimmen. Doch die heiligen Gänse der Juno wachten. Durch ihr Geschrei geweckt, griffen die Römer zu den Waffen und stürzten die Eindringlinge in die gähnende Tiefe. Das Kapitol war gerettet.

Sieben lange Monate hielten die Römer aus. Dann schickten sie einen Unterhändler zu Brennus, ihm Lösegeld zu bieten, wenn er abzöge. Der Vertrag kam zustande. Tausend Pfund forderte der Anführer, tausend Pfund in Gold.

Auf dem Forum wurde eine große Waage aufgestellt. Frauen brachten ihre goldenen Ringe und Armspangen, Trinkbecher, Haarschmuck und Agraffen häuften sich … Da merkten die Römer, daß die Gewichte falsch waren und erhoben Einspruch.

Darauf hatte der wilde Häuptling der Gallier nur gewartet. Hohnlachend zog er sein Schwert und warf es auf die Waagschale, das Gewicht zu erhöhen. Dabei schrie er mit donnernder Stimme: »Wehe den Besiegten!«

Nie war das schauerliche »Vae Victis!« siegberauschter Feinde an das Ohr der Guanchen gedrungen. Frei hatten sie gelebt auf ihrer Glücklichen Insel, fern der Welt wie auf einsamem Stern, Jahrtausende lang. Kindlich vertrauten sie ihren Überwindern und sahen in ihnen höhere Wesen. Edel und großmütig wie sie waren, voll schlichten Adels und natürlicher Tugenden, glaubten sie an die Verbrüderung mit »den Söhnen des neuen Gottes«, wie sie die Fremden nannten.

Nun sollten sie durch alle Stationen des Leides gehen bis zum völligen Untergang. Kein Rächer entstand ihren Gebeinen! Sie teilten das Schicksal der Azteken Mexikos und der Incas von Peru. Selbst ihre Sprache ging der Nachwelt verloren. Was blieb, waren mit Orts- und Eigennamen kaum hundertachtzig Wörter und neun Sätze. Mit ihrem Vokalreichtum muten sie uns heute an wie geheimnisvolle Zaubersprüche eines längst verklungenen Märchens. Nichts anderes wußten die Spanier mit den Guanchen anzufangen, als sie planmäßig auszurotten, wie sie überall taten, wo sie für Religion und Menschenliebe fochten. Eines der traurigsten Kapital der spanischen Eroberungszüge und der sogenannten Christlichen Zivilisation wird diese Untat bleiben, solange die Welt besteht: vergleichbar nur mit den Sachsenkriegen Karls, den man fälschlicherweise den Großen statt den Blutgierigen nannte.

Alonso Fernández de Lugo hat seine Titel General-Kapitän des kastilischen Heeres und Konquistador abgelegt, seit er durch königliches Dekret zum Adelantado (Statthalter) von Tenerife ernannt war.

Mit dem Schwert, das er in die Ecke stellte, schien auch sein kriegerischer Geist dahin. Jetzt galt es, die Insel friedlich zu erobern, ihren Holzreichtum und die fruchtbaren Gefilde dem spanischen Vaterlande dienstbar zu machen. Er fühlte sich ganz als Gründer und Städtebauer und nicht zuletzt als Kämpfer Christi, der jetzt das wahrmachen konnte, was er schon immer geträumt: durch Predigt und Beispiel die wahre Lehre in die Herzen der Heiden zu pflanzen. Und was man auch immer von dem alternden Adelantado sagen mag: er hatte zweifellos den besten Willen. Doch wie so vielen glitt ihm die Macht aus der Hand, die Verhältnisse trieben ihn zu Ungerechtigkeit und Wortbruch.

Als geeigneten Platz für die Hauptstadt hatte er die Hochebene am See ausersehen. Im Andenken an den Tag des Sieges gab er ihr den Namen San Cristóbal de la Laguna. Unverzüglich wurden Straßen angelegt, Guanchen-Sklaven errichteten unter Anleitung der Eroberer Häuser aus Brettern und Fachwerk. Kaktushecken zäunten Grund und Boden ein.

Täglich vergrößerte sich der Verkehr im Hafen von Santa Cruz. Brigantinen und Karavellen brachten Sägen, Äxte, Messer, Bohrer, Schmieden und Pflüge. Säcke mit Getreide und Pflanzensamen häuften sich am Strand.

Bäume fielen unter den wuchtigen Axthieben ehemaliger Söldner, es wurde gerodet, umgegraben, gesät. Auf den saftigen Wiesen der Hochebene weideten stattliche Milchkühe.

Die Verteilung des Landes war in vollem Gange. Der Bischof Don Diego de Muros erhielt das Gelände längs der Schlucht von Tahodio, der Graf Medina Sidonia mehr als die Hälfte des Gebietes von Abona, die Offiziere hatten freie Wahl, den Söldnern wies man Parzellen um die neue Hauptstadt an.

Die Unzertrennlichen Zwölf blieben weiter zusammen. Wie sie gemeinsam marschiert, gefochten, geplündert und geteilt hatten, so standen ihre Anwesen jetzt einmütig in langer Reihe am See. Abends trafen sich die alten Kämpen bei Rodrigo de Barrios, und das Äpfelchen erzählte eine seiner berühmten Geschichten, während Pedro Martín Buen-Día noch immer treffsicher durch seine Zahnlücke spuckte.

Auch die ehemaligen Fürsten bedachte man, und Bencomo bekam den Landstrich von der Königshöhle bis zum Meer.

Am schlechtesten schnitten die Guanchen von Güímar ab, die den Spaniern von Anfang an die Treue gehalten hatten. Ewiges Los aller Verräter! Das Land um die Grotte von Atbínico wurde der Heiligen Jungfrau des Lichts geweiht und als ihr Besitz erklärt. Eine stattliche Anzahl von Schafen und Ziegen war ihr von den neuen Christen geschenkt worden. Der Guanche Napay Guacherbe, der jetzt auf den Namen Francisco hörte, wurde zum Hirten der Herde bestimmt. Bei Todesstrafe war es jedem verboten, seine Tiere auf den saftigen Weideplätzen der Heiligen Gottesmutter grasen zu lassen.

Als einziger wurde Añaterve belohnt. Er erhielt ausgedehnte Ländereien auf Gran Canaria. Dort starb er wenige Jahre später angesichts der Heimat, die er so schmählich verraten hatte.

Das Volk der Guanchen aber litt unsäglich. Ihrer Güter wurden sie enteignet, ihrer Frauen, Mädchen und Kinder beraubt. Rechtlos geworden waren sie an dem Tage, an dem sie die Waffen niedergelegt hatten. Um ihr Leben zu fristen, verdingten sie sich als Sklaven bei den Eroberern und fügten sich schweigend in ihr Schicksal.

Doch auch Helden gab es, die sich nicht den Fremden beugten. Viele wählten den Freitod, andere rotteten sich zusammen, überfielen vereinzelte Gehöfte und machten die Spanier nieder. Immer wieder flammte der Haß gegen die Eindringlinge empor, doch die Kraft des Volkes war gebrochen. Knechtschaft oder Tod war das Los der letzten Freien.

Was nützte es den Guanchen, daß sie sich taufen ließen? Von den Spaniern wurden sie doch nie anders genannt als die Ungläubigen. Und Ungläubige waren vogelfrei. Ja, man tat sogar ein gutes Werk, sie totzuschlagen und in die Hölle zu schicken. Willkür und Grausamkeit waren an der Tagesordnung.

So sehr auch die Kirche die Mischehen begünstigte, gleich Arbeitstieren hielten die Eroberer ihre Frauen, wenn die erste Schönheit dahin war. Hinter Mauern verbrachten die einst freien ihr hartes Leben, und nur zur Kirche durften sie gehen, tief gesenkten Hauptes.

Einsam und verbittert saß Mencey Bencomo in seiner Höhle. In ohnmächtiger Wut biß er die Zähne zusammen. Vertraut hatte er den gleisnerischen Worten der Fremden und der scheinheiligen Lehre des neuen Gottes. Mitleid predigten seine Priester und Nächstenliebe, doch nichts wußten sie von den höchsten Gütern, von Edelmut und menschlicher Freiheit, die seit den Tagen der goldhaarigen Sonnentöchter in den Herzen der Guanchen lebten.

Tränen traten ihm in die Augen, wenn er daran dachte, daß er selbst seine Verbündeten überredet hatte, die Waffen zu strecken. Verfluchen mußten ihn seine Vasallen, solange noch einer lebte. Flehend hob er die Arm und betete:

»Großer Acorán! Nie mehr wird das tapfere Volk der Guanchen erstehen, nie mehr ihm die goldene Magec der Freiheit leuchten! Doch möge die Kunde von seinem Untergang als warnender Ruf über Zeit und Raum dringen, und sich die Wahrheit ewig in die Herzen jedes heldischen Volkes graben: Es gibt nur Sieg oder Tod!«

Alles hatte Mencey Bencomo verloren, und doch blieb ihm noch eins zu verlieren: Heimat und Freiheit.

Der Adelantado Don Alonso Fernández de Lugo brach den Schwur des General-Kapitäns, den er angesichts des Kreuzes auf das heilige Meßbuch geleistet hatte. Eine Einladung sandte er an die Fürsten der Inselstämme, sie den Erhabenen Katholischen Königen vorzustellen. Keiner von ihnen sah je die Glückliche Insel wieder.

Als die Brigantine, die sie nach Spanien brachte, in See stach, wurden sie gefesselt. Zum letzten Male fiel ihr Blick auf den hohen Echeyde, der wie in Trauer sein Haupt verhüllte. Dann stieß man sie unter Deck.

Am Hof von Madrid fand ein öffentlicher Handkuß statt. Dann wurden die »Wilden« getrennt.

Mencey Bencomo brachte man nach Italien und führte ihn den Fürsten von Genua, Turin und Florenz vor. Auch der Papst betrachtete mit unverhohlener Neugier den »gezähmten Ungläubigen«.

Später schleppte man ihn von Jahrmarkt zu Jahrmarkt. Für wenige Soldi durften schmutzige Finger die noch eisenharten Muskeln des Greises betasten. Geduldig ließ der einst so stolze König von Taoro alles über sich ergehen: selbstauferlegte Sühne für die schwächste Stunde seines Lebens, in der er dem Feind vertraut und an seinem Gott gezweifelt.

In einer Dachkammer in Venedig soll er gestorben sein. Sein Grab ist unbekannt.

Scheiterhaufen

Das Jahr 1532 war herangekommen.

Von den Helden, die wir im Laufe der Eroberung Teneriffas kennenlernten, lebte keiner mehr. Fern der Heimat hatte der Tod die Guanchen-Fürsten von ihrem Leid erlöst. In der

Gruft des Klosters von San Francisco in La Laguna moderten die Gebeine ihres Überwinders, des einstigen General-Kapitäns der Katholischen Könige, Don Alonso Fernández de Lugo.

Auch Dácil war dahingeschieden. Acorán hatte es gut mit ihr gemeint und ihr das zu schauen erspart, was aus dem Heiligtum von Taganana nicht mehr an ihr Ohr gedrungen war.

Auf dem Throne Spaniens saß der zweiunddreißigjährige Karl V., der Sohn Friedrichs des Schönen und Johanna der Wahnsinnigen, Enkel der Katholischen Könige. Das Schicksal hatte ihm wie von selbst das in die Hand gespielt, wovon Ferdinand und Isabella zeitlebens träumten: das Reich, in dem die Sonne nicht unterging.

Als Statthalter auf Tenerife regierte der Sohn des Konquistadors, Don Pedro de Lugo, der den Beinamen »El Cruel«, der Grausame, trug. Er war der erste, der die »Gallische Krankheit« einschleppte, die er sich in Marokko geholt, und die man später in Frankreich beschönigend »die Galante« nannte. Furchtbar ging sie unter den Guanchen um, die meisten verfaulten bei lebendigem Leibe.

Auf die kleinsten Vergehen hatte der Machthaber Todesstrafe und Einzug der Güter gesetzt. Doch die Guanchen ertrugen schweigend ihr hartes Los und übertraten keins der Gesetze.

Da griff die Kirche ein. Diebstähle von Schafen und Ziegen nahm sie zum Vorwand und richtete ein Schreiben an Karl V., das uns erhalten blieb. In ihm heißt es:

»... und bitten Eure Erhabene Majestät, uns die Einrichtung einer ›Santa Hermandad‹ zu gestatten, um den fortwährenden Diebstählen zu steuern und die verstockten Ungläubigen in den heiligen Schoß der Kirche zu führen.«

Der König gab die Erlaubnis, die Inquisition hielt ihren

Einzug auf Tenerife. Was Schwert, Krankheit und Siechtum noch am Leben gelassen hatte, wurde zur Ehre Gottes und der Heiligen Jungfrau langsam zu Tode geröstet. Die Güter aber zog die Kirche ein.

Durch die Straßen von La Laguna bewegt sich ein langer Zug. Voran schreiten Geistliche, fromme Gebete murmelnd. Ministranten schwingen Weihrauchgefäße.

Ihnen folgen zwei Männer. Auf beiden Seiten der Brust tragen sie große Kreuze aus gelber Seide. Es sind die ersten Opfer, die auf Tenerife öffentlich verbrannt werden sollen. Christus haben sie gelästert und heimlich zu ihrem Heidengott gebetet, wie sie bei der dritten Folter gestanden. Ihre Schuld ist damit erwiesen, sie müssen sterben.

Hinter ihnen schreiten die Nazarener, die Anhänger der Bruderschaft. Hoch starren die spitzen Kapuzen in die Luft. Das den Kopf umhüllende Seidentuch und der faltige Überwurf machen sie unkenntlich. Niemand weiß, wer sich hinter dem Gewand verbirgt.

Von der Kapelle des heiligen Erzengels Michael ertönt unaufhörlich die Glocke. Dumpfer Trommelwirbel erschallt. Menschen stürzen aus den Häusern, das unerhörte Schauspiel zu sehen. Immer mehr schließen sich an, dem Flammentod der Ungläubigen beizuwohnen.

Vor der Stadt ist der Scheiterhaufen errichtet. Der Profos nimmt die Sträflinge in Empfang. Schlaff hängen ihre Arme herab. Bei der Folter hat man ihnen die Knochen gebrochen. Willenlos lassen sie sich an den Pfahl binden.

Während die Mönche einen frommen Lobgesang anstimmen, in den die Nazarener einfallen, züngeln langsam die Flammen empor. Immer lauter wird der Gesang, in dem die Schmerzensschreie der Gequälten untergehen.

Plötzlich kommt Wind auf. Eine lodernde Flamme schlägt zum Himmel und macht dem Leiden der Unglücklichen ein Ende. Feiner Staub wirbelt empor und fliegt hoch in die Luft. Es ist, als ob die goldhaarigen Töchter der Sonne mit unsichtbaren Händen die Asche ihrer gemarterten Urenkel zum hohen Tigot aufhöben ...

ENDE

Nachwort

Ich wünschte, lieber Leser, du könntest neben mir auf meinem Dachgarten stehen und den Rundblick genießen über diesen herrlichen Erdenfleck, den die Guanchen einst das Tal von Arautápala nannten. Wie Humboldt sänkest du in die Knie vor der Allgewalt der Natur, um gleich ihm auszurufen: »Herrgott, ich danke dir, daß du mich dies hast schauen lassen!«

Spätnachmittag. Schräg fallen die Sonnenstrahlen über die Höhen des Tigaiga, deren Schatten sich mehr und mehr über die dunkelgrüne Vega breiten. Zarte, goldflockige Passatwölkchen ziehen über den rötlich sich färbenden Himmel, die Kuppen des Ringkammes scheinen in loderndes Feuer getaucht. Gleichmäßig wie seit Jahrtausenden rauscht das Meer an die zerklüftete Steilküste, smaragdgrüne Wogen brechen sich an den rotbraunen Klippen: zwei große ... sieben kleine ... zwei große ... sieben kleine ... unentwegt.

Jetzt wölbt sich der Himmel wie ein riesiger, hohlgeschliffener Türkis über der Insel, die Berge färben sich kobaltblau und scheinen näher heranzurücken. Längst ist die Sonne hinter der Punta de Teno verschwunden, das Licht wechselt ins Veilchenfarbene, wird dunkler und dunkler ...

Schon steigt majestätisch die Göttin der Nacht über die Ostkette. In ihrem schwarzen Schleier hängen Myriaden leuchtender Sterne. Geisterhaft umspielt silbernes Mondlicht den flimmernden Kegel des Teide, der hoch in die Milchstraße stößt.

Meine Gedanken fliegen zurück in die Zeit, die ich seherisch in diesem Buch zu gestalten versuchte. Noch nicht vierhundertfünfzig Jahre sind vergangen, seit freie Guanchen auf der Glücklichen Insel lebten. Welch kurze Spanne Zeit! Und doch ist nichts von ihnen geblieben. Wohl rollt in den Adern der heutigen Bewohner noch hier und da ein Tropfen Guanchenbluts, doch keinen einzigen reinen Nachkommen gibt es mehr. Was von dem heldenhaften Volke blieb, sind nichts als in Ziegenfell genähte Mumien, an denen die Besucher der Museen der Alten und Neuen Welt achtlos vorübergehen. Diese Überreste stammen alle aus einer früheren Zeit als der, die dieser Roman schildert. Schon unter Tehinerfe dem Großen, dem die Insel ihren Namen verdankt, ging die Kunst des Einbalsamierens verloren.

Man wird nun die Frage aufwerfen: »Wer waren eigentlich die Guanchen?« Ja, das ist bis heute unbeantwortet geblieben. Die Gelehrten streiten. Die einen behaupten, es waren Germanen, die anderen, sie gehörten zur Cro-Magnon-Rasse, die dritten verlegen ihre Urheimat nach Marokko oder Ägypten. Aus den wenigen Wörtern ihrer Sprache, die uns erhalten blieben, kann man kaum etwas ableiten. Einige Stammwörter deuten auf altgermanisch, die Vorsilben ac-, at-, ar-, ara- auf das Berberische. Der Name Guanche ist eine Verstümmelung von Guanchinerfe, wie sie sich selbst nannten. Das ist Guan – Mann, chi nerfe – von Teneriffa.

Die wenigen Studien, die ich als Laie über die Guanchen machen konnte, lassen mich Dr. Hans Meyer recht geben. Er schreibt in seinem Buch »Die Insel Tenerife« (siehe Literatur-Verzeichnis) auf Seite 43 wie folgt:

»Die Guanchen haben sich also in ihrem beschränkten Inselgebiet nicht weiter entwickelt, nachdem sie sich von ihrem in neolithischen Daseinsformen lebenden Muttervolk getrennt haben. Was für ein Muttervolk aber ist dieses gewesen? Um diese Frage zu verfolgen, erinnern wir uns daran, daß die anthropologische Beschaffenheit der Guanchen ganz übereinstimmt mit jener der sogenannten Cro-Magnon-Rasse, die im Westen der Alten Welt, Europa und Nordafrika saß, lange ehe die arischen Völkerwanderungen aus Asien über Europa hereindrangen. Wie die Guanchen, so waren die Cro-Magnon-Menschen eine hochgewachsene, körperkräftige, fast athletische Rasse. Auch sie hatten einen großen, vortrefflich entwickelten Langschädel mit etwas abgesetztem Hinterkopf, mit gewölbter Stirn, breitem und niedrigem Gesicht. Diese höchst charakteristische Schädelform reicht von Südeuropa bis in das neolithische Norddeutschland hinauf, sie findet sich zahlreich in Pfahlbauten in der Ostmark und in der Schweiz und ist auch in Frankreich in der neolithischen Periode weit verbreitet. Noch heute ist dieser uralte Typus, der kurzgesichtige Langkopf, der eine unserer beiden hauptsächlichsten europäischen Schädelformen. Kein Wunder also, daß gar mancher Kanarienreisende beim Anblick der Guanchenschädel im Museum von Las Palmas lebhaft an die Schädelform seiner heimischen Bauern erinnert wird, und daß ein so phantasievoller und empfindsamer Beobachter wie Franz von Loeher auf seine vielbespottete Hypothese verfallen konnte, daß die alten Guanchen nichts als nach dem Untergang des Westgotenreiches versprengte Vandalen (Guanchen, Wandschen, Vandalen) gewesen seien …

Merkwürdig mag dem Leser dieses Buches noch erscheinen, daß die Guanchen als Inselvolk nichts von der Seefahrt verstanden, keine Boote kannten und des Schwimmens unkundig waren. Doch bei näherer Betrachtung verliert das an Seltsamkeit. Natürlich sind die Guanchen eines Tages auf Schiffen nach Teneriffa gekommen. Doch wer die steile Nordküste kennt, die ständig von der starken Brandung des Golfstroms umspült wird, begreift, daß sie mit der Zeit die Kunst des Schiffsbaus und des Schwimmens verlernten. Noch heute fordert Ozeanus jährlich eine große Anzahl Opfer unter den wagemutigen Fischern.

Und nun noch etwas über die Kanarischen Inseln im allgemeinen:

Wenn man von der griechischen Ur-Sage absieht, so scheinen phönizische Schiffer oder Seeleute unter Hanno ihre ersten Entdecker gewesen zu sein. Fest steht, daß König Juba II. von Mauretanien im Jahre 40 v. Chr. die Inselgruppe besuchen ließ. Nach den ihm erstatteten Berichten taufte er sie »insulae fortunatae« (Glückliche Inseln). Später wurden sie Canarias genannt, nach den großen Hunden (Canes), die auf ihnen lebten.

Im dreizehnten Jahrhundert sollen genuesische Seefahrer unter Lanzelot dort gewesen sein und auf der nach ihm benannten Insel (Lanzelote – Lanzerote) eine Festung erbaut haben. Doch gewiß ist erst, daß 1341 König Alfons IV. von Portugal eine Expedition nach dem Archipel ausschickte. Ab und zu mögen auch Seeräuber gelandet sein, um Sklaven zu fangen und den hochgeschätzten Saft des Drachenbaums, das Drachenblut, zu zapfen.

Die wirkliche Eroberung und europäische Besiedelung der Kanarischen Inseln beginnt aber erst um 1402 und endet mit dem Sieg Don Alonso Fernández de Lugos im Herbst 1496.

Das mag genug an geschichtlicher Betrachtung sein. Zum Schluß möchte ich mir noch erlauben, dem Mann meinen Dank auszusprechen, dem ich dieses Buch widmete: Herrn Jakob Ahlers, dem deutschen Konsul auf Teneriffa. Seiner Hilfsbereitschaft, seiner mir großzügig zur Verfügung gestellten umfangreichen Bibliothek, seiner eingehenden Landeskenntnis, seinen Beziehungen zu den hervorragendsten ethnologischen Wissenschaftlern verdanke ich viel, viel mehr als meiner bescheidenen Feder.

Im Tal von Orotava
Am Jahrestag der Schlacht von Acentejo
Horst Uden

Literatur-Verzeichnis

Viera y Clavijo: Noticias de la historia general de las Islas Canarias, Madrid 1772

George Glas: History of the Canary Islands (nach Galindo 1632), London 1764

Chil y Naranjo: Estudios históricos, climatológicos y patológicos de las Islas Canarias, Las Palmas de Gran Canaria 1876

Bory de A. Vincent: Essais sur les Isles Fortunées et l'antique Atlantide, Paris 1803

Otto Reinhold: Das Bild in der Quelle, Berlin 1914

C. von Pommer-Esche: Die Canarischen Inseln, Berlin 1906

Cipriano de Arribas y Sanchez: A través de las Islas Canarias, Santa Cruz de Tenerife 1900

A. J. Benitez: Historia de las Islas Canarias, Tenerife 1919

Ernst Haeckel: Von Teneriffa bis zum Sinai, Leipzig 1923

Dr. E. Bolleter: Bilder und Studien von einer Reise nach den Kanarischen Inseln, Leipzig 1909

Franz von Loeher: Nach den Glücklichen Inseln, Leipzig 1876

Dr. Hans Meyer: Die Insel Tenerife, Leipzig 1896

José Rodríguez Moure: Don Alonso Fernández de Lugo, Estudio histórico-crítico, Revista de Canarias 1913

Dr. Dominik Josef Woelfel: La Curia Romana y la Corona de España en la defensa de los aborígines Canarios, Revista Anthropos, Wien 1930

Eugen Fischer: Estudios Antropológicos sobre Tenerife, Barcelona 1926

Alexander von Humboldt: Relation historique du voyage dans les régions equinoxiales du nouveau continent, 1814. Übersetzt von Hauff, Stuttgart 1861

Berthelot: Antiquités Canariennes, Paris 1879

Victor Meyer: Märztage im Canarischen Archipel, Leipzig 1893

H. Christ: Eine Frühlingsfahrt nach den Canarischen Inseln,1886

Samler Brown: Madeira and the Canary Islands, London 1890

Olivia Stone: Tenerife and its Six Satellites, London 1888

R. Greef: Reise nach den Kanarischen Inseln, Bonn 1868

Hans Roselieb: Spanischen Wanderungen, Berlin 1926

Jakob Ahlers: Tenerife und die Kanarischen Inseln, 1925

Die Geschichte zur Geschichte

Nachwort zur Neu-Auflage von
Verena Zech

Kaum war ich auf Teneriffa eingetroffen, hörte ich vom »König von Taoro«. Ein historischer Roman, der spannend die Eroberungsgeschichte Teneriffas vermittelt, hieß es. Und tatsächlich: Das antiquarische Exemplar, das ich aufgetrieben hatte, verschlang ich in einer Nacht. Wie verzaubert zog es mich in die Welt des Mencey Bencomo und seiner Zeitgenossen. Ich wollte das Buch weiterempfehlen und verschenken, doch es war vergriffen.

So machte ich mich an die Planung einer Neu-Auflage und stellte überrascht fest, dass das Buch noch viel älter war, als ich gedacht hatte. Der Verleger Fred Kolbe hatte in den 70-er und 80-er Jahren je eine Auflage auf Teneriffa herausgebracht. Recherchen auf der Suche nach dem Autor bzw. dessen Erbin brachten es zutage: Horst Uden hatte diesen Roman im Jahr 1941 erstmals veröffentlicht. Auf eine stilistische Überarbeitung der neuen Auflage habe ich jedoch bewusst verzichtet. Denn das Buch ist mehr als eine historische Erzählung, es ist damit selbst ein Stück Zeitgeschichte.

Horst Uden wurde 1898 in Schlesien geboren. Sein Vater, Generaldirektor einer Zuckerfabrik, lehrte ihn das Kaufmannswesen. Er studierte Fremdsprachen, da er von fernen Ländern und Kulturen träumte, und brach 23-jährig zu Reisen auf, die ihn ins spanische Málaga führten. Er arbeitete als Buchhalter und Übersetzer von Romanheften (unter dem Pseud. Frank Allan), schrieb Abenteuerromane, Reiseberichte, Theaterstücke. Málaga sollte seine Wahlheimat werden: Hier gründete er Familie und hierhin kehrte nach seinen Reisen in mehr als 20 Ländern auf drei Kontinenten immer wieder zurück, zuletzt 1960 von Venezuela und Kolumbien, wo er als Hoteldirektor gearbeitet hatte.

Nach einem längeren Forschungsaufenthalt auf Teneriffa veröffentlichte er 1941 den historischen Roman »Der König von Taoro« (Das Bergland Buch, Salzburg) sowie »Unter dem Drachenbaum. Legenden und Überlieferungen von den Kanarischen Inseln« (Johann Schönleitner Verlag, Aichkirchen, Wien, Leipzig 1945; in der spanischen Übersetzung beim Aldecoa-Verlag, Burgos). Anschließend ging er nach Deutschland, um, wie man zu der Zeit sagte, »für das Vaterland zu kämpfen«. Nach dem Krieg ließ sich die Familie in Österreich nieder, um kurz darauf nach Málaga zurückzukehren. 1961 wurde Horst Uden durch einen Autounfall schwer verletzt; er starb elf Jahre später 74-jährig.

Der Autor gründete seine Arbeit auf umfangreiche Recherchen. Er verarbeitete zahlreiche historische Quellen und besuchte persönlich die Schauplätze, um die Geschehnisse so anschaulich und wirklichkeitsnah wie möglich zu schildern. Was die Kultur-Geschichte der Guanchen betrifft, so stützte er sich natürlich auch auf Sagen und Legenden. Denn Horst Uden stand vor einem Problem, vor dem auch heute noch die kanarischen Historiker stehen: Die vorspanische Zeit ist kaum dokumentiert. Spärliche archäologische Funde erlauben nur eine vage Rekonstruktion der Guanchen-Kultur, doch vieles bleibt im Bereich der Spekulation.

Und die von Spaniern geschriebene Geschichte ist zweifellos – das ist das Wesen jeder Geschichtsschreibung – einseitig interpretiert. Auch Horst Udens Geschichtsschreibung mag Widerspruch hervorrufen. So ließe sich etwa darüber streiten, ob die Guanchen wirklich so »heldenhaft« gekämpft haben, oder ob sie sich nicht vielmehr freiwillig und rasch den Eroberern unterstellt haben. Horst Uden selbst hat seinen Roman in einer historisch-politisch bedenklichen Epoche geschrieben. Die im Stil etwas heroisch anmutende Erzählung muss sicherlich vor diesem Hintergrund gesehen werden.

Gleichwohl ist »Der König von Taoro« einfach ein schönes Buch. Kein Werk sonst – zumal kein deutsches – hat die Insel-Eroberungsgeschichte so umfassend und gleichzeitig so kurzweilig dargestellt. Ich freue mich, wenn möglichst viele Teneriffa-Reisende in den Genuss dieses Buches kommen und sich so auf unterhaltsame Weise mit der kanarischen Geschichte vertraut machen.

Santa Úrsula, im Oktober 2001

Lesen Sie auch:

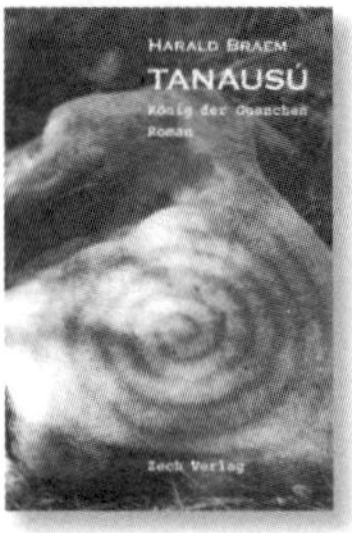

Tanausú

König der Guanchen. Roman von Harald Braem

Während Kolumbus sich aufmacht, Amerika zu entdecken, will der Spanier Alonso de Lugo La Palma erobern, die einzige Kanaren-Insel neben Teneriffa, die noch nicht den Katholischen Königen unterworfen ist. 1492 landet er mit drei Schiffen vor der Westküste La Palmas . . .

»Kompliment! So kann man den Menschen Geschichte näher bringen!« *(Offenbach Post)*

Zech Verlag, Teneriffa 2003
ISBN 978-84-933108-0-6

Historischer Roman

Unter dem Drachenbaum

Kanarische Legenden von Horst Uden

Um die »Glücklichen Inseln« ranken sich zahlreiche Sagen und Legenden. Horst Uden hat den kanarischen Archipel in den 1930-er Jahren besucht und Erzählungen von allen Inseln aufgezeichnet. Er schildert Märchen und Mythen, Piratenabenteuer, Liebesgeschichten, Volksweisheiten, Anekdoten.

Zech Verlag, Teneriffa 2007
ISBN 978-84-933108-2-0

Legenden · Mythologie

Auf den Spuren der Ureinwohner

Ein archäologischer Reiseführer von Harald Braem

Spannende Entdeckungstouren auf Teneriffa, Gran Canaria, La Palma, La Gomera, El Hierro, Lanzarote, Fuerteventura. Der bekannte Buch- und Filmautor Harald Braem forscht seit 25 Jahren auf den Kanaren. Folgen Sie ihm auf den Spuren der Ureinwohner zu Kultplätzen, Höhlen, Pyramiden und zu rätselhaften Zeichen einer geheimnisvollen, versunkenen Kultur...

Museen, praktische Tipps, Literaturhinweise. Mit zahlreichen Illustrationen.

Zech Verlag, Teneriffa 2008
ISBN 978-84-934857-3-3

Sachbuch · Geschichte

Alexander von Humboldt

Seine Woche auf Teneriffa 1799. Von Alfred Gebauer

Alexander von Humboldts erste Station zu Beginn seiner fünfjährigen Forschungsreise nach Südamerika war die Insel Teneriffa. Er bestieg den Vulkan Teide und studierte die Insel in geologischer, botanischer, astronomischer Hinsicht.

Originaltexte und Zeichnungen aus Humboldts historischem Reisebericht. Zahlreiche Illustrationen und Erläuterungen zur Natur und Geschichte Teneriffas. Vorwort von Ottmar Ette

Zech Verlag, Teneriffa 2009
ISBN 978-84-934857-6-4

Sachbuch · Geschichte

Tod am Teide

Kanaren-Krimi von Irene Börjes

Lisa Sommer ist frischgebackene Reiseleiterin. Als sie am Flughafen von Teneriffa ihre erste Wandergruppe in Empfang nimmt, fällt ihr der Starfußballer vom Verein Real Madrid tödlich getroffen vor die Füße. Die Reisegruppe entwickelt detektivischen Ehrgeiz.

Kein leichter Job für Lisa, die sich wacker bemüht, ihren munteren Trupp durch die Landschaften Teneriffas zu führen, viele Spuren deuten auf einen Zusammenhang mit traditionellen Inselbräuchen...

Zech Verlag, Teneriffa 2006
ISBN 978-84-934857-0-2

Krimi

Der Vulkanteufel

Kanaren-Thriller von Harald Braem

Harald Braems fantastische Geschichte spielt auf der kanarischen Insel La Palma. Unvermittelt bricht Unheimliches in das Gleichmaß des Pauschaltourismus ein und führt uns an magische Orte, zu dunklen Ritualen im Schatten mächtiger Vulkane.

Der Vulkanteufel, mitreißend wie ein Thriller, lässt Gegenwart und Vergangenheit zu einer eigenen Wirklichkeit verschmelzen. Gleichzeitig wirft der Roman ein Schlaglicht auf die Probleme unserer Zeit.

Zech Verlag, Teneriffa 2010
ISBN 978-84-934857-2-6

Thriller

Tödlicher Abgrund

Kriminalgeschichten von Karl Brodhäcker

»Das Thermometer kletterte in die Höhe. Tobias wischte sich den Schweiß von der Stirn. Wolkenloser blauer Himmel wölbte sich über die Berggipfel und kündete für den Süden Gran Canarias wieder einen heißen Tag an. Da näherten sich zwei Pkw mit hoher Geschwindigkeit auf der kurvenreichen, schmalen und steilen Straße von Fataga her. Tobias schüttelte den Kopf über so viel Leichtsinn. Ob da zwei Fahrer bei einer Wettfahrt ihre Kräfte messen wollten...?«

Zech Verlag, Teneriffa 2009
ISBN 978-84-934857-5-7

Krimi

Das Drachenbaum-Amulett

Teneriffa-Krimi von Volker Himmelseher

Auf Teneriffa ereignen sich rätselhafte Serienmorde, vor denen auch Touristen nicht verschont bleiben. Am Tatort bleibt jedes Mal ein kleines Drachenbaum-Amulett zurück: Indiz für eine Opferweihe? Kriminalpsychologin Dr. Teresa Zafón zeichnet das Profil eines Ritualmörders, der schon bald wieder zuschlagen wird... Die Spur der Ermittler führt in den Souvenir-Großhandel.

Zech Verlag, Teneriffa 2010
ISBN 978-84-934857-8-8

Krimi

Sodom und Gomera

Kriminalroman von Mani Beckmann

Als Ute nach vielen Jahren eine Postkarte von ihrer Zwillingsschwester von den Kanaren erhält, spürt sie sofort, dass sich dahinter ein verzweifelter Hilferuf verbirgt. Sie reist nach Gomera, um ihre Schwester zu suchen. Es soll eine Reise in tragische Verstrickungen und in das Reich einer gefährlichen Sekte werden...

»Ein Kriminalroman, der ganz im Valle Gran Rey spielt. Mit echten Typen und bekannten Örtlichkeiten. Wir empfehlen das Buch als (ent)spannende Urlaubslektüre an der Playa.« (Valle Bote, La Gomera)

Zech Verlag, Teneriffa 2009
ISBN 978-84-934857-7-1

Krimi

Spanisch im Alltag

Ein praktischer Sprachführer von Luis Ramos

Mit diesem praktischen Sprachführer findet sich der Spanisch-Anfänger schnell am Urlaubsort zurecht, sei es im Taxi, an der Rezeption, am Post- oder Bankschalter, bei Freunden zu Hause und in vielen anderen Alltagssituationen.

Über 500 Redewendungen, Vokabeln und praktische Tipps. Illustriert von Karin Tauer.

Zech Verlag, Teneriffa 2007
ISBN 978-84-934857-1-9

Sprachen

Der Inseltraum

Story einer Aussteigerin von Marga Lemmer

1967. Die deutsche Frauenbewegung steckt noch in den Kinderschuhen, als Marianne Vocke sich entschließt, nach Teneriffa auszuwandern und noch einmal von vorn anzufangen.

Marianne hat den Inseltraum, der oft zum Alptraum geriet, mit allen Konsequenzen gelebt.

Die Geschichte einer Aussteigerin: ehrlich – ungeschminkt – lebensnah

Zech Verlag, Teneriffa 2008
ISBN 978-84-934857-4-0

Frauen · Auswandern

Gefühle inklusive

Urlaubslieben und was aus ihnen wurde, von Andrea Micus

Fast jede Frau hat sich schon einmal im Urlaub verliebt, manche legen es sogar Jahr für Jahr darauf an. Was macht Pablo, den einheimischen Fischer aus Teneriffa, so viel attraktiver als Peter, den Angestellten aus Gelsenkirchen? Und was wird nach dem Sommer aus den romantischen Gefühlen? Nicht alle Urlaubsflirts enden als Strohfeuer, einige münden durchaus in dauerhafte Beziehungen oder Ehen... Andrea Micus erzählt die Geschichten von neun Frauen, die diesen Sprung gewagt haben.

Zech Verlag, Teneriffa 2010
ISBN 978-84-938151-0-3

Frauen · Auswandern

Galerie der kanarischen Volksbräuche

Naive Malerei von Ángeles Violán

Die schönsten kanarischen Traditionen im Spiegel der naiven Malerei von Ángeles Violán. Szenen von schlichter Schönheit und glaubwürdiger Kulturinformation. Mit Texten von Rafael Arozarena (Kanarischer Literaturpreis). Gebundene Ausgabe, farbig illustriert mit 45 Bildern, Zech Verlag, Teneriffa 2006
978-84-933108-9-9 (deutsch)
978-84-933108-8-2 (english)

Brauchtum

ZECH Verlag in Spanisch

El rey de Taoro

Novela histórica de la conquista de Tenerife, de Horst Uden
Zech, 2004
ISBN 978-84-933108-1-6

Bajo el drago

Leyendas y tradiciones de las islas Canarias, de Horst Uden
Zech, 2010
ISBN 978-84-933108-3-7

Tanausú, rey de los guanches

Novela de Harald Braem
Zech, 2005
ISBN 978-84-933108-5-9

Tras las huellas de los aborígenes

Guía arqueológica de Canarias, de Harald Braem, Zech, 2010
ISBN 978-84-934857-9-5

Guía naïf de costumbres canarias

De Ángeles Violán y Rafael Arozarena, Zech 2006
ISBN 978-84-933108-8-6

El salvaje gentilhombre de Tenerife

La singular historia de Pedro González y sus hijos
De Roberto Zapperi, Zech 2006
ISBN 978-84-933108-7-5

Nuevo en mayo 2011

Harraga

Novela negra de Antonio Lozano

Jalid, un joven camarero del tangerino Café de París, sueña con otros mundos. Sale en su búsqueda de la mano de un amigo afincado en Granada, y su ruta se convierte en una corriente de aguas turbias contra la que le será imposible nadar. Desde las tinieblas, el relato de la bajada al abismo de un joven tangerino atrapado entre la tradición y su nueva vida, y abocado a elegir entre dos caminos, en un laberinto en que ninguno de ellos conduce al paraíso soñado.

Entre idas y vueltas, tráfico de drogas y de seres humanos, el escritor nos relata en esta novela negra sobre corrupción política el drama que se ven obligados a vivir todos los que desean salir de la extrema pobreza e ir en pos de su sueño europeo.

Zech Verlag, Teneriffa 2011
978-84-938151-2-7

Original in Spanisch

Neu im Mai 2011

Harraga

Im Netz der Menschenhändler: Kriminalroman von Antonio Lozano

Khalid, ein junger Kellner aus der Medina von Tanger, träumt von einem besseren Leben in Europa. Über einen marokkanischen Landsmann kommt er nach Granada. Gefangen zwischen den Erwartungen seiner armen Familie und seinem ›neuen‹ Leben im vermeintlichen Paradies, steht er bald in einer tödlichen Sackgasse...

Flüchtlingsdrama an der Meerenge von Gibraltar: Korruption, Menschenhandel, Mord, Verzweiflung. Antonio Lozano schildert in diesem Roman hautnah eine menschliche Tragödie, wie sie sich täglich hundertfach an den Grenzen der »Festung Europa« abspielt.

Zech Verlag, Teneriffa 2011
978-84-938151-1-0

Deutsche Übersetzung

Zech Verlag

Tel./Fax: (+34) 922-302596
E-Mail: info@zech-verlag.com

Internet: www.zech-verlag.com